Janine Schlegel

Norma Jane Bumgarner

Wir stillen noch

Über das Leben mit gestillten Kleinkindern

Übersetzung aus dem Englischen:
Irmgard Ruppert

Überarbeitet von Cordelia Koppitz

LA LECHE LIGA DEUTSCHLAND E.V.

Impressum

Deutsche Erstausgabe
1. Auflage 1996
3. überarbeitete Auflage 2005
Die deutsche Ausgabe ist eine Übersetzung der amerikanischen Originalausgabe von 1982
mit dem Titel »Mothering Your Nursing Toddler« von Norma Jane Bumgarner

Copyright © 1982 by La Leche League International
Copyright © 1996 für die deutsche Ausgabe bei La Leche Liga Deutschland e.V.
Übersetzung: Ingrid Ruppert
Lektorat: Cordelia Koppitz
Herstellungsleitung: Maria Rost
Umschlaggestaltung: Holger Kretschmann
Satz und Herstellung: Fotosatz Kretschmann GmbH, Bad Aibling
Druck und Verarbeitung: Druckhaus Köthen GmbH

Herausgegeben von:
La Leche Liga Deutschland e.V. · Dannenkamp 25 · 32479 Hille

Printed in Germany

ISBN 3-932022-13-0

Inhalt

La Leche Liga 4
Vorwort von La Leche Liga Deutschland e.V. 5
Widmung/Über die Autorin 6
Danksagungen 7
Einleitung: Eine Investition, kein Opfer 11

Teil I: Kleinkinder stillen – warum?
Kapitel 1: Warum Kinder bis ins Kleinkindalter
an der Brust trinken 23
Kapitel 2: Warum Mütter ihre Kinder bis ins Kleinkindalter
stillen 27
Kapitel 3: Stillen – immer noch das Beste für Ihr Kind 43
Kapitel 4: Stillen – immer noch das Beste für Sie 63
Kapitel 5: Ein kurzer Blick auf andere Zeiten und Kulturen 79

Teil II: Kleinkinder stillen – wie?
Kapitel 6: Das Leben als Ehefrau und als Mutter
eines gestillten Kleinkindes 83
Kapitel 7: Sich genügend Ruhe gönnen 91
Kapitel 8: Besondere Umstände 107
Kapitel 9: Wenn das Stillen Schwierigkeiten macht 115
Kapitel 10: Für Väter – auch Sie sind Eltern 137

Teil III: Kleinkinder stillen – ein Jahr nach dem anderen
Kapitel 11: Stillen im zweiten Jahr 145
Kapitel 12: Stillen im »schrecklichen« dritten Jahr 153
Kapitel 13: Über das Stillen von Dreijährigen 167
Kapitel 14: Das Stillen von Kindern über vier Jahren 173

Teil IV: Das Abstillen
Kapitel 15: Natürliches Abstillen 179
Kapitel 16: Gute alte (oder veraltete?) Abstillmethoden 189
Kapitel 17: Einige weniger dramatische Abstillmethoden 197
Kapitel 18: Das Beste aus dem Stillen oder Abstillen machen . . 209

Literaturhinweise 222
Bücher von La Leche Liga Deutschland e.V. 223/224
Kontaktadressen 224

La Leche Liga

La Leche Liga wurde im Jahre 1956 in den USA von sieben
stillenden Frauen gegründet, die ihre Erfahrungen mit anderen
Müttern teilen wollten.
Zunächst als ganz kleine Gruppe mit nur wenigen Beraterinnen
und Mitgliedern wurde der deutsche Zweig 1976 gegründet.
Doch seitdem hat La Leche Liga Deutschland e.V.
eine erstaunliche Entwicklung hinter sich:
Mehr als 600 La Leche Liga-Beraterinnen wurden von den LLL-
Ausbilderinnen auf ihre Beratungsarbeit vorbereitet, und dadurch
erhielten unzählige Mütter Unterstützung und Hilfe.
Weltweit haben bis heute über 32.000 LLL-Beraterinnen Hundert-
tausenden von Müttern dabei geholfen, ihre Kinder zu stillen.
LLL-Beraterinnen geben ihre Erfahrungen und ihr Wissen nicht nur
an Mütter weiter, die mit dem Stillen beginnen, sondern sie können
auch besonders die Mütter bestärken, die ihr Kind über das erste
Lebensjahr hinaus stillen wollen.
LLL-Beraterinnen leiten Gruppentreffen, in denen Mütter
mit ihren gestillten Kleinkindern sich wohlfühlen können und das
Stillen eines Kleinkindes etwas ganz Selbstverständliches ist.
LLL-Beraterinnen werden oft von verunsicherten Eltern angerufen,
die der gesellschaftlichen Kritik ausgeliefert sind. Ein einfühlsames
Gespräch mit der LLL-Beraterin wird ihnen bestätigen, dass es
wichtig und gut ist, wenn ihr Kind noch gestillt wird.
La Leche Liga gilt als international anerkannte Autorität
auf dem Gebiet des Stillens. Sie arbeitet eng mit UNICEF
und der WHO zusammen, die das Stillen weit über das erste
Lebensjahr hinaus empfehlen.
La Leche Liga gibt Publikationen heraus, in denen
– so wie in diesem vorliegenden Buch »Wir stillen noch« –
das Stillen von Kleinkindern als ein liebevoller Bestandteil
von Erziehung angesehen wird.

Vorwort von La Leche Liga Deutschland e.V.

Wir freuen uns, dieses vorliegende Buch neu überarbeitet und in einem frischen Gewand gekleidet wieder veröffentlichen zu können. Das Stillen eines Kleinkindes ist in unserer Gesellschaft weitgehend tabu, und es gehört schon eine gute Portion Selbstbewusstsein dazu, sich der Ablehnung und Kritik fast der gesamten Umwelt sicher zu sein und dennoch weiterzustillen.

Die Autorin Norma Jane Bumgarner gibt mit ihrem Buch genau die Unterstützung, die Eltern nötig haben, wenn sie ihr Kind länger als das noch akzeptierte erste Lebensjahr stillen wollen. Ihnen allen, die den Mut haben, ihrer inneren Überzeugung gemäß zu leben, wird »Wir stillen noch« ein unersetzlicher Begleiter sein.

Cordelia Koppitz
La Leche Liga Deutschland e.V.

Wir danken allen,

die zum Gelingen dieses Buches beigetragen haben.

Danke für Überarbeitung, Korrektur und Gestaltung des Buches.

Danke für die schönen Fotos, die zeigen, dass das Stillen für diese ein-, zwei-, drei- und vierjährigen Kinder das Wunderbarste und das Selbstverständlichste der Welt ist.

Danke allen La Leche Liga-Beraterinnen, die ihre Zeit und ihre Kraft an die verschenken, die Ermutigung und Unterstützung beim Stillen brauchen.

Widmung

Natürlich wird keines der Kinder mehr gestillt,
die ich in diesem Buch beschrieben habe.
Etliche von ihnen sind jetzt selbst Eltern,
die sich darum bemühen,
ihr Bestes für ihre eigenen Kinder zu tun.
Ihnen allen ist dieses Buch gewidmet.
Ohne ihre Geschichte hätte dieses Buch
nicht entstehen können.

Norma Jane Bumgarner

Über die Autorin

Norma Jane Bumgarner stammt aus Oklahoma.
Sie besitzt den Magistertitel in Latein und Journalistik.
Mit ihrem Ehemann Bill hat sie vier Kinder.
Bei La Leche League International hatte sie zahlreiche administrative
Posten inne, u. a. den der Regionaladministratorin der Beraterinnen
für Lateinamerika und Westindien.
Zurzeit unterrichtet sie an der Universität von Oklahoma.
Sie veröffentlicht oft Beiträge für La Leche League und hält
auf deren internationalen Konferenzen Vorträge.
Außerdem veröffentlichte sie das Buch »Helping Love Grow«.

Danksagungen

Es scheint eine Ewigkeit her zu sein, dass die Idee für dieses Buch in langen Gesprächen mit Judy Greenwood und Elizabeth Hormann aufkam. Diese guten Freundinnen gaben mir die Zuversicht, ein Buch für die Eltern von gestillten Kleinkindern schreiben zu können – sicherlich das ehrgeizigste Vorhaben, das ich je in Angriff genommen habe.

Pat Hudson gebührt an dieser Stelle ein besonderes Dankeschön. Wie oft wirst du, liebe Pat, deine Ideen auf diesen Seiten formuliert oder weiterentwickelt finden. Denn viele meiner Gedanken über die mütterliche Zuwendung entspringen den Gesprächen und dem Briefwechsel mit dir.

Ohne die Geduld meines Mannes und meiner Kinder hätte ich es jedoch nie geschafft, dieses Buch zu schreiben. Ich hätte auch sicherlich nicht viel Interessantes zu erzählen, wenn wir nicht bei der Erziehung unserer Kinder während ihrer Vorschuljahre so viel durch sie dazugelernt hätten.

Sue Forrester, meiner langjährigen Freundin und Kollegin bei La Leche Liga, bin ich dafür dankbar, dass sie mir von ihren Erfahrungen berichtete, dass sie einige meiner Pflichten übernahm, als ich mit dem Schreiben zu beschäftigt war, um andere Dinge zu tun, die ich eigentlich versprochen hatte, und besonders dafür, dass sie das Manuskript gründlich las und sich kritisch dazu äußerte, als es noch in einer unerträglichen Rohfassung vorlag.

Besonderen Dank schulde ich Dr. Gregory White vom medizinischen Beirat von La Leche Liga und seiner Frau Mary White, einer der Gründungsmütter von La Leche Liga, für das sorgfältige Durchlesen des Manuskriptes und ihre vielen hilfreichen Kommentare und Vorschläge.

Auch Frau Dr. Niles Newton bin ich für ihre Informationen über das Stillen während der Schwangerschaft dankbar. Das Material stammt aus einer Untersuchung, die sie zusammen mit Marilyn Theotokatos durchführte. Karen Fitzgerald hat mir freundlicherweise einige fachkundige Hinweise als Ernährungsberaterin gegeben. Linda Kay Griffin leistete hervorragende Arbeit, als sie die endgültige Fassung Korrektur las. Mary Ann Kerwin und der Bücherlistenausschuss von LLL International einschließlich Alice Bicknell haben mir sehr geholfen und mir Mut gemacht. Judy Torgus leistete mir einen unschätzbaren Beistand durch viele Hinweise in letzter Minute.

Mein Dank geht auch an John Bowlby, an das Tavistock Institute for Human Relations und an die Basic Books, Inc. (New York) für die Erlaubnis, Auszüge aus »Attachment« zitieren zu dürfen.

Vorwort

»Primum non nocere« (Richte vor allem keinen Schaden an) ist ein wohl bekannter Grundsatz in der Medizin, der ganz besonders auf die Frage anwendbar ist, wie ein Kind versorgt und wann es abgestillt werden soll. Es bedeutet für Ihr zwei Wochen altes Baby einen gewaltigen Unterschied, ob Sie es abstillen oder ihm weiter die Brust geben. Wenn Sie abstillen, ist Ihr Baby der Verlierer. Trotz wunder Brustwarzen und schlafloser Nächte entscheiden Sie sich deshalb dafür weiterzustillen. Mit drei und mit sechs Monaten war die Sache noch ziemlich unstrittig. Mit einem Jahr aber nahm der Druck von außen zu, und die Augenbrauen gingen allmählich in die Höhe. »Stillst du immer noch?« Aber Sie stillten ja gerne und waren froh darüber, dass Ihr zukünftiges Kleinkind noch immer diese besondere Form der Zuwendung von Ihnen brauchte.

Jetzt ist es 18 Monate oder vielleicht zwei Jahre alt, und Sie haben sich damit arrangiert, »nur« eine Mutter zu sein. Es ist alles in allem kein schlechter Job. Sie haben flexible Arbeitszeiten und können kommen und gehen, wann Sie wollen, vorausgesetzt, Sie nehmen Ihren Chef mit. Wer kann sich überhaupt einen netteren Chef wünschen, als diesen lächelnden, pausbäckigen kleinen Kerl, der Ihnen wie ein Schatten überallhin folgt? Es macht so viel Spaß, mit ihm zusammen zu sein. (Selbst Ihr Mann hat nichts dagegen.) Darum lächeln Sie wohlwollend über die Zweifler.

Alles hat jedoch seine Schattenseiten, und so entdecken Sie allmählich, dass Sie als Mutter Ihrem kleinen Kind nicht mehr jeden Wunsch erfüllen können. Ihnen wird klar, dass Ihr Brustkind nicht mehr immer recht hat und dass Sie sich möglicherweise sehr anstrengen müssen, um es davon auch zu überzeugen. Es muss nicht unbedingt auf die belebte Straße laufen oder die Morgenzeitung auseinander nehmen, ganz gleich wie dringlich es genau dies tun möchte. Sie brauchen sich jedoch nur zu fragen: »Ist dies für mein Kind gut oder schlecht? Spielt es überhaupt eine Rolle?« In den meisten Fällen liegt die Antwort auf der Hand. Mit unendlicher Geduld, Fröhlichkeit, viel Liebe und unzähligen Küssen werden Sie sich also daranmachen, ihm allen Ernstes zu zeigen, dass es Grenzen für sein Tun gibt.

Auch das Stillen muss sich ändern. Man wird Ihnen vielleicht sagen, dass Ihr Zwei- oder Dreijähriger nicht mehr gestillt zu werden braucht. Vielleicht stimmt das. Auf der anderen Seite ist diese Auffassung vielleicht falsch. Es hängt ganz von Ihrem Kind ab. Sie kennen es besser als jeder andere. Sie kennen auch die Umstände besser. Wieder fragen Sie sich: »Ist es schlecht für mein Kind?« (Wird es durch das Stillen verwöhnt, bleibt es dadurch ein Baby, das von seiner Mama abhängig ist, bis es auf die Universität geht?) Nein, das Stillen wird ihm nicht schaden. Ihr Kind genießt es, es braucht das Stillen sogar sehr, und wenn Sie ihm auf andere Weise viel mütterliche Zuwendung schenken, wird es bald den nächsten Lebensabschnitt beginnen, wohl vorbereitet auf die vor ihm liegenden Anforderungen.

Müssen Sie andererseits Ihr kleines Energiebündel jedes Mal anlegen, wenn es danach verlangt? Nicht unbedingt. Vielleicht hat Ihr kleines Kind gerade versucht, Ihnen mitzuteilen, dass es häufiger mütterliche Zuwendung möchte, nicht nur einfach häufigeres Stillen. Was es wirklich braucht, sind Sie. Hören Sie ihm zu, schauen Sie es an, freuen Sie sich mit ihm, schenken Sie ihm Ihre Zeit. Das ist die optimale mütterliche Betreuung, wenn Ihr Kind klein ist. Lehnen Sie verlockende Arbeitsangebote ab, schalten Sie das Fernsehen aus, legen Sie den Telefonhörer auf. Ist Ihnen bewusst, dass Sie mit Ihrem Kopf ganz woanders sind, wenn Sie telefonieren? Manche Kinder bemalen die Wände oder schütten Mehl auf den Boden. Andere möchten nur gestillt werden. Vielleicht gibt ihnen nur die Brust die Gewissheit, dass Sie sie überhaupt noch beachten? Hören Sie mit dem Stillen nicht zu früh auf. Aber achten Sie auch darauf, dass es nicht die einzige Verbindung Ihres Kindes zu einer überbeschäftigten Mutter ist. Wenn Sie sich häufiger mit Ihrem Kind beschäftigen, werden Sie wahrscheinlich feststellen, dass es seltener nach der Brust verlangt. Sprechen Sie mit anderen Müttern, die diesen Weg gegangen sind, und lesen Sie »Wir stillen noch«.

Danach werden Sie sowohl Ihre eigenen Bedürfnisse wie auch die Ihres Kindes besser verstehen. Ihre Bedürfnisse sind wichtig, aber Sie müssen sie erst einmal genau definieren. Mütter müssen es erst lernen, gewisse Dinge aufzugeben. Sie müssen Geduld, Güte und Achtsamkeit lernen. Mütter brauchen vor allem einen gewissen Humor, der ihnen hilft, diese turbulenten und verrückten Jahre durchzustehen. Es ist verführerisch, nur das Nächstliegende zu sehen und eine Entscheidung auf der Grundlage unserer unmittelbaren Bedürfnisse (unserer Bequemlichkeit?) zu treffen, während es doch ratsamer wäre, ein paar zusätzliche Opfer zu bringen und das Glück unseres Kindes noch eine Weile dem unseren voranzustellen. Später werden wir erkennen, dass wir uns auf diese Weise auch um einige unserer elementarsten Bedürfnisse gekümmert haben.

Norma Jane Bumgarner hat uns ausgezeichnete Richtlinien an die Hand gegeben, die uns helfen, uns über eine Reihe von Fragen klar zu werden. Da sie ihre eigenen Kinder gestillt hat, stammen ihre Erfahrungen aus allererster Hand. Aufgrund ihrer Gespräche mit vielen anderen Müttern gibt sie in ihrem Buch eine Vielzahl von Erlebnissen und Reaktionen wieder.

Die Autorin erklärt, warum einige Kinder über das Säuglingsalter hinaus an der Brust trinken (und warum deren Mütter dies zulassen). Sie schildert uns, wie etliche Mütter den neugierigen Mitmenschen begegnet sind, mit dem Druck von außen umgegangen sind und in diesen manchmal frustrierenden, aber immer faszinierenden Jahren ihren Männern gute Ehefrauen gewesen sind. Sie erzählt uns über die Liebe und ihre Grenzen mit zwei, drei und vier Jahren. (Haben Sie schon einmal etwas von der »Tabascosaucen-Abstillmethode« gehört?)

Es gibt keine absolut richtige Antwort auf die Frage, wann ein Kind nach dem Kleinkindalter abgestillt werden sollte, deshalb suchen Sie in diesem Buch auch nicht danach. Sie müssen sich Ihre eigenen Lösungen suchen. Meiner Meinung nach hat Norma Jane Bumgarner ein »Selbsthilfebuch« für stillende Mütter geschrieben. Es ist von unschätzbarem Wert für alle, die neue Einblicke in das Leben mit ihren kleinen Kindern gewinnen möchten.

»Es gibt für die Eltern frohe, aber auch schwierige Zeiten in jedem Lebensabschnitt ihrer Kinder«, sagt sie. »Die Stilljahre sind nicht die einzigen, vielleicht nicht einmal die besten Jahre im Leben mit unseren Kindern ... Eine gute mütterliche Zuwendung ist eine Investition und kein Opfer.«

Ich garantiere Ihnen, dass Sie nach der Lektüre dieses Buches das Leben mit Ihrem Vorschulkind sehr viel einfacher und erfreulicher finden werden.

Mary White
La Leche League International
Gründungsmutter

Einleitung

Eine Investition, kein Opfer

Als ich das erste Mal sah, wie ein Kind gestillt wurde, das schon laufen konnte, war ich völlig entsetzt. Welches Opfer musste die Mutter für ihr Kind erbringen! Was für ein schamloser Anblick! Und welch ein Mangel an elterlicher Autorität, wodurch sich diese Sache so lange hinziehen konnte!

Als ich Mutter und Kind aber besser kennen lernte, änderte sich meine Meinung. Ich konnte nicht feststellen, dass die Mutter irgendwelche unnötigen Opfer brachte, im Gegenteil – sie schien das Stillen zu genießen. Auch fehlte es nicht am nötigen elterlichen Durchsetzungsvermögen; die Mutter wie auch der Vater brachten ihrem Sohn engagiert bei, wie man für sich selbst sorgt und wie man die Rechte und das Eigentum anderer achtet. Mit der Zeit erkannte ich, dass die Stillbeziehung zwischen Mutter und Kind auch keine abartige Perversion war; das Stillen war eindeutig ein warmherziger und zärtlicher Bestandteil ihres Zusammenlebens, eine der vielen Ausdrucksformen ihrer liebevollen und fröhlichen Beziehung. Ich war tief beeindruckt, besonders auch davon, was die Mutter mir über das Langzeitstillen erzählen konnte, so dass ich mein nächstes Kind nicht abstillte. Ich wartete einfach, bis die Zeit für das Abstillen von selbst kam. Durch Vorbilder und Erfahrungen konnte ich zum Glück lernen, dass das Abstillen einem Kind nicht aufgezwungen werden muss und das Stillen so lange weitergehen kann – und sollte –, wie Mutter und Kind dies möchten.

Nieder mit dem Martyrium

Fast ein halbes Jahrhundert lang haben die Frauen zunächst nur gemurrt, dann sich immer mehr widersetzt und schließlich offen gegen die unnötigen Opfer rebelliert, die bis dahin von den Frauen erwartet worden waren, insbesondere im Namen der Kinder. Hierzu wurde oftmals das von vielen als »Opfer« betrachtete Stillen gezählt und besonders das »ewige« Stillen.

Diese Revolution ist zum Teil in den Brennpunkt des Interesses gerückt, denn in zwischenmenschlichen Beziehungen wird eine übertriebene Aufopferung leicht zu einer grausamen Falle. Die meisten Mütter waren der Ansicht, ihre Aufgabe bestehe darin, ständig alles für jeden zu tun und nie etwas für sich zu verlangen. So gewann die Mutterschaft einen schrecklichen Ruf. Das tragische Bild des schuldbewussten Sohnes, wie er am Grabe seiner Mutter Tränen vergießt, die ihre Jugend und ihre Schönheit, wenn nicht sogar ihr ganzes Leben ihm geopfert hat, ist leider ein romantisches Ideal in unserer Kultur, das immer wieder in unserer Literatur und der bildenden Kunst auftaucht. Romantisch oder nicht – viele Frauen wollen mittlerweile mit diesem Bild – wenn irgend möglich – nicht mehr identifiziert werden. Schließlich ist – oder war – jeder darin unglücklich.

Um dieser Situation zu entfliehen, sind jedoch viele Frauen zu weit gegangen. Einige Mütter hat die Vorstellung, der einzige Sinn ihres Lebens müsse das Glück und der Erfolg der anderen Familienmitglieder sein, vollständig abgeschreckt. Sie verließen die Familie und versuchten, allein oder mit anderen allein stehenden Frauen ein neues Leben zu beginnen. Viele andere schienen, obwohl sie zu Hause blieben, innerlich unbeteiligt an der Versorgung ihrer Kinder, ohne dies vielleicht zu beabsichtigen. Sie gaben ihren Kindern die Flasche, erwarteten von ihnen, dass sie die ganze Nacht alleine schliefen und begannen mit der Sauberkeitserziehung so früh wie möglich. Die Versorgung von kleinen Kindern durch jemand anderen als die Mutter wird mittlerweile als ein selbstverständliches elterliches Recht angesehen, nicht nur als eine der verschiedenen Möglichkeiten für die Kinder, die gerne auch mit anderen Menschen als den Familienmitgliedern zusammen sind. Wir haben sogar die Entstehung eines Wirtschaftssystemes zugelassen, in dem bei einigen Familien beide Elternteile ihre Kinder verlassen müssen, um so viel zu verdienen, dass sie sie ernähren können.

In den Jahren der Veränderung des traditionellen Mutterbildes sahen sich die Frauen vor dem Problem herauszufinden, welche Dinge sie zeitweilig sinnvollerweise aufgeben und welche als Investitionen für die Zukunft betrachtet werden könnten. Aufopferung an sich gilt nicht mehr als einziges Merkmal einer »guten« Mutter. Wir müssen bestimmen, was Mütter in der Vergangenheit aus einem Pflichtgefühl heraus getan haben, obwohl sie eigentlich hätten sehen müssen, dass nicht jede dieser Aufgaben zwingend notwendig war. Wir müssen vor allem herausfinden, was für jedes Familienmitglied das Beste ist und was wir als Mütter dazu beitragen können.

Das Wesentliche herausfinden

In unseren Bemühungen, uns unseren mütterlichen Pflichten zu entziehen, die uns unbequem und manchmal reichlich unbefriedigend erscheinen, haben wir das Fundament unserer Familie ungeschützt und manchmal sogar zerstört zurückgelassen, ein Fundament, das unter einem Wirrwarr von Rollen und Verpflichtungen für jedes Mitglied der Familie fast unauffindbar ist. Dieses Fundament besteht aus den Bedürfnissen eines jeden Menschen. Wenn auch manchmal unsere Ausbrüche aus dem Mutterdasein den Anschein erweckten, als ob sie dem Familienleben großen Schaden zufügen würden, so konnten wir doch zumindest dadurch mehr darüber lernen, was in unserem Familienleben unbedingt notwendig ist und was nicht – in unserer Rolle als Mutter, Vater, Sohn und Tochter.

Die Familie ist ein Zusammenschluss von Menschen und hervorragend dafür geeignet, unsere Bedürfnisse zu befriedigen. Sie kann für ihre eigenen Mitglieder besser sorgen als jede andere gesellschaftliche Gruppe. Die Familie ist jedoch nicht, wie wir jetzt endlich zu verstehen lernen, ein Zusammenschluss von Menschen um eine Mutter oder einen Vater, die für alle sorgen. Familien bestehen aus Menschen, die einer für den andern sorgen.

Jedes Familienmitglied, einschließlich der Mutter, hat bestimmte biologische und gefühlsmäßige Bedürfnisse. Es ist für die Mitglieder einer Familie notwendig, dafür zu sorgen, dass alle diese Bedürfnisse bei jedem Familienmitglied befriedigt werden. Wenn dies bei irgendeinem Familienmitglied nicht der Fall ist, wird das Leben für die ganze Gruppe schwierig.

Nur wenn die Grundbedürfnisse befriedigt sind, können wir uns allmählich mit solchen »Extras« wie einem höheren Einkommen oder der Inneneinrichtung der Wohnung befassen. Unsere Prioritätensetzung gestaltet sich allerdings nicht immer ganz einfach. Was sind wirkliche Bedürfnisse und was ist eher Luxus? Oft haben wir unsere Familien vernachlässigt, weil wir damit beschäftigt waren, ein neues Haus oder ein neues Auto zu kaufen oder in dieser oder jener gesellschaftlichen Gruppe mitzuhalten ...

Wir können sicherlich eine ganze Reihe dieser Dinge bewältigen, wenn dabei jeder von uns das Seine dafür tut, dass es jedem zu Hause gut geht. Sobald die Anzahl dieser vielen »absolut notwendigen« Dinge allerdings zu groß wird, geraten wir in Schwierigkeiten. Wenn wir uns von einem weinenden Kind abwenden, um einen Teppich zu reinigen –

13

oder einen neuen zu kaufen –, können wir sicher sein, dass unsere Wertmaßstäbe auf dem Kopf stehen. Es ist dann kein Wunder mehr, wie wenig Freude uns ein fleckenloser Teppich bereitet, wenn jemand im Haus unglücklich ist. Wir lernen letztlich, dass unsere Aufgabe im Leben darin besteht, einander zu helfen, unsere Bedürfnisse zu erfüllen. Alles andere ist eine Nebensächlichkeit – schön zwar, aber nur, wenn wir mehr Energie übrig haben als zu der Befriedigung der menschlichen Bedürfnisse um uns herum nötig ist.

Sich um die wesentlichen Dinge zu kümmern, macht das Leben leichter – nicht schwerer

Zu Beginn der Ehe gibt man sich gegenseitig das Versprechen, einander zu helfen und beizustehen. Eine derartige Verpflichtung einzugehen, mag vielleicht etwas Furcht einflößend wirken, besonders wenn wir sehr jung sind. Aber ein solches Versprechen macht das Leben eindeutig leichter, denn es ist ein vernünftiges Abkommen, einander gleich von Beginn einer ehelichen Beziehung an zu helfen.

Bei unseren Kindern scheint dieses Versprechen zunächst einseitig zu sein. Babys und kleine Kinder sind von uns völlig abhängig. Die Regung, sich einer solch absoluten Verantwortung für jemand anderen zu entziehen, ist allzu verständlich, besonders wenn wir zum ersten Mal Eltern werden. Die Erfahrung zeigt jedoch, dass das Leben umso leichter ist, je mehr wir die Grundbedürfnisse des kleinen Kindes erspüren und erfüllen. Fast alle können am Anfang auch durch das Stillen befriedigt werden. Wie eine Mutter sagte, als sie auf ihre erste Erfahrung im Leben mit ihrem Baby zurückblickte: »In der Rückschau erscheint mir mein Verhalten von damals so albern. Mein Mann und ich brachten Stunden damit zu, unsere Tochter zu wiegen – zu allen Tages- und Nachtzeiten –, wo doch ein paar Minuten an der Brust uns viel Zeit und Mühe erspart hätten.« Aber dagegen anzukämpfen, uns voll auf unser Baby einzulassen, scheint für viele von uns ein Teil unseres Lernprozesses als junge Eltern zu sein. Jedenfalls war es so bei mir.

Fast jedes moderne Buch über die Psychologie von Kindern erörtert die negativen Auswirkungen auf die Kinder durch ein verfrühtes oder rigoroses Vorgehen beim Abstillen, bei der Sauberkeitserziehung sowie bei den Schlafenszeiten. Der Zweck dieser Bücher liegt nicht darin, voller Bewunderung zu beschreiben, wie viel einfacher das Leben der Eltern ist, die ihre Kinder strengsten Regeln unterworfen haben, damit die Erwachsenen frei für andere »wichtigere« Aufgaben sind. Sie sind geschrieben worden, weil Familien in Schwierigkeiten geraten, wenn rigorose Erziehungsmethoden fehlgeschlagen sind.

Aber bei den meisten Menschen dauert es eine Weile, bis sie lernen, was eine dänische Mutter schon bei ihrem ersten Kind entdeckte: »Meine Faulheit war vermutlich der eigentliche Beweggrund, warum ich mein Kind so gut gestillt und mich um seine Bedürfnisse in den ersten Monaten gekümmert habe. Sie war auch der Grund dafür, dass ich weiterstillte. Es ist viel einfacher, ein müdes, gelangweiltes, durstiges, hungriges und anstrengendes Kind im Alter von acht, zehn oder 14 Monaten anzulegen, wenn du Freunde besuchst und dich unterhalten möchtest. Es ist auch viel einfacher, genug Milch zu haben, so dass es in den frühen Morgenstunden zufrieden ist, wenn du schlafen möchtest.« Ich bin immer neidisch und beeindruckt von solchen Eltern, die nicht erst versuchen mussten, die Bedürfnisse ihrer Kinder für eine Weile nicht zu beachten, bevor sie lernten, wie viel einfacher und glücklicher das Leben sein kann, wenn man diese Bedürfnisse sofort erfüllt.

Sich ohne Vorbehalt einem kleinen Kind zu widmen, ist auch kein Opfer, obwohl sich dieses Gefühl manchmal einstellen mag. Es ist, wie ich schon sagte, eine Investition. Denn schon bevor Ihr Kind erwachsen ist, wird es sicherlich Tage geben, wo zur Abwechslung Sie ganz von ihm abhängig sind (wenn Sie z. B. mit einer 24-Stunden-Darmgrippe daniederliegen). Die intensive Betreuung Ihres Kindes zu dem Zeitpunkt, wenn es Sie braucht, wird ihm die Kraft geben, Ihnen – sobald es nur alt genug ist – genau die gleiche Unterstützung zukommen zu lassen, wenn Sie sie brauchen.

Die menschlichen Bedürfnisse bei unseren Kindern zu erfüllen, hilft ihnen nicht nur, zu seelisch gesunden Erwachsenen heranzuwachsen; es hilft auch jedem von ihnen zu lernen, wie man seine Aufgaben in der Familie erfüllt, wobei ich die Familie als Gruppe von Menschen definiere, die sich zusammengeschlossen haben, um für einander zu sorgen.

Das Stillen ist eines der grundlegenden Dinge

Das Stillen verlangt manchmal sehr viel Einsatz und Hingabe. Es wäre falsch zu behaupten, die Stillzeit sei stets ohne jede Anstrengung, denn das stimmt nicht. Es ist oft eine intensive und anspruchsvolle Beschäftigung für etwa zwei Jahre – vielleicht auch für ein oder drei Jahre –, obwohl das Stillen in einem ruhigeren Tempo natürlich noch viel länger weitergehen kann. In den Zeiten, in denen das Kind häufig und dringend gestillt werden möchte, ist es schwieriger für eine Mutter einzusehen, dass ihr Tun ihr Freiheit verschafft. Aber der Wunsch, sich nicht zu verausgaben, ist ein sehr guter Grund, um zu stillen, und zwar so lange zu stillen, wie das Kind den Wunsch dazu äußert. Wenn man nämlich einem kleinen Kind eine intensive mütterliche Zuwendung verweigert, läuft man Gefahr, dass das Familienleben sowohl augenblicklich als auch später viel schwieriger wird. Die Leichtigkeit, mit der man allein durch das Stillen mit den Wutanfällen und den Schlafenszeiten fertig wird, reicht aus, um die meisten Mütter zum Stillen zu bewegen. Das Stillen macht das Leben einer Mutter leichter und nicht schwerer.

Natürlich gibt es Zeiten, in denen einen die Pflege und ständige Aufmerksamkeit, die kleine Kinder brauchen, ganz verrückt machen können. Wenn wir uns aber dieser Aufgabe entziehen, kann das Folgen haben, die sich noch weit verhängnisvoller auswirken. Es ist weitaus sicherer und verlässlicher, sich für eine Weile entspannt auf die von der Natur vorgesehenen Verhaltensmuster für die Erziehung und den Umgang mit Kindern einzulassen. Dies mag einem gelegentlich wie ein Opfer vorkommen, aber der Verzicht auf materielle Dinge ist nur vorübergehend. Ein Film, den man dieses Jahr versäumt, kommt wahrscheinlich ohnehin nächstes Jahr wieder ins Kino. Ein ungemachtes Bett sieht immer gleich ordentlich aus, sobald Sie dazu gekommen sind, es zu machen, ganz unabhängig davon, wie lange es ungemacht war. Es ist vielleicht schwierig, nach einer längeren Pause im Beruf vorwärts zu kommen, aber zum Glück kämpfen Mütter mit immer größerem Erfolg dagegen an.

Wenn wir uns von unseren Kindern anstatt von materiellen Dingen abwenden, werden die unerfüllten Bedürfnisse unserer Kinder nur immer größer, was für sie selbst und ihre Familien auf die verschiedenste Weise zur Belastung werden kann. Es ist gewöhnlich einfacher, von vornherein die Aufgabe einer Mutter richtig zu erfüllen, und zwar dann, wenn sie getan werden muss.

Eine Mutter sagte zu diesem Thema: »Was meine eigenen Bedürfnisse betrifft, so kann ich nur sagen, dass das Stillen eines der einfachsten und erfreulichsten Dinge von all den 1000 Pflichten einer Mutter ist, warum soll ich es meinem Sohn also nicht gönnen?« Eine Mutter, die keine Opfer bringen will und frei sein möchte, um ihren eigenen Interessen nachzugehen, wird wahrscheinlich die beste Gelegenheit dazu in ihrer Familie haben, wenn sie anderen Familienmitgliedern hilft und sie dazu ermutigt, für sich selbst zu sorgen. Das Hauptanliegen ihres kleinen Kindes wird für eine Weile darin bestehen, an der Brust zu trinken, Windeln zu benötigen und viel Pflege am Tag und in der Nacht zu brauchen.

Wie wir Mutter und Kind beim Stillen sehen

Die Art, wie ich das erste Stillkind betrachtete, das älter als ein winziger Säugling war, erweist sich als sehr typisch für unsere Zeit und für unsere Denkweise, die wir uns in der westlichen Welt zugelegt haben.

Die Verhaltensforscherin Jane Goodall, deren Werk ich sehr bewundere, beweist großes Einfühlungsvermögen und Wertschätzung für die Stillbeziehung. Selbst bei ihr zeigt sich jedoch in ihrem Buch »Wilde Schimpansen« (»In the Shadow of Man«), dass sie in ihren Gedankengängen noch zum Teil davon beeinflusst wird, wie der westliche Kulturkreis im 20. Jahrhundert das ältere Stillkind beurteilt – insbesondere eines, das Ansprüche stellt. Sie ist bei der Interpretation des Verhaltens des jungen Schimpansen Flint besorgter darüber, wie sehr er die Energie und die Geduld seiner Mutter beansprucht, als darüber, dass er durch ein jüngeres Geschwister verdrängt worden ist, das später stirbt.

Die Beschreibung, wie Flint wieder ein frühkindliches Verhalten annimmt, erinnert mich an andere kleine Kinder, die ich kannte. Auch Flint war abgestillt worden, bevor er dazu bereit war, und macht eine schwere Zeit durch. Er fühlt den Kummer seiner Mutter und wünscht sich voller Verzweiflung ihre Nähe. Frau Goodall sieht in ihm jedoch ein Kind, das nicht früh oder nicht entschlossen genug abgestillt wurde.

Mehr als diese geringfügig unterschiedliche Betrachtungsweise hat sich ein wahrhaft verzerrtes Bild des gestillten Kindes in unsere Familien und unsere Literatur eingeschlichen, wie der groteske Bericht über Gussie in Betty Smiths Buch »Ein Baum wächst in Brooklyn« schildert.

In diesem Buch wirkt dieses noch sehr kleine Kind nicht wie ein junges Wesen, das noch nicht bereit ist, das Babyalter hinter sich zu lassen, sondern wie ein unanständiger kleiner Erwachsener, der sich egoistisch, manipulierend und geradezu obszön verhält. Betty Smith hat aber ein so grausames Bild nicht deshalb entworfen, weil sie bewusst keine Wärme und Güte für Kinder empfindet, denn in ihren Büchern ist mehr als genug Zärtlichkeit und Interesse für die ganz Kleinen zu verspüren. Die Beschreibung von Gussies Stillverhalten ist eher eine bemerkenswert genaue Schilderung des Stillkindes, so wie es unsere Gesellschaft Anfang des 20. Jahrhunderts sah. Niemand scheint zu bemerken, wie geschickt für sein Alter Gussie seiner Mutter mitteilt, welche Bedürfnisse er hat. Allem Anschein nach gibt es auch niemanden, der weiß, wie die Mutter deutlich friedlicher und ohne Störung des Familienlebens Gussies Bedürfnisse hätte erfüllen können. Die Geschichte ist tragisch, nicht lustig.

Der Grund, warum die Beschreibung von Gussies Verhalten so durch und durch abstoßend wirkt, liegt darin, dass Begriffe aus der Erwachsenenwelt verwendet werden. Gussie wird als ein intriganter Rauschgiftsüchtiger beschrieben, als Mann an der Bar mit einer Zigarre im Mund, als Monster, als Würfelspieler (später in der Schilderung) – alle diese Beschreibungen für jemanden, der gerade vier wird. Wenn wir jedoch nie ein gestilltes Kind gesehen haben, ist ein so verzerrtes Bild verständlich: Wir können ihn nur von unserer Warte als Erwachsene sehen.

Hoffentlich wird uns die Erfahrung mit einer größeren Zahl älterer Stillkinder geeignetere, den Kindern gerecht werdenden Bewertungsmaßstäbe an die Hand geben, mit denen wir das Verhalten des gestillten Kindes beurteilen. Dann sind wir auch in der Lage, die besondere und gesunde Art der Beziehung zwischen einer Mutter und ihrem gestillten Kind zu erkennen, selbst wenn dieses Kind groß ist und auch dann, wenn es Kleider wie ein »großer Junge« trägt. Dann wird uns ein Stillkind nicht an einen abscheulichen, rauchenden kleinen Mann erinnern. Stattdessen werden wir das Baby sehen, das uns noch aus diesen großen Jungenaugen entgegenblickt. Und wir werden in diesen Augen die Freude darüber sehen, dass die Mutter noch immer bereitwillig da ist, um sich um dieses Baby zu kümmern.

Übertriebene Reglementierung des Lebens unserer Kinder

Irgendwie hat unser verzerrtes Bild von kleinen Kindern ein Misstrauen in uns gegenüber unseren Kindern entstehen lassen – wir können es uns nicht vorstellen, dass sie ohne unser Eingreifen aufwachsen können. Ständig sind wir bemüht, Kontrolle über jeden Bereich ihres Lebens zu übernehmen. Durch endlose Aufgaben, die wir für unsere Kinder glauben tun zu müssen, überfordern wir uns selbst. Besonders albern ist, dass die meisten dieser Tätigkeiten und Eingriffe in das Leben unserer Kinder angeblich unser eigenes Leben leichter machen sollen. Was für ein Unsinn!

Wir stellen Zeitpläne auf, wann wir unsere Babys füttern, wir schauen auf die Uhr und wiegen sorgfältig ab, was sie essen. Wir vertrauen den kleinen Händchen, die noch nicht einmal alleine im Sandkasten spielen können, Löffel und Becher an. Wir überwachen, wie sie auf die Toilette gehen, wann sie schlafen und wie sie unser Geschirr und die Topfpflanzen behandeln. Wir richten ihre Kinderzimmer ein und sind ständig schrecklich in Sorge, ob sie richtig angezogen und ihre Zehen gerade gewachsen sind. Wenn sie nicht mit sechs Monaten die ganze Nacht durchschlafen, versuchen wir ernsthaft, etwas gegen dieses »Problem« zu unternehmen. Wenn sie nicht mit ein oder eineinhalb Jahren auf die Toilette gehen – was für ein Kummer! Und ein einjähriges Kind, das nicht abgestillt ist oder wenigstens fast schon soweit ist – oje, etwas muss getan werden, und zwar schnell!

Wir putzen die Zimmer unserer Kinder, kümmern uns um ihre Kleider und kochen ihre Mahlzeiten – meistens jahrelang. Wenn sie uns dann als Heranwachsende wieder als verständige, aufmerksame und liebevolle Bezugspersonen brauchen, dann wundern wir uns, warum wir zu erschöpft sind, um uns in dieser zweiten Phase ihres Lebens mit einem enormen Entwicklungverlauf um sie zu kümmern.

Unsere Kinder brauchen nicht jemanden, der ständig ihr Leben regelt oder jede Etappe ihrer Entwicklung plant. Kinder klammern sich nicht daran, an der Brust zu trinken, Windeln zu tragen, in der Nacht aufzuwachen oder alle zerbrechlichen Gegenstände in der Wohnung zu befingern, weil sie die Erwachsenen damit ärgern oder manipulieren wollen. Es ist nicht einmal eine schlechte Angewohnheit.

Sie verhalten sich so, weil sie nicht anders können. Es ist für das größer werdende Kind viel besser und für die ganze Familie einfacher (insbesondere für die Mutter!), gänzlich darauf zu verzichten, das kindliche Verhalten ununterbrochen zu reglementieren. Wie viel gesünder, hilfreicher und vor allem entspannter ist es, mit Ihrem kleinen Kind ohne Kämpfe über das nächtliche Aufwachen, ohne Sorgen über das Essen und ohne frühzeitige »Sauberkeitserziehung« die Tage zu verbringen!

Das Baby zwischen all den Stofftieren

Natürlich gibt es auch sehr zeitaufwändige Beschäftigungen, die höchst beliebt sind, wie z. B. das Kinderzimmer bis aufs Kleinste auszustatten. Dieser Luxus steht allen Eltern zu, die die Zeit und Kraft dafür haben. Aber dies ist nur etwas für die Eltern und niemand sollte das Gefühl haben, er müsse nun unbedingt seinem Baby solche nicht unbedingt notwendigen Dinge wie eine traditionelle Kinderzimmereinrichtung kaufen. Der Säugling macht sich nämlich gar nichts daraus. Die meisten kleinen Kinder ziehen ohnehin das Bett ihrer Eltern dem schönsten Kinderzimmer der Welt vor. Sobald ein Kind sich dafür interessiert, wie sein Zimmer aussieht, ist es alt genug, um es selbst einzurichten, und zwar nach seinem eigenen Geschmack, ohne die Ratschläge seiner Mutter.

Das Gleiche gilt für die Kleidung. Das kleine Kind liebt Bequemlichkeit und Abwechslung, so dass gebrauchte Kleider hier oft am besten sind. Sobald es sich darum kümmert, wie sie aussehen, wird es sich seine Kleider selbst aussuchen wollen. Natürlich haben wir Eltern unsere Freude daran, wenn unsere Kinder hübsch angezogen sind. Dabei sollten jedoch wichtigere Dinge nicht zu kurz kommen, und die Kinder sollten sich in ihrer Kleidung wohl fühlen. Wieder müssen wir uns klarmachen, dass wir sie nur um unseretwillen so schön anziehen. Solange es ihnen noch ganz gleich ist, was sie anhaben, entbehren sie nichts, wenn wir sie nicht in hübsche Kleider stecken.

Das wirkliche Ziel für Eltern – Selbstständigkeit

Selbst wenn die Kinder größer wurden, kümmerten sich viele Mütter allzu oft weiterhin ganz allein um die wichtigsten Aufgaben in der Familie: die Mahlzeiten zubereiten, putzen und die Wäsche waschen und in Ordnung halten. Vielleicht war dies ein Bereich, der nur deshalb den Müttern vorbehalten war, damit sie für die Familie unersetzlich blieb, oder vielleicht als die Pflicht einer Frau gegenüber ihrer Familie – Pflichten, bei denen sie nie wagen würde, andere um Hilfe zu bitten.

Wenn eine Mutter jedoch nie bestimmte Aufgaben delegiert, tut sie ihrer Familie damit keinen Gefallen. Sattdessen lässt sie bei keinem die Gewissheit entstehen, dass er oder sie im Ernstfall auch ohne die Mutter auskommen könnte.

Eine vorrangige Aufgabe bei der Kindererziehung besteht darin, jedem Kind die notwendigen Fähigkeiten beizubringen, wie es für sich selbst sorgen kann. Jede Tochter und jeder Sohn sollte in der Lage sein, sich um die Wohnung zu kümmern, das Essen zuzubereiten, die Wäsche zu waschen und auszubessern, einkaufen zu gehen, zu tanken oder einen Reifen zu wechseln. Es ist nicht unsere alleinige Aufgabe als Eltern, stets unsere Kinder zu versorgen. Vielmehr sollten wir ihnen beibringen, für sich selbst zu sorgen.

Anstatt sich also über die Sauberkeitserziehung oder das Abstillen im Kleinkindalter aufzuregen – dies sind Dinge, die sich mit der Zeit von selbst regeln werden –, ist es sinnvoller unseren Kindern beizubringen, die alltäglichen Aufgaben selbstständig zu bewältigen. Dazu gehört wahrscheinlich, unserem Kind zu helfen, hinter das Geheimnis zu kommen, wie man Käse in Scheiben schneidet oder Milch ausgießt, Mäntel zuknöpft und den Hund herauslässt. Mit dem Schulalter sollten die meisten Kinder gelernt haben, die Wäsche zu sortieren und die Waschmaschine zu bedienen. Schon bald darauf können sie eine warme Mahlzeit aus Konserven oder nach einfachen Rezepten zubereiten.

Das Ziel der Erziehung sollte nicht sein, das Leben der Kinder in jedem Punkt zu regeln oder alles für sie zu erledigen. Es wirkt einigermaßen jämmerlich, wenn eine Familie in Panik gerät, weil ein Elternteil mit einer Grippe im Bett liegt. Wir alle – Mütter, Väter und Kinder – müssen alles Nötige lernen, damit wir mit allen Gegebenheiten zurechtkommen und füreinander sorgen können.

Zweitklässler können durchaus sehr leckere Pfannkuchen backen, und schon Vorschulkinder können einer Mutter, der es nicht gut geht, herrlichen Käse und wunderschöne Äpfel bringen. Auch Väter vermögen es, Knöpfe anzunähen. Und auch Mütter können Überbrückungskabel an leere Autobatterien anschließen. Große Brüder sind in der Lage, die Heizung anzumachen oder die Feinwäsche zu waschen und zu trocknen, ohne sie zu verknittern.

Es gibt niemanden in der Familie, der sicher sein kann, niemals aufgefordert zu werden, die Arbeit von jemand anderem zu machen. Natürlich hat jeder Angst davor, ohne Hilfe allein dazustehen, wenn ein unersetzliches Familienmitglied, das sich bisher um alles gekümmert hat, krank wird oder stirbt. Uns selbst und unseren Familien tut es nur gut, wenn wir weniger – oder noch besser – keine Zeit damit verlieren, das Stillen, Schlafen und Auf-die-Toilette-Gehen unserer Kinder zu überwachen. Wir sollten nicht versuchen, jeden Bissen, den unsere Kinder essen, und jedes Kleidungsstück, das sie tragen, zu kontrollieren oder auch zu überwachen, wie genau sie ihr Zimmer in Ordnung halten. Wir sollten eher einen langfristigen Plan bei der Erziehung unserer Kinder verfolgen, bei dem wir nicht mehr Zeit als nötig mit solchen Tätigkeiten für die anderen Familienmitglieder zubringen, die sie nach einer Anlernzeit selbst übernehmen können. (Beachten Sie in dem letzten Satz den Ausdruck »als nötig« – der Haushalt einer Familie lässt sich mit einer brauchbaren Arbeitsteilung viel rationeller bewältigen.)

Wir sollten unsere Aufgabe darin sehen, unseren Kindern beizubringen, im Ernstfall für sich selbst zu sorgen und notfalls auch die Aufgaben der Eltern zu übernehmen – vielleicht gelegentlich nur zum Spaß. Je besser jemand Bescheid weiß, desto selbstständiger kann er leben – und umso einfacher ist das Leben für alle – einschließlich der Mutter.

Als zusätzlicher Pluspunkt kommt hinzu, dass uns die Lebensabschnitte unserer Kinder, in denen sie uns sehr stark brauchen, viel weniger anstrengend erscheinen, wenn nicht eine lange Liste mit Aufgaben auf uns lastet, die wir tagaus, tagein für sie erfüllen müssen. Die

Stilljahre z. B. sehen dann nicht aus wie eine ununterbrochene Abfolge von nie endenden Diensten der Mutter an dem Kind. Bald schon, vielleicht sogar bevor das Stillen ganz aufgehört hat, wird es eindeutig eine gegenseitige Hilfeleistung zwischen Mutter und Kind geben.

Bei dem Versuch, unseren persönlichen Einsatz möglichst gering zu halten, verschwenden wir kostbare Zeit und Energie – Zeit und Energie, die wir für viele andere und zweifellos erfreulichere Ziele aufwenden könnten. Insgeheim hoffen wir, es vermeiden zu können, uns so ganz und gar binden zu müssen, und haben die größte Furcht davor, die Forderungen unseres kleinen Kindes würden ewig weitergehen.

Genau dies ist aber nicht der Fall. Uns ganz dem Säugling und Kleinkind zu widmen, ist auf lange Sicht kräfteschonend für uns, ja ein hier sogar positiv zu bewertendes selbstsüchtiges Verhalten. Dr. Lee Salk, der bekannte Autor und Kinderpsychologe, weist nach, dass das kindliche Bedürfnis nach intensiver mütterlicher Betreuung, genau wie das Bedürfnis nach Nahrung, verschwindet, sobald es befriedigt worden ist. Wenn die Bedürfnisse jedoch nicht beachtet werden, bleiben sie bestehen.

Es gibt keine Form der elterlichen Erziehung, mit der man einem kleinen Kind beibringt, sich nicht nach mehr Aufmerksamkeit zu sehnen. Anstatt seine Kräfte bei dem Versuch zu verschwenden, einem Kind beizubringen, seine Eltern am Tag und in der Nacht zeitlich möglichst gar nicht zu beanspruchen, ist es weitaus klüger, ihm diese Zeit ohne Vorbehalte zu schenken. Die Zeit, die man dem kleinen Menschen schenkt, sollte man gut zu nutzen wissen, um ihm die wichtigsten Dinge für sein weiteres Leben beizubringen – die Fähigkeit andere Menschen zu lieben, zu spielen und die Marmelade für sein Brot zu finden.

Teil I
Kleinkinder stillen – warum?

Kapitel 1

Warum Kinder
bis ins Kleinkindalter
an der Brust trinken

Saugen – hilfreich fürs Wachsen

Es mag auf den ersten Blick seltsam anmuten, wenn ein Kind, das zu den Mahlzeiten am Tisch mitisst und zwischendurch öfters an den Kühlschrank geht, von seiner Mutter mehrmals am Tag – und in der Nacht – gestillt werden möchte.

Wer jedoch ein Kind an der Brust genau beobachtet, wird bemerken, dass die eigentliche Nahrungsaufnahme nur ein Teil des Stillens ist. Nach ein oder zwei Minuten des Stillens entspannt sich der ganze kleine Körper zufrieden und glücklich. Ein verletztes Kind fühlt sich wieder besser. Ein überdrehtes Kind beruhigt sich. So sagte eine Mutter über ihr Stillkind: »Sie kommt weinend und bockig zu mir. Wir setzen uns hin, und ich stille sie. Dann hüpft sie vom Schoß und benimmt sich wieder wie ein großes Mädchen und hat sich jetzt ganz unter Kontrolle.«

Bei längerem Nachdenken ist der Vergleich gar nicht so abwegig, den Betty Smith zwischen einem gestillten Kind und einem Rauschgiftabhängigen anstellt. »Das Stillen ist für das Kind eine Art »Schuss«, aber eben ein gesunder. Es macht nicht süchtig, ganz im Gegenteil. Kein Wunder, dass einige Familien die Muttermilch »himmlisches Getränk« nennen. Das Stillen hat dieselbe belebende Wirkung einer Tasse Kaffee am Morgen, ohne den Blutdruck des Kindes zu erhöhen. Es ist so entspannend wie ein abendlicher Cocktail – ohne dass die Kinder davon benebelt werden.

Das Saugen erfüllt eine wichtige ausgleichende Funktion im Leben des schnell wachsenden kleinen Menschen. Deshalb suchen die meisten Kinder, die nicht gestillt werden, zwangsläufig nach einem Ersatz, wie z. B. Flasche, Schnuller, Daumen, Finger, Haare, Schmusedecken usw. Sie zeigen uns durch die Beharrlichkeit ihres Tuns, dass kleine Kinder die besänftigende und beruhigende Wirkung des Saugens ebenso oder noch mehr brauchen als manche von uns Erwachsenen ihre »Beruhigungsmittel«. Sie sind klein, unreif und ohne jede Erfahrung, machen aber dabei ständig ein Wachsen und Verändern durch, was ihnen meist ganz unverständlich ist.

Das Stillen ist ein Segen für Babys und kleine Kinder, wenn sie innerhalb von wenigen Jahren aus dem Mutterleib in die Kindheit katapultiert werden: Sie können während des stürmischen körperlichen und geistigen Wandels (der größer ist als in der Pubertät) zwischendurch zur Ruhe kommen. Durch das Saugen werden sie aufgeweckt und entspannt, besänftigt und getröstet.

John Bowlby, der sich intensiv mit psychiatrischer Forschung über das Bindungs- und Abhängigkeitsverhalten von kleinen Kindern befasst hat, sagt zu diesem Saugen:

> »Bei den Primaten hat das Nuckeln an den Brustwarzen und das Saugen zwei getrennte Funktionen. Das eine dient der Ernährung, das andere der Bindung. Jede dieser Funktionen ist für sich genommen wichtig. Es wäre ein Fehler anzunehmen, dass die Ernährung von primärer und die Bindung nur von sekundärer Bedeutung sei. Vielmehr ist das nicht ernährungsbedingte Saugen an der Brust weit häufiger als das Trinken zur Nahrungsaufnahme.«

Der allerbeste Platz für dieses Saugen ist in den Armen der Mutter, an ihrer Brust, wo es ganz und gar natürlich und allumfassend ist. Der einfache Vorgang des Saugens geht in den komplexen Vorgang des Stillens über, der nicht nur das Saugen umfasst, sondern auch die besonderen Mund- und Zungenbewegungen, die für das »Ausmelken« der Brust erforderlich sind. Alle diese Vorgänge sind in die enge Umarmung von Mutter und Kind eingebettet.

Das Stillen spielt eine bedeutende Rolle im Wachstumsprozess des Kindes. Manche Kinder würden ohne das Stillen niemals völlig die Ängste und die Verwirrung der frühen wechselvollen Jahre überwinden. Andere suchen ungeeigneten Ersatz in bestimmten Verhaltensweisen oder Gegenständen. Im Unterschied zum Stillen, das von selbst aufhört, wenn es seine Aufgabe erfüllt hat, verschwindet die Abhängigkeit von weniger geeigneten Verhaltensweisen oder Gegenständen möglicherweise nicht ebenso leicht und zuverlässig.

Was uns Stillkinder erzählen

Wenn Kinder größer werden, können einige ihre Gründe fürs Stillen in Worte fassen. Ihre Gründe sind dabei weder manipulierend noch verwerflich – wie manche Leute denken mögen. Mit zweieinhalb sagte mir eines meiner Kinder: »Ich trinke ›Utsche‹, wenn ich mich wie ein Baby fühle.«

Es wird oft gesagt, dass ein Kind etwa nach dem ersten Jahr nur wegen der Nähe zur Mutter an der Brust trinkt und nicht wegen der Milch. Das ist in gewisser Weise richtig: Ein Kind, das sich bei Tisch abwechslungsreich ernährt, braucht keine Muttermilch mehr. Ein Vater dazu: »Sie tankt nicht mehr – jetzt lädt sie ihre Batterien auf.«

Andererseits wollen aber auch Kinder gestillt werden, weil sie die Milch mögen. »Ich habe richtig Durst auf deine Mamamilch«, sagte ein Dreijähriger zu seiner Mutter. »Lecker!«, verkündete eine Zweijährige, als sie fertig getrunken hatte. »Das ist mein Lieblingsgetränk!«, sagte ein anderer in der Art eines jungen Gourmets, der dem Küchenchef Komplimente macht. Für wieder ein anderes Kind ist die Muttermilch »die allerbeste Milch auf der ganzen Welt«.

Was die Mutter anzubieten hat, ist so gut, dass die Kleinen ihre Puppen und Teddys oftmals daran teilhaben lassen wollen – manchmal sogar ihre Spielkameraden, die jedoch dankend ablehnen. Ein kleiner Junge bat sogar seine Mutter, seinen neuen Laster aufzutanken. Er wollte nur das Beste für sein Lieblingsspielzeug.

Kinder wissen genau, dass das Stillen nicht nur sättigt, sondern ebenso tröstet, und sie sprechen auch manchmal über dieses nicht der Ernährung dienende Saugen. Eine Zweijährige bot an, ihre Mutter zu stillen, die sich nicht wohl fühlte. »Es wird dir gleich wieder besser gehen, Mami«, versprach sie. Eine Vierjährige, die auch über die tröstende Wirkung des Stillens nachdachte, änderte das Lied »Alle meine Entchen« so um, wie es für sie sinnvoller erschien:

*»Alle meine Entchen schwimmen auf dem See,
alle trinken Utsche, dann tut nichts mehr weh.«*

Ein redegewandter Fünfjähriger hatte sich die Sache mit seiner langen Stillzeit reiflich durch den Kopf gehen lassen und sagte dann zu seiner Mutter:

»Ich finde, Fünfjährige sollten an der Brust trinken können, wenn sie es wollen. Ich glaube, sie würden das genießen. Stillen ist wie aus der Flasche trinken, aber es ist angenehmer. Es fühlt sich gut an, und ich bin nahe bei Mami.«

Obwohl wenige Kinder ihre Gedanken zum Stillen so klar zum Ausdruck bringen können wie dieser »junge Mann«, ist es klar, dass unsere Kinder über das Stillen nachdenken und ihre Gedanken und Beweggründe in die gleiche Richtung gehen. Wenn Kinder übers Stillen sprechen, verbinden sie es mit etwas sehr Warmem, das einzigartig für sie ist. Stillen ist ihre »Nahrung für die Seele«. Sie wollen an der Brust trinken, weil es gut schmeckt, weil es sich gut anfühlt und weil das Stillen sie glücklich macht.

26

Kapitel 2

Warum Mütter ihre Kinder bis ins Kleinkindalter stillen

Ein Bedürfnis wahrnehmen

Wenn ich Mütter befrage, warum sie länger als ein Jahr gestillt haben, sagen sie gewöhnlich: »Es war eben so« oder »Mein Kind brauchte es offenbar noch«. Einige Mütter, die sich eher nach dem Kind und nicht nach dem Kalender richten, sagen: »Ich habe nie darüber nachgedacht.«

Eine Mutter beschreibt ihre Empfindungen gegenüber der langen Stillzeit ihres Kindes folgendermaßen: »Ich merkte, wie es mich brauchte und gestillt werden wollte. Es ist schließlich mein Kind, und es würde mir das Herz brechen, es zu enttäuschen oder mich ihm zu verweigern.« Wenn wir über die gesellschaftlichen Normen hinausschauen und stattdessen wie diese Mutter einmal die Kinder betrachten, für die diese Normen angeblich aufgestellt worden sind, dann wird uns rasch klar, warum unsere Kinder lange gestillt werden wollen: Sie lieben die mütterliche Brust und sind traurig, wenn wir sie ihnen verweigern. Ein einfacher, aber zwingender Grund für das Weiterstillen liegt darin, dem Kind diese Freude nicht zu nehmen. Zunehmend mehr Mütter beobachten ihre Kinder sehr genau und reagieren entsprechend.

Stillen tut Mutter und Kind gut

Die Freude an der Nähe

Das Stillen tut nicht nur dem Kind gut, sondern auch der Mutter. Eine Mutter sagt dazu: »Ich glaube, ich wäre sehr enttäuscht, wenn ein Baby nur ein Jahr bei mir trinken würde, weil ich nämlich das Stillen genauso genieße wie mein Baby.« Ganz gleich, wie negativ manche Leute das Glücksgefühl der Mutter beim Stillen beurteilen: Es ist etwas Gutes und sehr Natürliches, wenn die Mutter dabei Freude empfindet.

Am meisten schätzen es die Mütter beim Langzeitstillen, einem warmen, kuscheligen Kind ganz nahe zu sein. »Früher glaubte ich«, sagt eine Mutter, »jede Mutter, die nach so vielen Jahren noch immer stillt, müsse wohl eigene unerfüllte Bedürfnisse haben, die sie durch das Stillen befriedigt.« Aber als ihr eigener Säugling älter wurde, erkannte diese Mutter, dass die »unerfüllten Bedürfnisse«, die ihr so viel Kopfzerbrechen bereiteten, ganz normal und natürlich waren und durch das Stillen sofort befriedigt werden. Es wird heute oft versucht, die Distanz zwischen Mutter und Kind als höchst erstrebenswert darzustellen. Mutterersatz durch Laufställchen und Schnuller und Kindersatz durch Hobbys und Haustiere sind selbstverständlich anerkannt. Die Mütter selbst können jedoch nicht verändert werden. Wir sind noch immer am glücklichsten, wenn wir unsere Kinder eng im Arm halten können.

Die Intimität zwischen Mutter und Kind ist so einzigartig und unersetzlich im Leben von Mutter und Kind, dass eigentlich jeder, der dieses Paar sieht, alle Hebel in Bewegung setzen müsste, um dieses Band zu schützen. Manchmal fangen Künstler in der Dichtung oder der Malerei etwas von der Wärme einer Mutter mit ihrem Kind ein. »Ich habe einmal gehört«, erzählte mir eine Mutter, »Flaschegeben sei wie der Beginn einer engen Freundschaft; Stillen dagegen wie eine Liebesbeziehung – und ich glaube aus meiner eigenen Erfahrung heraus, dass das wirklich stimmt.«

Traurigerweise haben aber die mit Unterstützung vieler Familien nominierten oder selbst ernannten Fachleute auf dem Gebiet der Kindererziehung und Kinderpflege jahrelang Forderungen aufgestellt, die gerade jenen Aspekt der Mutter-Kind-Beziehung angreifen.

Es ist daher kaum verwunderlich, dass viele von uns überglücklich die Nähe wiederentdecken, die wir zu unseren Kindern haben können. So erinnerte sich eine Mutter an ihre Stillzeit: »Ich habe eine sehr schöne Erinnerung daran, wie ich meine Tochter stillte, als sie noch ein Kleinkind war. Es ist schwer zu sagen, was das Beste war – vielleicht die Nähe und wie wohl ich mich fühlte, sie immer bei mir zu haben. Ich erinnere mich auch, wie sicher ich mich fühlte, dass ich sie fast immer trösten konnte und instinktiv wusste, wie ich ihre Bedürfnisse erfüllen konnte, ob mit oder ohne Stillen. Meine Gefühle diesem kleinen Kind gegenüber waren so intensiv, ebenso wie mein Stolz darauf, die Mutter dieses aufgeweckten Kindes zu sein.«

Möglicherweise haben wir selbst niemals diese vollkommen natürliche Mutter-Kind-Beziehung in unserer Kindheit und Jugend erlebt. Nachdem wir nun entdeckt haben, wie gut es tut, ganz innig mit einem Baby und kleinen Kind verbunden zu sein, lernen immer mehr von uns wieder, diese Nähe um nichts in der Welt aufzugeben – erst nach Abschluss eines ganz allmählichen Reifeprozesses.

Das Stillen ist ursächlich daran beteiligt, diese Intimität zwischen Mutter und Kind aufzubauen. Am Anfang tragen physische und hormonelle Komponenten dazu bei, dass sich diese Verbindung richtig entwickelt. Durch langes Stillen wird sie aufrechterhalten, weil Mutter und Kind dadurch bleibende Verhaltensmuster lernen.

Dieses liebevolle Verhalten ist hilfreich bei der Überwindung von Störfaktoren in der rasanten Entwicklung des Kindes, die die Nähe zwischen Mutter und Kind gefährden könnten. Einige Kinder sind sehr schüchtern und neigen dazu, sich von engen Bindungen mit anderen, sogar mit der Mutter, zurückzuziehen. Langzeitstillen hilft dem schüchternen Kind, sich emotional so zu festigen, dass es sich gut behaupten kann. Auf diese Weise kann es mit der Zeit lernen, auch seine anderen Bedürfnisse durchzusetzen.

Andere Kinder dagegen sind so aktiv, dass die Stillzeiten die einzigen Ruhepausen in ihren prall ausgefüllten Wachzeiten sind. Für die Mütter der kleinen Quirle ist das Stillen besonders erholsam, und so schätzen diese Mütter die Stillzeiten mit ihren lebhaften Kleinkindern noch viel mehr. Eine Mutter sagt z. B.: »So viele meiner Freundinnen stillten früh ab. Sie lernten dadurch nie jene besonderen innigen Momente kennen, als ihre Kinder größer und aktiver wurden. Mein Sohn ist sehr aktiv und unabhängig, aber auf unsere ruhigen Stillpausen freuen wir uns beide.« Es ist viel einfacher, liebevolle Empfindungen für ein Kind zu haben, das man im Arm hält, als für eines, das auf die Schränke klettert oder gerade die Blumentöpfe ausleert.

So erstaunlich es auch klingen mag – ein kleiner Prozentsatz von Babys geht unerklärlicherweise die erste Bindung mit einem anderen Familienmitglied als der Mutter ein (Bowlby). In diesen Familien kann das Bedürfnis der Mutter nach der Aufmerksamkeit des Kindes zu kurz kommen. (Wie selten denken wir daran, was eine Mutter von ihrem Kind braucht!) Eine stillende Mutter sagte mir etwas wehmütig: »Mein kleiner Sohn war von Anfang an ein Papakind. Aber wenigstens kommt er zum Stillen zu mir.« Eine Mutter, deren Kind die meiste Zeit lieber mit dem Papa, der großen Schwester oder einem anderen Familienmitglied verbringt, täte sich also selbst keinen Gefallen, wenn sie sich mit dem Abstillen beeilte.

Es gibt auch Kinder – häufig Jungen – die alles andere als »pflegeleicht« sind. Diese kleinen Kerle sind ständig auf Achse, aktiv und fordernd. Einfühlsam auf die Stillbedürfnisse dieser Kinder einzugehen, fällt manchmal schwer, da ihr Verhalten naturgemäß negative Gefühle in uns weckt. Es ist jedoch interessant zu beobachten, dass wir diese negativen Gefühle für das Stillen gewöhnlich nur dann empfinden, wenn unsere Kinder in Gegenwart anderer gestillt werden möchten – zu Hause kommen wir in der Regel viel besser mit unseren kleinen »wilden Männern« zurecht.

Wenn uns auch ihr Verhalten so verletzt, dass wir sie eigentlich nicht stillen mögen, dann hilft uns wiederum die Ruhe des Stillens, unseren Ärger zu besänftigen. Mütter, die ein ungewöhnlich aktives und forderndes Kleinkind gestillt haben, bis es ein halbwegs wohl erzogenes Kind wurde, erkennen rückblickend, welche Vorteile das Stillen für sie hatte. Ohne die regelmäßigen liebevollen Stillpausen wäre es für sie noch schwieriger gewesen, die Mutter-Kind-Beziehung im Großen und Ganzen positiv zu gestalten.

Gelegentlich können sehr beschäftigte Mütter auch unbeabsichtigt Verhaltensweisen annehmen, die vorzeitig das Band zwischen Mutter und Kind zerreißen. Genau wie das Stillen die einzige Zeit ist, in der aktive Kleinkinder fürs Schmusen stillsitzen, ist es auch die einzige Zeit für besonders geschäftige Mütter, in der sie selbst sich für dieses Schmusen ruhig hinsetzen – wobei diese Mütter das Kuscheln genauso brauchen wie weniger beschäftigte Mütter.

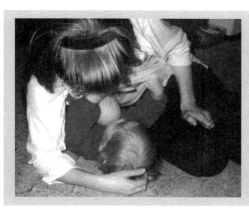

Stillen –
ein Mittel zum Trösten
in vielen Lebenslagen

Ein Mittel zum Trösten

Stillen macht nicht nur Freude, es ist auch eine erhebliche Hilfe. Eine der häufigsten Tätigkeiten im Leben einer Mutter besteht darin, mehrmals täglich einem ängstlichen, verletzten oder erschöpften Kind beizustehen. Es gibt mehrere Möglichkeiten, ein weinendes Kind zu trösten – durch Tragen, Wiegen, Singen –, aber nichts ist einfacher bzw. wirkungsvoller als das Stillen. Es wurde schon als etwas Magisches beschrieben: Ruck, zuck ist ein überdrehtes Kind wieder glücklich und zufrieden.

Es ist fast ein Wunder, wie schnell ein blauer Fleck oder ein Kratzer nicht mehr wehtut, wenn das Stillen zur ersten Hilfe dazugehört. Sollte es mehr als nur ein blauer Fleck oder ein Kratzer sein, dann merkt das die Mutter sofort: Wenn die Schmerzen durch das Stillen nicht weggehen wollen, handelt es sich um eine größere Verletzung, der mehr Beachtung geschenkt werden muss. Auch andere Methoden beruhigen die Kinder, aber die psychische Verfassung der Allerkleinsten ist anscheinend ganz eng mit dem Stillen verknüpft, so dass ihnen damit am besten geholfen werden kann. Obwohl es nicht alle Kinder aussprechen, gefällt es Kleinkindern zweifellos ebenso gut, durch das Stillen getröstet zu werden, wie diesem zweijährigen Mädchen: Nachdem es hingefallen und dann gestillt worden war, erfreute es seine Mutter mit den Worten: »Danke, Mami, dass du mich gestillt hast. Tschüss dann. Mir geht's wieder gut.«

Das Zahnen ist der häufigste physiologische Grund dafür, dass sich kleine Kinder nicht wohl fühlen. Wenn neue Zähne das Zahnfleisch wund machen, dann verlangen die Kinder oft danach, lange gestillt zu werden. Schon manche Mutter war glücklich, dass sie ihrem Kind bei dem unangenehmen Zahnen allein durchs Stillen helfen konnte oder es durch das Stillen zumindest beruhigte und ihm zusätzlich kalte Möhrenstückchen zum Beißen gab. Natürlich sind wir manchmal froh über die Erleichterung, die Aspirin oder schmerzbetäubende Salben bringen können, wenn das Zahnfleisch anfängt, richtig weh zu tun. Stillen ist ein natürliches schmerzlinderndes Mittel. Deshalb ist es schön, dass wir dadurch unsere Abhängigkeit von medikamentösen Beruhigungsmitteln sehr einfach auf ein Mindestmaß beschränken können:

»Kleine Kinder schaffen es häufig, sich am Mund zu verletzen, besonders wenn sie noch nicht sicher laufen. Doch auch sehr kleine Verletzungen am Mund bluten meist sehr stark. Kleinkinder hassen es in der Regel, wenn man versucht, Druck oder Eis auf den Mund zu legen, um die Blutung zu stillen. Sie trinken aber gerne an der Brust, und in den meisten Fällen entsteht dadurch genug Druck auf das verletzte Hautgewebe am Mund, um die Blutung aufzuhalten. Für die normalen kleinen Mundverletzungen, die sich Kleinkinder so häufig zuziehen, ist das Stillen die beste erste Hilfe und reicht auch in der Regel völlig aus.«

Ein müdes Kind am Abend oder vor dem Mittagsschlaf zur Ruhe zu bringen, ist recht einfach in den Familien, in denen das Kleine gestillt wird. Kaum jemals erleben diese Stillfamilien den Aufstand und die spannungsgeladene Atmosphäre, die wir in unserem Kulturkreis mittlerweile schon fast erwarten, wenn ein kleines Kind ins Bett gehen soll. Das Stillen ist ein so wirkungsvolles Beruhigungsmittel für müde Kinder, dass Väter ihre Frauen mit ihrem »K.-o.-Trank« aufziehen.

Mütter stillen ihre Kinder auch, um ihnen zu helfen, mit seelischen und körperlichen Belastungen fertig zu werden. Die meisten Mütter, die eigentlich vorhatten abzustillen, nehmen in turbulenten Zeiten, wie z. B. bei einer Krise in der Familie oder einem Umzug, wieder davon Abstand. Wenn Familien erschüttert werden oder gar auseinander brechen, ist das Stillen für die Kinder eine viel zu wertvolle Hilfe, als dass es gerade dann beendet werden sollte, wenn es die Kinder vielleicht besonders brauchen. Eine Mutter, deren Familie ein halbes Jahr Krankheit und Verlust erlebt hatte, schrieb über die Stillzeit mit ihrer Tochter in dieser schwierigen Zeit: »Das Stillen hat ihr mit Sicherheit geholfen; es war wie ein Anker im Sturm. Was auch immer passiert war, Mamis Milch war verlässlich für sie da.«

Die Kinder sind nicht die Einzigen, die durch das Stillen getröstet werden, wenn die Familie unter einer großen Belastung steht. Viele Mütter berichten z. B. auch davon, dass sie, anstatt bei seelischem Druck einfach abzustillen, wie es oft geraten wird, das Stillen als einen Weg sahen, um zur Ruhe zu kommen. »Als meine Großmutter starb«, schreibt eine Mutter, »nahm ich meinen kleinen Sohn in die Arme und stillte ihn.« »Ich hatte Depressionen, seit unser Vater gestorben ist«, schreibt eine andere, »aber das Stillen meiner kleinen Tochter hat mir geholfen.« Wieder eine andere Mutter, die viel Kummer erlebt hat, schrieb, dass sie in sehr anstrengenden Zeiten »beim Stillen wieder Boden unter die Füße« bekam. »Ich wurde dadurch gezwungen, mich zusammenzureißen.«

Der Trost durch das Stillen ist oft wechselseitig – Mutter und Kind profitieren davon.

Ein Vorteil für die Gesundheit

Wenn unser Kind krank ist, sind wir besonders dankbar dafür, dass wir ihm durch das Stillen helfen können – mehr noch als bei einem aufgeschlagenen Knie oder wundem Zahnfleisch. Bei einem kranken Kind kommen wir uns noch viel hilfloser vor als bei jedem anderen Problem im Leben. Neben einem wimmernden, kläglichen Kind zu sitzen und nichts tun zu können als dazusitzen und auf die Uhr zu schauen, wann es wieder seine Medizin bekommen soll, ist bitter. Ich weiß nicht, wer mehr vom Stillen profitiert, wenn ein Kind krank ist – die Mutter oder das Kind.

Sobald wir uns von der Vorstellung gelöst haben, dass ein krankes Kind fein säuberlich ins Bett gepackt werden muss und die Mutter pflichtbewusst daneben steht, können wir auf unsere eigenen Gefühle und Instinkte hören.

Der einzig richtige Platz für ein kleines krankes Kind ist in unseren Armen, und auch wir können keinen inneren Frieden finden, wenn es nicht bei uns ist. Kinder überstehen selbst ernsthafte Krankheiten viel besser, wenn sie getragen werden, und wenn sie gestillt werden können, ist es umso besser.

Selbst Kinder, die ins Krankenhaus eingewiesen werden, können normalerweise von ihren Eltern die meiste Zeit getragen werden. Viele Mütter waren besonders dankbar über die lange Stillzeit, wenn sie dadurch ihren Kindern bei so schweren Krankheiten oder Verletzungen, die sogar eine stationäre Einweisung erforderlich machten, helfen konnten. Obwohl auch gestillte Kleinkinder Krankheiten erleben – manchmal sogar ernste Krankheiten – ist ihre Zeit an der Brust eine Investition für ihre Gesundheit. Ihr Blut und in fast genau derselben Konzentration auch Ihre Milch transportieren Antikörper gegen die Infektionskrankheiten, die Sie durchgemacht haben. Forscher finden derzeit ständig neue immunologische Eigenschaften in der Muttermilch. Sie enthält aktive weiße Blutzellen, die Leukozyten. Bei bestimmten Leukozyten wurde nachgewiesen, dass sie den Kindern aktiv bei der Abwehr von Krankheiten helfen, indem sie das Immunglobulin A (IgA) produzieren. Das IgA dient als kräftige Barriere, die eine Reihe von Erregern zerstört oder eindämmt.

Gegenwärtig wissen wir nicht, wie viel Muttermilch ein Kind trinken muss, um genügend Immunglobuline aufzunehmen. Ebenso wenig wissen wir genau, wie lange es dauert, bis das kindliche Immunsystem so vollständig ausgereift ist, dass es keiner Unterstützung durch die Muttermilch mehr bedarf. Dennoch ist der Vorteil des Stillens bei der Abwehr von Krankheiten augenscheinlich für jeden, der die Kinder genau betrachtet. Wie jeder andere Wachstumsprozess verläuft auch die Entwicklung des kindlichen Immunsystems vermutlich sprunghaft und unvorhersehbar, und durch langes Stillen wird offenbar der bereits vorhandene Immunstatus während der Zeit, in der sich das eigene Immunsystem des Kindes entwickelt, ausgeglichener gehalten.

Zweifellos werden wir im Laufe der Zeit durch weitere Untersuchungen über die Abwehr von Krankheiten und die Art, wie Kinder die Immunkörper in der Muttermilch verwerten, besser verstehen, warum beim Stillen Infektionen seltener vorkommen und Krankheiten glimpflicher verlaufen. Viele Mütter haben darüber berichtet, wie viel gesünder ihre Kinder vor dem Abstillen, sowohl im Hinblick auf Infektionen als auch auf Allergien waren. Mit der Zeit werden die Wissenschaftler so klug wie die »weisen Frauen« werden, die schon immer davon abgeraten haben, im Frühling abzustillen, da sie wussten, dass das Stillen das Kind vor der »Sommerkrankheit« schützt, d. h. Durchfall, ausgelöst durch bakteriell verdorbenes Essen während des heißen Wetters.

Allergien sind ein Grund dafür, dass manche Kinder länger als ein Jahr gestillt werden; manche Kinder sind sogar weit älter als ein Jahr, bevor sie etwas anderes als Muttermilch zu sich nehmen können, ohne krank zu werden. Kinder, die Kuhmilch oder andere Milchprodukte nicht vertragen, profitieren in besonderem Maße von dem verlängerten Stillen. Ohne Muttermilch wäre ihre Ernährung möglicherweise unausgewogen und ungenügend, da sie die Inhaltsstoffe anderer Milchsorten in so einem frühen Alter nicht verwerten können.

Interessanterweise stellen wir bei allergiegefährdeten Kindern fest, dass sie feste Nahrung länger verweigern als andere Babys. Ihnen andere Nahrung als Muttermilch aufzudrängen, könnte bei diesen Kindern allergische Reaktionen hervorrufen, die sie instinktiv vermeiden wollen. Für Kinder, die sehr starke Allergien haben, ist die Muttermilch die optimale und auch die einzige Nahrung, die sie lange Zeit überhaupt zu sich nehmen.

Viele Kinder neigen auch dazu, oft sofort nach dem Abstillen am Daumen (oder an den Fingern) zu lutschen. Das Daumen- oder Fingerlutschen kann zu bleibenden Zahnfehlstellungen führen, besonders wenn es bis in die Schulzeit fortgeführt wird, wohingegen das Stillen die Zahnstellung verbessert. Viele Eltern sind deswegen bestrebt, das Bedürfnis des Kindes nach solch einem Trost auf ein Mindestmaß zu reduzieren, indem sie so lange stillen, wie es das Kind möchte. Ich sage ausdrücklich »reduzieren« und nicht »verhindern«, denn einige Kinder, die an der Brust trinken können, wann immer sie es wollen, haben anscheinend trotzdem noch ein Bedürfnis danach, zwischendurch die Finger im Mund zu haben. Dieses Bedürfnis nach zusätzlichem Lutschen und Saugen ist jedoch bei Stillkindern schwächer, so dass möglicherweise später eine Behandlung durch den Kieferorthopäden nicht so aufwendig oder gar nicht erst nötig wird.

Hilfe bei Hautproblemen

Ihre Milch enthält u. a. Fettsäuren, die es in der Nahrung sonst nicht gibt. Diese Fettsäuren tragen offenbar dazu bei, bei dem Kind optimales Gewebe im ganzen Körper zu bilden. Die Wirkung dieser Fettsäuren ist besonders leicht an der glatten, seidenweichen Haut des Kindes zu beobachten.

Wenn aus Ihrem Säugling ein Kleinkind wird, genügt anscheinend eine sehr geringe Menge Muttermilch, dass es diese wunderbare Haut behält, die sich so herrlich anfühlt und die wir an gestillten Babys und Kindern so bewundern. Sogar Kinder, die nur einmal am Tag gestillt werden, behalten gewöhnlich ihre besonders zarte Haut.

Durch die Muttermilch fühlt sich das Kind nicht nur bei Ihnen, sondern auch in seiner eigenen Haut wohl, da das Stillen mögliche Hautprobleme verhindert bzw. verringert. Es ist durchaus nicht ungewöhnlich, dass Kinder mit milden Formen von Ekzemen so lange keine Symptome zeigen, bis sie vollständig abgestillt sind. Ob das lange Stillen verhindert, dass die Ekzeme dieser Kinder unerträglich werden, kann nicht mit Sicherheit gesagt werden, obwohl dies viele Leute glauben. Wir können aber sicher sein, dass das Stillen so lange einen heftigen Ausbruch verhindert, bis das Kind reifer ist und damit besser umgehen kann.

Wenn ein Stillkind doch einmal krank wird

Obwohl die Gesundheit Ihres gestillten Kindes vermutlich besser ist, als wenn es nicht gestillt würde, wissen wir noch immer nicht, wie Krankheiten völlig verhindert werden können. Abgesehen davon, dass das Kind durch das Stillen vermutlich weniger oft und weniger ernsthaft krank ist, liegt ein zusätzlicher Vorteil darin, dass das Stillkind immer an der Brust trinken kann, ganz gleich, welche Krankheit es gerade durchmacht.

Sehr oft vertragen Kinder, die sich nicht wohl fühlen, keine Kuhmilch und akzeptieren häufig nichts anderes als die Brust. Etliche nicht stillende Mütter mussten schon auf Nahrungsmittel zurückgreifen, die sie wohl selten oder nie einem gesunden Baby geben würden, um ihr hoch fieberndes Kind vor dem Austrocknen zu bewahren, z. B. auf stark gesüßte Limonaden. Seit einiger Zeit gibt es in den Apotheken Elektrolytlösungen als Nahrung für kranke Babys und Kinder. Diese sind ohne

Zweifel besser als stark zuckerhaltige Getränke, aber ein Baby kann höchstens ein paar Tage damit ernährt werden.

Das Stillkind, das zu krank ist, um zu essen, wird fast immer an der Brust trinken. Anstatt sich schwere Sorgen darüber zu machen, was sie denn einem fiebernden Kind zu trinken geben soll, kann die Mutter ihr Kind stillen und ganz sicher sein, dass kein Getränk auf der Welt besser für ihr Kind ist und ihre Milch von dem fiebrigen kleinen Körper ihres Kindes am besten vertragen wird. Eine Mutter sagte: »Während seiner Krankheit war das Stillen sein einziger Trost und seine einzige Nahrung. Und es war auch mein einziger Trost während seiner zwei Lungenentzündungen. Es gab mir das Gefühl, wenigstens etwas tun zu können, während ich dasaß und mich hilflos fühlte.«

Sogar nach einem chirurgischen Eingriff oder einer Verdauungsstörung, die so ernst ist, dass das Kind nichts oral verträgt, ist die erste Nahrung, die es vor jeder anderen Nahrung bei sich behält, die Muttermilch. Viele Mütter waren überrascht, als sie nach einer schweren Krankheit feststellten, dass ihre Stillkinder kaum an Gewicht verloren hatten.

Kleinkinder, die sich nicht wohl fühlen, trinken oft ein paar Tage wieder so ausschließlich an der Brust, dass sie sogar erneut den weichen Muttermilchstuhl der ersten Monate haben. Wenn Sie also glauben, dass Ihr Stillkind Durchfall hat, sollten Sie sich daran erinnern, ob es während der letzten Tage etwas anderes als Muttermilch zu sich genommen hat, und sich das Aussehen und den Geruch des Muttermilchstuhls wieder ins Gedächtnis rufen. Manch ein Kind, das nach einer Krankheit, während der es wieder wie früher an der Brust getrunken hatte, schon wieder fast genesen war, wurde grundlos wegen Durchfalls behandelt, weil seine Pfleger nicht erkannten, dass lockere Stühle für jedes kleine Kind, gleich welchen Alters, das nur Muttermilch zu sich nimmt, normal sind.

Selbst wenn die Kleinen schon kaum mehr an der Brust getrunken haben, reagiert der Körper einer Mutter im Krankheitsfalle allem Anschein nach überraschend schnell auf das wiedererwachte Bedürfnis des Kindes nach Milch. Die Fähigkeit, das eigene Kind vollständig zu ernähren, wenn es notwendig wird, ist in den ersten Lebensjahren sehr wertvoll. Die Leichtigkeit, mit der ein krankes Kind durch das Stillen versorgt wird, und die Schnelligkeit, mit der diese an sich gesunden Kleinkinder dank der Muttermilch gewöhnlich wieder auf die Beine kommen, scheinen schon allein Grund genug zu sein, die Stillbeziehung nicht aufzugeben, bevor der Entwicklungsgrad der Kinder dies erforderlich macht.

Zweifellos gibt es viele noch nicht entdeckte chemische und biologische Eigenschaften der menschlichen Milch, die die Gesundheit unserer Kinder fördern. Es werden ständig weitere gesundheitsfördernde Bestandteile in der Muttermilch gefunden. Vielleicht ergibt sich aber auch der größte gesundheitliche Nutzen der Muttermilch aus der Art und Weise, wie sie das Kind aufnimmt. Das Stillkind erlebt das Trinken an der Brust fast beiläufig als Teil einer warmen, liebevollen Umarmung.

Beim Stillen findet das Kind Schutz vor den Verletzungen, Ängsten und den Bedrohungen, die es täglich erlebt. Ein Kind, das Zuneigung und Geborgenheit in den Armen der Mutter erlebt, ist mit großer Wahrscheinlichkeit ein glückliches Kind, und Glück, einschließlich Selbstachtung und Furchtlosigkeit, ist, wie immer mehr erkannt wird, eine unabdingbare Voraussetzung dafür, gesund zu werden und zu bleiben.

Geschwisterliebe

Wenn ältere Geschwister da sind

Mütter, die eines oder mehrere ihrer Kinder gestillt haben, sind fast immer bestrebt, diese positive Erfahrung auch mit dem nächsten Kind zu machen. Viele von uns freuen sich wieder auf das Stillen. Das Stillen zwingt uns dazu, uns die Zeit zu nehmen, um die gleiche besondere Beziehung mit dem Jüngsten aufzubauen wie mit den älteren Kindern, als sie gestillt wurden.

Ältere Geschwister scheinen die Stillzeit meistens zu respektieren, besonders wenn sie selbst die Möglichkeit hatten, so lange an der Brust zu trinken, wie sie es brauchten. Häufig bestehen sie sogar darauf, dass die Mutter eine überdrehte oder lästige kleine Schwester stillt – gewöhnlich aus dem Gespür für das zugrunde liegende Bedürfnis, obwohl sie gelegentlich auch nur das Schwesterchen von dem Turm weghaben wollen, den sie gerade bauen. Etliche Mütter bemerken, dass sich ältere Geschwister oft zurückhalten, um nicht die Stillzeiten ihrer jüngeren Geschwister zu stören, während sie sonst darauf bestehen, bei allem anderen mitzumachen, was die Mutter mit dem Baby allein unternehmen möchte. Aus diesem Grunde schätzen die Frauen das Stillen als Zufluchtsort, der häufig nur ihnen und dem Baby gehört und womit sie dem Jüngsten seinen ihm zustehenden Platz in der Familie schaffen.

Spaß und Spiele

Das Stillen ist zum Glück nicht immer eine ernste Anwendung von Entwicklungspsychologie. Es kann eine ganz lustige Zeit sein – voller Spaß und Humor. Ich erinnere mich an die kleinen, lustigen »Guckguck-Spiele«, sagt eine Mutter, »und an die Bewunderung, die mir aus den Kinderaugen entgegenstrahlte. Ich möchte diese Zeit um nichts in der Welt missen.« Es werden Erinnerungen wach an das Stillen eines kleinen Cowboys mit Hut und Pistole, eines Mechanikers, der seinen Hammer und Schraubenzieher fest umklammert, oder eines kleinen Filmstars mit Sonnenbrille. Ein Mädchen parkt beim Stillen ihren Kaugummi auf Mutters BH, während ein Junge vergisst, vor dem Stillen seinen Kaugummi aus dem Mund zu nehmen, der dann an Mamas Busen klebt.

Viele Kleinkinder lernen es, die Muttermilch mit ihren kleinen Händchen auszudrücken, und reagieren völlig überrascht, wenn sie einen Strahl Milch ins Gesicht abbekommen – es ist die gleiche Mischung aus Überraschung und Vergnügen, die eine Katze auf dem Bauernhof zeigt, wenn der Bauer einen Strahl Kuhmilch in ihre Richtung spritzt. So komisch diese Spiele mit dem Verspritzen von Milch auch sein mögen, versuchen Mütter sie meist zu verhindern. Wir können unseren Kindern nicht immer vertrauen, dass sie bei der Auswahl der Zuschauer bei solchen Spielchen eine so glückliche Wahl treffen, wie wir es gerne hätten.

Stillende Kinder haben oft einen besonderen Blick für Busen und Brustwarzen. In vielen Familien haben die Kleinen oft einen Riesenspaß daran, Papas Brustwarzen auszuprobieren. Andere versuchen Milch bei sich auszudrücken und necken und hänseln ältere Geschwister wegen ihrer kleinen Brustwarzen. Ein kleiner Kerl wies auf die Brustwarzen eines großen Buddahs und krähte vergnügt: »Ham-ham!«. Eine kleine Kopie der Venus von Milo ist bei den Stillkindern in unserem Haus sehr beliebt. Mehr als ein Kind wurde auch dabei beobachtet, wie es an dem Titelphoto einer Illustrierten nuckeln wollte.

Andere Vorteile

Es gibt noch andere Gründe, warum einige Mütter über den ersten Geburtstag ihres Kindes hinaus weiterstillen, so z. B. Stillen als ein Mittel zur natürlichen Familienplanung, oder um die Milchproduktion für ein Baby, das adoptiert werden soll, aufrechtzuerhalten, oder um einen schönen Busen zu behalten. Eine Mutter sagte, dass sie es schön fand, ihr kleines Mädchen überallhin mit der Entschuldigung mitnehmen zu können: »Sie nimmt eben keine Flasche.«

Nicht zuletzt genießen viele von uns beim Stillen auch die größeren Brüste, die wir ansonsten nur durch gepolsterte BHs erreichen. Obwohl das Streben nach einer besseren Figur ein Wunsch ist, der durch das Stillen so wunderbar verwirklicht wird, ist es natürlich kaum ein ausreichender Beweggrund, um auch harte Zeiten durchzustehen. Größere Brüste sind nur ein hübscher Nebeneffekt.

Für eine Mutter, die plant, ein adoptiertes Baby zu stillen, kann eine bereits bestehende Milchproduktion ein ziemlicher Vorteil sein. Es ist gewöhnlich einfacher, Ihre Milchmenge zu steigern, wenn Sie bereits stillen, als bei null anzufangen. Dennoch müssen Sie sich über Ihre Beweggründe im Klaren sein, wenn die Zuwendung für das eine Kind auch dem anderen zugute kommen soll. Das Stillen sollte vorrangig aus Liebe und Fürsorge für das Kind, das gestillt wird, geschehen. Auch sollten Sie besonderes Augenmerk auf die Persönlichkeit Ihres Stillkindes richten. Ist Ihr Kind anpassungsfähig genug, dass es akzeptiert, wenn Sie sich um ein neues Baby kümmern?

Fassen Sie diese Worte von mir nicht als Entmutigung auf. Ich weiß von meiner eigenen Familie, zu der ein adoptiertes Kind gehört, wie befriedigend und herausfordernd es sein kann, die Mutter eines dieser kleinen Persönchen zu sein, die uns so brauchen. Jedes Kind und jede Situation ist jedoch anders; die Entscheidung für eine Adoption, wenn Ihr eigenes Kind noch an der Brust trinkt, sollte gut überlegt getroffen werden – auch im Hinblick auf Ihr eigenes Stillkind.

Sicherlich sind Sie so klug, dass Sie die Stillzeit nicht mit Gewalt hinausziehen würden, nur um ein ausreichendes Milchangebot zu haben. Ohnehin haben mich die Erfahrungen von so vielen Müttern, die nicht abstillen wollten, als ihre Kinder es schon wollten, über die Frage nachdenken lassen, ob es möglich ist, ein Kind zum Stillen zu zwingen. Kinder, die nicht an der Brust trinken wollen, werden dies auch nicht tun. Wenn Ihr Kind aus eigenem Willen heraus weitergestillt werden möchte, können Sie es unbesorgt weitertrinken lassen.

Wenn Sie beabsichtigen, das Stillen als Teil einer natürlichen Familienplanung einzusetzen, dann sollten Sie davon ausgehen, dass Sie Ihr Kind über dessen ersten Geburtstag und vielleicht auch über den zweiten hinaus werden stillen müssen. Um ein wirksames Verhütungsmittel zu sein, muss das Stillen ein Teil einer allumfassenden Einstellung Kindern gegenüber sein. In ihrem Buch »Stillen und natürliche Empfängnisverhütung« nennt Sheila Kippley dies ›natürliche Mutterschaft‹. Für viele Mütter erstreckt sich die Unfruchtbarkeit aufgrund einer absolut natürlichen Einstellung zum Stillen bis ins zweite Lebensjahr des Babys und manchmal auch noch weiter. Aber selbst wenn Ihre Fruchtbarkeit vor dem ersten Geburtstag Ihres Kindes wieder zurückkehren sollte, dann werden Sie kaum so plötzlich die freie und natürliche Beziehung beenden wollen, die Sie mit Ihrem Kind aufgebaut haben. Natürliche Mutterschaft ist, wie Frau Kippley in ihrem Buch klar macht, ein schönes und lohnendes Ziel und natürliche Unfruchtbarkeit ein Vorteil, den viele Familien schätzen. Langes Stillen gehört gewöhnlich zur natürlichen Mutterschaft dazu.

Selbst wenn sie sich keine Gedanken um natürliche Familienplanung machen, schätzen viele Mütter doch die Amenorrhö (das Ausbleiben der Menstruation) nach der Geburt, die meist durch das Stillen auftritt. Wenn Sie Interesse daran haben, die Zeit zwischen der Geburt und dem Beginn der Menstruation zu verlängern, dann liefert »Stillen und natürliche Empfängnisverhütung« alle hierzu notwendigen Informationen. Mütter, die anfällig für Anämie, niedrigen Blutzucker oder prämenstruelle Beschwerden sind, schätzen eine lange Amenorrhö besonders.

Genau wie andere weniger gewichtige Gründe für das Stillen oder für das Weiterstillen über die von der Gesellschaft festgesetzte Zeitspanne hinaus ist die Verhütung oder eine Zeit ohne Periode für sich genommen kein ausreichender Grund, sondern eher eine angenehme Begleiterscheinung. Das Stillen ist eine komplexe Beziehung, deshalb sollten unsere Gründe, warum wir eine solche Beziehung eingehen, eine ebenso komplexe Mischung aus warmen, irrationalen und kühlen, rationalen Hoffnungen und Zielen sein. Solch eine Mischung aus Herz und Verstand wird uns befähigen, nicht nur alle möglichen Hindernisse zu überwinden, sondern auch größtmögliche Freude aus einer für beide Seiten positiven Beziehung zu schöpfen.

Aus Erfahrung gesprochen

Die meisten Eltern, die bereits ein gestilltes Kleinkind versorgt haben, können es sich nicht vorstellen, spätere Kinder anders großzuziehen. Nur vier bis fünf der fast tausend Mütter, die mir berichtet hatten, mehr als ein Jahr gestillt zu haben, schrieben mir, dass sie dies nicht wieder tun wollten. Dabei waren die wenigen, die diese Erfahrung nicht wiederholen wollten, gar nicht vom Stillen an sich abgeschreckt worden, sondern von der stillfeindlichen Haltung ihrer Umgebung.

Einige glückliche Mütter konnten sogar auf mehr als nur ihre eigene Erfahrung zurückgreifen, die ihnen half, eine lange Stillzeit zu genießen. Eine Mutter sagte:»Meine Mutter stillte mich, bis ich zwei Jahre alt war, deshalb hatte ich jetzt immer jemanden, der mir den Rücken stärkte.« Eine andere schrieb:»Meine Großmutter und meine Urgroßmutter hatten beide ihre Kinder so lange gestillt, wie diese es wollten, und ich erhielt von beiden Zuspruch und Unterstützung.« Jene Frauen, die weit über ihre frühe Kindheit hinaus an der Brust tranken, erfuhren an sich selbst, wie positiv das lange Stillen ist und würden kaum Alternativen für sich – oder für ihre Enkelkinder – befürworten. Eine steigende Zahl von Eltern oder Großeltern wird der Mutter beipflichten, die schrieb:»Natürlich würde ich wieder über die Babyzeit hinaus stillen – mein Sohn hat sich zu einem so liebenswerten und intelligenten Kind entwickelt!«, oder den Eltern, die sagten:»Wir haben herausgefunden, dass unsere Kinder umso besser gerieten, je länger wir sie stillten.«

Kapitel 3

Stillen –
immer noch das Beste
für Ihr Kind

Frühes Abstillen – für Kinder nicht empfehlenswert

Die weit verbreitete Vorstellung, langes Stillen schade dem Kind, wird von den Menschen vertreten, die mit dem Begriff des natürlichen Abstillens nicht vertraut sind. In Wahrheit jedoch hätten wir ziemliche Mühe, Beispiele dafür zu finden, dass das Abstillen tatsächlich das Beste für die Kleinen war. Nur im Falle der äußerst selten vorkommenden Galaktosämie beim Kleinkind wäre Stillen für das Baby schädlich. Die Gründe für das Abstillen ab einem bestimmten Alter wurden nicht ersonnen, um dem Kind zu helfen, sondern um die Mutter von einer ihrer Aufgaben zu entlasten.

Es stimmt, dass sehr viele von uns abstillten, weil wir von jemandem davon überzeugt wurden, es sei das Beste für unsere Babys. Hätten wir aber die Gründe genauer unter die Lupe genommen, wäre uns meist klar geworden, dass der eigentliche Anlass das Bestreben war, das Leben für die Mutter einfacher zu gestalten (oder für den Kinderarzt, die Großmutter, den Ehemann oder bei wem auch immer sich die Mutter über ihr anstrengendes Leben mit ihrem Kleinkind beklagt hatte). Es gibt überhaupt keinen Beweis dafür, dass das vorzeitige Abstillen dem Kind in irgendeiner Weise Vorteile bringt.

Das Leben für die Mutter einfacher zu machen, ist sicherlich ein lobenswertes Ziel, und es ist unnötig, sich alle möglichen vorgeschobenen Gründe fürs Abstillen auszudenken. Wenn eine Mutter des Stillens müde wird und diesen Teil ihrer Beziehung mit dem Kleinkind abschließen möchte, so verdienen ihre Gefühle Respekt und nicht die Beurteilung von anderen. Keine Mutter sollte angegriffen werden, nur weil sie sich wünscht, dass sich ihr Kind endlich abstillt. Es ist sicherlich hilfreich für uns Mütter, wenn wir uns gegenseitig helfen, unsere Stillbeziehung vom Standpunkt des Kindes und der Mutter aus zu überprüfen, aber es ist absolut nicht hilfreich, jemanden als »gute« oder »schlechte« Mutter abzustempeln – noch nicht einmal in unseren Gedanken – nur auf der Grundlage von der Entscheidung für oder gegen das Weiterstillen.

Wenn eine Mutter sich ihrer Stillmüdigkeit mit einem guten Maß an Selbstachtung stellen kann, wird sie in der optimalen Lage sein, ihre derzeitige Stillbeziehung einzuschätzen. Viele Mütter, die erkennen, dass das einzige wirkliche Hindernis für ein Fortbestehen der Stillbeziehung ihre möglicherweise negativen Empfindungen sind, können sich entspannen und die Stillbedürfnisse der Kleinen ganz gelöst erfüllen. Sie sagen sich: »In Ordnung. Schließlich stillen sich alle mal ab. Ich werde am Schluss schon meinen Willen haben.« Wie eine Mutter, die ganz unbefangen weiterstillte und sagte: »Ich hätte es zwar lieber, wenn sich mein Kind früher dazu entschlösse, mit dem Stillen aufzuhören, aber ein großes Problem ist es nicht.« Andere müssen sich mehr darum bemühen, die Stillbeziehung in Abstimmung mit den Bedürfnissen ihrer Kleinkinder so umzugestalten, dass sie mit ihren eigenen Gefühlen klarkommen können.

Es ist alles andere als hilfreich, unsere Gefühle zu verbergen oder zu verleugnen. Ein älteres Baby weiterzustillen, obwohl die innere Bereitschaft dazu fehlt, wird leicht zu einem Martyrium – eine miserable Grundlage für jegliche Beziehung in einer Familie.

Die Einstellung unserer Gesellschaft ist auch nicht besonders rühmlich oder hilfreich. Der Versuch, unsere eigenen Gefühle zu verdrängen, schadet uns schon selbst genug. Darüber hinaus verschanzen sich mehr und mehr Familien hinter dem vorgeschobenen Slogan, es sei alles nur »zum Wohle des Kindes«. Die Weisung, »um des Kindes willen« abzustillen, wird durch Geschwätz und »Experten« so lange verbreitet, bis Mütter, die gerne stillen, sich allmählich genötigt fühlen abzustillen, damit sie ihren geliebten Kindern nicht schaden. Wie viel besser wäre es, wenn jede von uns, die wirklich weiterstillen oder abstillen möchte, das Selbstvertrauen hätte, auch dahinter zu stehen, was wir und unsere Kleinkinder wollen, und nicht glauben würde, andere überzeugen zu müssen.

Langzeitstillen und Abhängigkeit

In den Medien werden wir hin und wieder darüber belehrt, dass Kinder, die nicht abgestillt werden (oder nicht häufig Babysittern überlassen werden, nicht frühzeitig in den Kindergarten gehen usw.), später Schwierigkeiten bekommen, unabhängig zu werden. Forschungen mit jungen Tieren haben jedoch bewiesen, was aufmerksame Großmütter schon immer gewusst haben: Die ängstlichen, klammernden Kinder (hierunter verstehe ich Kinder im Schulalter, die eigentlich größtenteils schon recht selbstsicher sein müssten) sind gewöhnlich diejenigen, die zu früh bereits Situationen ausgesetzt wurden, die zu viel Unabhängigkeit von ihnen erforderten.

John Bowlby zitiert in seinem Buch »Attachment« Forschungsergebnisse von H. F. Harlow. Diese beschreiben eindrucksvoll die Rolle, die das klammernde, abhängige Verhalten in der Fähigkeit der Affenkinder spielt, sich von der Mutter zu entfernen, auf Entdeckungsreise zu gehen und in neuen Situationen zu lernen. Harlows Experimente bewei-

45

sen auch eindeutig, dass der Grund für das Anklammern nicht – wie die Freud'sche Psychologie vermutet – darin liegt, dass dieses Verhalten durch das Stillen belohnt wird. Klammerndes oder »Bindungsverhalten« ist unabhängig von der Nahrungsquelle und entspringt einem Grundbedürfnis nach Klammern, das das aufwachsende Junge hat.

»Bei zwei ... Experimenten geht es um das Verhalten eines jungen Affen (a) wenn er aufgeschreckt ist und (b) wenn er in einer fremden Umgebung ist.
Wenn ein Affenjunges aufgeschreckt wird, das mit einer nicht milchspendenden Stoffpuppe als Ersatzmutter großgezogen worden ist, sucht es sofort die Puppe auf und klammert sich an sie, genau wie ein wilder Affe in ähnlicher Lage sofort seine Mutter aufsucht und sich an sie klammert. Daraufhin verliert das Junge seine Angst und beginnt eventuell sogar das bis dahin so Furcht einflößende Objekt seiner Angst zu untersuchen. Wenn das gleiche Experiment mit einem Affenjungen durchgeführt wird, das mit einer milchspendenden Drahtpuppe großgezogen wird, ist sein Verhalten ganz anders: Es sucht nicht die Drahtpuppe auf, verbleibt stattdessen verschreckt und geht nicht auf Entdeckungsreise.
Beim zweiten Experiment wird ein Affenjunges in einen ihm unbekannten Testraum gesetzt, wo es eine Vielzahl von ›Spielzeug‹ gibt. Solange seine Stoffpuppe da ist, untersucht der junge Affe das Spielzeug, wobei die Puppe als Anlaufstelle fungiert, zu der er von Zeit zu Zeit zurückkehrt. Ist die Puppe nicht da, rasen die Jungen durch den Testraum, werfen sich mit dem Gesicht nach unten hin, umklammern dabei ihren Kopf und ihren Körper und brüllen ihren Kummer heraus ...
Die Anwesenheit der Drahtmutter vermittelt ihnen ebenso wenig Beruhigung wie gar keine Mutter. Kontrollversuche mit Affen, die von Geburt an nur eine ›stillende‹ Drahtmutter gekannt hatten, demonstrierten, dass sogar diese Jungen keine Zuneigung für sie zeigten und keinen Trost aus ihrer Gegenwart schöpften.«

Diese Experimente belegen im Großen und Ganzen, was viele von uns im Labor des wirklichen Lebens beobachten, d.h. bei uns daheim mit unseren eigenen Kindern. Wenn sich unsere Kinder anschmiegen können oder uns nahe sein können, wann immer sie das Bedürfnis danach haben (wobei für die Vorschulkinder das Stillen dazugehören kann), verhalten sie sich in der Regel aufgeschlossener für das Lernen im weitesten Sinne. Sie klammern sich nicht nur deshalb an, weil ihr Verhalten durch den guten Geschmack der Muttermilch eventuell verstärkt wird. Das Klammern ist für sie ein Grundbedürfnis an sich. Wenn wir mit anderen Dingen zu beschäftigt sind und uns nicht ihrem Bedürfnis entsprechend um sie kümmern, dann werden sie ganz unleidlich und vergeuden einen Großteil ihrer Wachstumsenergie auf den Versuch, uns nahe zu kommen und unsere Aufmerksamkeit zu gewinnen.

Erfahrungswerte und Experimente lassen also folgende Schlussfolgerung zu: Die beste Methode unseren Kindern dabei zu helfen, eine seelische Reife zu erlangen, die auch ein gutes Maß an Selbstständigkeit miteinschließt, besteht darin, ihrem Bedürfnis nach Nähe und Halt zuverlässig nachzukommen, solange sie es benötigen. Das Stillen ist hervorragend dazu geeignet, diese Verlässlichkeit intensiv zu vermitteln. Genau wie Forscher berichten, dass Affen, die etwas Weiches und Tröstliches zum Kuscheln haben, Angst leichter überwinden, als Affen, die dies nicht haben, haben mir auch Hunderte von Müttern von ihrer Freude und ihrem Stolz über die Unabhängigkeit und das Selbstbewusstsein ihrer gestillten Kinder berichtet.

Am häufigsten trifft man bei gestillten Kleinkindern auf außergewöhnlich unabhängige Persönchen, die alles versuchen und mehr Menschen ohne Angst akzeptieren, als es in unserem Kulturkreis für irgendeine Altersgruppe üblich wäre. Die stillenden Mütter schreiben wohl zu Recht diese positive gefühlsmäßige Entwicklung sich zu. Das Kleinkind, das nach Bedarf an der Brust trinken kann, hat gelernt, den Menschen vertrauen zu können, und ist daher jetzt so unabhängig, wie es seine Persönlichkeit und seine Entwicklungsstufe erlauben.

Gerade dem letzte Satz sollten wir als Eltern Beachtung schenken, deshalb wäre es gut, ihn noch einmal zu lesen. Wie Sie Ihr Kind behandeln, ist sehr wichtig im Hinblick auf seine spätere Unabhängigkeit. Ihr Kind hat jedoch eine einzigartige Persönlichkeit und eine innere Uhr, die das Tempo seiner Entwicklung zur Unabhängigkeit steuert; selbst in der günstigsten emotionalen Umgebung kann diese innere Uhr erstaunlich schnell oder schmerzlich langsam gehen. Ein Zweijähriges reagiert hysterisch auf den Anblick eines Käfers, nicht aber auf andere Menschen. Ein anderes spielt mit Käfern, aber reagiert verängstigt auf andere Leute, einschließlich der Oma. Wieder ein anderes liegt sozusagen dazwischen – Käfer sind in Ordnung; die Oma und andere »Fremde« sind zu Hause in Ordnung, aber nicht in Omas Haus, im Lebensmittelgeschäft oder woanders. Ich kenne diese verschiedenen Verhaltensweisen sehr gut, weil diese Beschreibungen auf drei meiner Kinder passen, als sie gestillte Zwei- und Dreijährige waren.

Aufgrund seiner besonderen Persönlichkeit entwickelt jedes Kind sein individuelles Muster von Angst und Vertrauen im jeweiligen Alter. Wir lernen allmählich, wie Kinder am besten ihr Selbstvertrauen entwickeln und Ängste überwinden können. Wir bieten den Kindern Gelegenheiten dazu, ihr Selbstvertrauen unter Beweis zu stellen. Wir bemühen uns in jeder Hinsicht, ihnen so viel Unterstützung zu geben, dass sie sich beschützt fühlen, wenn sie ängstlich sind. Eine schnell zugängliche Quelle des Trostes und der Unterstützung für ein verängstigtes kleines Kind ist die Brust der Mutter. Viele Kinder brauchen umso mehr Trost und Sicherheit, je mehr Gefahren sie sich stellen – wobei sie unter Gefahren nicht automatisch dasselbe verstehen wie wir. Das Stillen gewährt ihnen genau das.

Da das Stillen einen so wunderbaren Trost für ein ängstliches oder müdes und überspanntes Kleinkind darstellt, überrascht es nicht, dass viele Eltern von gestillten Kleinkindern die Unabhängigkeit ihrer Kinder sehr schätzen. Diese Kinder wissen, dass es für sie Trost gibt, wenn sie Angst oder Schmerz erleben.

Etliche unter uns haben die erstaunliche Erfahrung gemacht, wie sich ein Kind, das sich mit drei, vier oder fünf Jahren (»dieses Kind wird nie erwachsen!«) noch ganz fest an uns klammerte, plötzlich zu einem kleinen »Künstler«, einer ganz besonderen Persönlichkeit, entwickelte. Dieses Kind tanzt mit sieben plötzlich vor einem Publikum, in dem sogar der Oberbürgermeister anwesend ist, und – was noch wichtiger ist – vor gleichaltrigen Schulkameraden ohne die Spur von Lampenfieber. Natürlich brauchen diese überanhänglichen Kleinkinder mehr als nur jahrelanges Stillen, um selbstständig zu werden. Viele Familien haben die Erfahrung gemacht, dass auch diese äußerst labilen kleinen Persönchen Vertrauen lernen können – und zwar nicht dadurch, dass sie Situationen ausgesetzt werden, in denen von ihnen ein selbstständiges Verhalten erwartet wird, das sie noch nicht beherrschen, sondern vielmehr durch die ständige Präsenz ihrer Mütter, so lange, bis sie sich auch auf sich allein gestellt sicher fühlen. Diese Kinder sind von Natur aus anhänglich – sie sind es nicht durch das Stillen. Zweifelsohne hilft das Stillen Mutter und Kind, diese Entwicklungsphase durchzustehen.

Unabhängigkeit fördern

Die Vorstellung, dass Kinder, die nicht abgestillt werden, nicht imstande sind selbstständig zu werden, geht auf bestimmte Erfahrungen zurück. Um sich von den Eltern lösen zu können, brauchen die Menschen Erfolgserlebnisse, wenn sie selbstständig handeln. Wir müssen die Selbstständigkeit unserer Kinder fördern, sobald sie damit umgehen können. Diese Erfahrung zu machen, ist jedoch nur dann sinnvoll, wenn das Kind dazu bereit ist. Einem Vorschulkind selbstständiges Verhalten aufzuzwingen, ist ebenso sinnlos, wie ein zu früh geborenen Baby zu zwingen, selbst zu atmen. Manchmal gelingt es unter ganz besonderen Umständen, aber die Risiken sind enorm.

Ein Forscher versuchte ein paar jungen Hunden Selbstständigkeit so beizubringen, wie Sie es vermutlich auch schon mit Ihrem eigenen Kind versucht haben – vermutlich nicht so brutal, aber in der gleichen Art. Der Forscher untersuchte das Folgeverhalten, an dem man ablesen kann, wie die Jungen, einschließlich unserer eigenen Kinder, ihre Abhängigkeit zeigen. (John Bowlby verwendet lieber das Wort »Bindung« als »Abhängigkeit« aufgrund der Wertung, die wir mit dem Begriff »Abhängigkeit« verbinden. »Abhängigkeit« klingt im Gegensatz zu »Bindung« negativer.)

> *»Eine Gruppe von Welpen wurde nicht nur auf keine Weise belohnt, sondern sogar jedes Mal bestraft, wenn sie versuchten, dem Forscher zu folgen, ›so dass ihr einziger Kontakt mit den Menschen schmerzhaft war‹. Nach ein paar Wochen hörte der Forscher mit der Bestrafung auf. Die Welpen liefen bald nicht mehr vor ihm weg und verbrachten überdies mehr Zeit mit ihm als die Kontrollgruppe von Welpen, deren Annäherungsversuche mit beständigem Streicheln und Freundlichkeit belohnt worden waren.«*
>
> *(Bowlby)*

Die Bestrafung half nicht, die Abhängigkeit zu verringern, sondern verstärkte sie langfristig allem Anschein nach sogar.

Bei ähnlichen Experimenten wurden Affenjungen »bestraft«, wenn sie sich an ihre Attrappen»mütter« klammerten, indem sie mit Luftstößen aus der Attrappe heraus angeblasen wurden. Um die verhassten Luftstöße zu vermeiden, brauchten sich die Jungen nur von der »Mutter« zu entfernen. Aber je mehr sie durch diese ärgerlichen Luftstöße vom Klammern abgehalten wurden, umso enger klammerten sie sich an die Attrappen.

Diese Experimente wurden unzählige Male mit echten Kindern von echten Müttern wiederholt. Jede von uns hat gelegentlich versucht, ein Kind wegzuschieben, das an der Brust trinken oder kuscheln wollte, gerade als wir mit einem Teller Suppe in der einen Hand und einer Tasse Kaffee in der anderen vor dem Fernseher saßen oder als wir gerade diese 500 bestellten Anstecker in unseren Schoß ausgekippt hatten, um sie zu sortieren. Liebe Mutter, das hättest du eigentlich wissen müssen! Je rigoroser wir die Kinder wegschieben, umso hartnäckiger suchen sie unsere Nähe. Unser Experiment bestätigt, was die Forscher in ihren Labors beobachtet haben: Abschieben erzieht nicht zur Selbstständigkeit. Es lehrt Angst und verzweifeltes Anklammern. Selbstständig wird nur ein Kind, das dann in den Arm genommen wurde, als es das gerade brauchte.

Viele Mütter berichteten mir, wie chaotisch ihr Leben wurde, wenn sie entweder krank oder zu sehr mit anderen Dingen beschäftigt waren, so dass sie ihr Kind nicht jederzeit stillen oder mit ihm kuscheln konnten. Andere beschreiben ähnliche Situationen, als sie das Abstillen in einem Tempo vorantrieben, das für ihre Kleinen einfach zu schnell gewesen sein muss. Ihre Kinder waren quengelig, überaus anhänglich, misstrauisch und sehr fordernd. Als die Mütter wieder mehr für ihre Kinder da waren, wurden die Kinder wieder glücklicher und selbstständiger.

Eine Trennung (oft als ein Mittel zum Abstillen propagiert – siehe Kapitel 16) ist auch nicht geeignet, um Selbstständigkeit zu lernen. Das Kind, das seine Mutter sehr braucht – besonders das Kind, das sich bei anderen Betreuungspersonen nicht ganz wohl fühlt – ist wahrscheinlich durch ihre Abwesenheit völlig verstört. Der Filmklassiker »Kummer« von René Spitz über die schockierende Verwahrlosung von Kindern, die in Krankenhäusern ohne ihre Mütter zurückgelassen werden, sollte Pflichtprogramm für all diejenigen sein, die Müttern dazu raten, ihre Kinder durch eine einwöchige Trennung endlich selbstständig zu machen.

Für ein Kind ist es die beste Form von Selbstständigkeit, wenn sich diese auf der Gewissheit gründet, dass die Mutter immer da sein wird, falls es in Situationen gerät, mit denen es allein nicht fertig werden kann. Entscheidend für die Mutter ist der Bereich »Situationen, mit denen es nicht fertig wird«. Wenn Kinder größer werden, gibt es immer weniger solche Situationen. Vorausgesetzt, Ihr Kind wird nicht daran gehindert, seine wachsenden Fähigkeiten unter Beweis zu stellen, entsteht die Selbstständigkeit von ganz allein im Einklang mit seinen wachsenden Fähigkeiten.

Kinder und Jugendliche brauchen viele Gelegenheiten, um sich als fähige und verantwortungsvolle Menschen zu bewähren, so viel ist sicher. Aber es ist nichts damit gewonnen, wenn Sie mit Ihren Nachbarinnen wetteifern, wer das selbstständigste Kind hat, das zum frühest möglichen Zeitpunkt schon die meiste Verantwortung übernehmen kann. Wenn Sie dagegen für Ihr Kind zur Verfügung stehen, solange es Sie braucht, werden Sie beide nur gewinnen. Ebenso Gewinn bringend ist es, auch weiterhin das Stillen anzubieten, da das Stillen seine Bedürfnisse in so vielerlei Hinsicht befriedigt. Das Stillen hilft Ihnen, Ihr Kind davon zu überzeugen, dass die Welt in Ordnung ist und dass es einen sicheren Ausgangspunkt hat, wenn es allmählich immer mehr erlebt und erforscht. Es hilft ihm, sich besser zu fühlen, wenn es Enttäuschungen, Frustrationen oder Schmerzen erlebt und gerade erst dabei ist, seine eigenen Mechanismen zu entwickeln, um mit diesen negativen Gefühlen und Empfindungen fertig zu werden.

Wenn Sie sich in die Lage Ihres Kindes versetzen, werden Sie verstehen, wie schwer es ist, unabhängig zu werden, wenn Sie so viele schwierige Dinge nicht bewältigen. Die Welt ist nicht für Kinder, sondern für Erwachsene gemacht. Fühlt sich ein Kind ungeliebt und schutzlos, verliert es sehr schnell seine Unbefangenheit und Begeisterungsfähigkeit und versinkt in Angst und Frustration. Alles ist so schwer, wenn man klein und noch sehr verletzlich ist. Das Stillen verhindert nicht das Selbstständigwerden, sondern bereitet den Weg dazu vor, indem es dem Kind ein verlässliches Mittel gibt, um seine Enttäuschung und seine Angst in schwierigen Zeiten abzumildern.

Disziplin ohne Abstillen

Viele Leute betrachten die Entscheidung, nicht abzustillen oder das Kind nicht an das Töpfchen zu gewöhnen usw., als den Beginn eines elterlichen Erziehungsstils, der keinerlei Disziplin kennt. Ich verstehe allerdings nicht, was das Abstillen oder die Sauberkeitserziehung mit Disziplin zu tun hat. Wenn ich mich an meinen Lateinunterricht zurückerinnere, bedeutet Disziplin Unterricht und nicht das willkürliche Abändern von normalen, natürlichen Verhaltensweisen. Disziplin hat damit zu tun, Kindern zu helfen, sich zu guten, anständigen Erwachsenen zu entwickeln. Um gut diszipliniert zu sein, müssen sich unsere Kinder als Person und in ihrer Welt wohl fühlen. Außerdem müssen wir ihnen in den Jahren, in denen sie unter unserem Einfluss stehen, möglichst viel freundliches und höfliches Verhalten beibringen. Wir sollten nicht ver-

suchen, sie zu zwingen, sich zu früh an ihr soziales Umfeld anzupassen, noch sollten wir es versäumen, ihnen genügend Möglichkeiten zu lassen, sich nach ihrem erwachenden Gewissen zu entscheiden. Indem wir ständig in der einen oder anderen Richtung des Guten zu viel tun (wobei wir hier alle fast täglich Fehler machen), kann es leicht passieren, dass wir unsere Kinder »verwöhnen« (im Sinne von »verziehen«).
Nähe und Liebe – Grundbedürfnisse aller Menschen – sind von ganz entscheidender Bedeutung für diese kleinen Menschen. Nur durch das Fehlen von Nähe und Liebe und ohne Erziehung zu gutem Verhalten werden Kinder verzogen. Deshalb trägt das Stillen mit Sicherheit nicht dazu bei.

Liebe erfahren und Liebe schenken

Wir müssen unseren Kindern viele Dinge beibringen. In unseren Armen lehren wir sie zunächst, dass Liebe von Mensch zu Mensch gegeben wird – und wir lehren sie sanft, wen sie um Liebe bitten sollen und wann und wie. Wenn sie sich dann von uns entfernen, lehren wir sie, wie sie sich verhalten müssen, um sich nicht selbst oder anderen wehzutun. Im Laufe der Zeit lehren wir sie, andere Menschen nicht unnötig zu verärgern. Unsere Bemühungen, ihnen beizubringen, wie sie sich um sich selbst kümmern und anderen gegenüber Achtung zeigen, werden natürlich nicht auf Anhieb erfolgreich sein. So wie der Autor und Erzieher Dr. James L. Hymes Disziplin beschreibt, stehen wir am Anfang eines jahrelangen Prozesses, »Anständigkeit als ein erstrebenswertes Ziel darzustellen«. Manche Verhaltensweisen, die wir tolerieren, mögen auf Kritik von anderen Menschen stoßen. Unser Anliegen aber ist es, in unseren Kindern allmählich ein Bewusstsein dafür zu entwickeln, wie ihr Benehmen auf andere wirkt und wie sie ihr Verhalten selbstkritisch bewerten, das vielleicht andere Menschen stört.

Wir müssen immer daran denken, dass ein Kind es erst lernen muss, Liebe in einer innigen Beziehung zu erfahren und Liebe zu schenken und dabei Schritt für Schritt ein immer besseres Verständnis für die Gefühle und das Eigentum anderer zu entwickeln. Versäumen wir hier etwas, dann werden unsere Kinder verzogen. Ein Kind wird nicht durch viel Liebe oder durch das Stillen verzogen – sondern vielmehr durch mangelndes Verständnis für seine Bedürfnisse nach Liebe und Anleitung. Mit Hilfe einer langen Stillzeit legen Sie keineswegs die Grundlage für undiszipliniertes Verhalten; Sie schaffen hingegen eine liebevollere Atmosphäre, um Ihrem Kind die Anständigkeit, von der Dr. Hymes spricht, schrittweise nahe zu bringen.

Stillen und sexuelle Entwicklung

Oft wird den Eltern eines Stillkindes, besonders wenn es ein Junge ist, der Vorwurf gemacht, ihr Kind werde durch langes Stillen homosexuell. Das ist eine sehr merkwürdige Aussage, für die es nicht die geringste Grundlage gibt. Vor oder kurz nach dem ersten Lebensjahr abzustillen ist beim Menschen biologisch gesehen ungewöhnlich. Wir in der westlichen Gesellschaft haben die längsten und gründlichsten Erfahrungen mit dem frühen Abstillen, denn seit vielen Jahren wird ein großer Prozentsatz der Neugeborenen gleich nach der Geburt abgestillt. Und doch ist es gerade unsere Gesellschaft, die sich über die Frage der Homosexualität so erhitzt. Haben wir mehr Homosexuelle in unserer Gesellschaft, in der sehr früh abgestillt wird? Oder gibt es andere Faktoren, die mit dem Abstillmodus nichts zu tun haben, aber die Homosexualität fördern? Oder hängt es mit irgendeinem Aspekt unserer Sexualnormen zusammen, warum wir dieses Thema derart beunruhigend finden, während es in anderen Gesellschaften vielleicht als Variation im Rahmen des Normalen angesehen wird?

Dr. Niles Newton, eine bekannte Psychologin, sagt, niemand sollte sich Sorgen darüber machen, dass ein Junge durch langes Stillen homosexuell würde. Wenn überhaupt, dann sollte ihn eigentlich das Stillerlebnis zur Heterosexualität ermutigen, weil es ihn auf das Weibliche fixiert.

Sie wunderte sich, dass wir uns keine Sorgen um Mädchen machen, die bis ins Kleinkindalter an der Brust trinken. Würde die enge körperliche Beziehung mit ihrer Mutter sie nicht später anfällig machen für intime Sexualkontakte mit anderen Frauen? Dies wäre die logische Schlussfolgerung, aber die Erfahrung mit inzwischen erwachsenen Mädchen, die als kleine Kinder lange und gerne an der Brust getrunken haben, hat diese Theorie nicht bestätigt.

53

Die sinnliche Natur des Stillens

Wir haben das Stillen in unseren Gedanken so sterilisiert und idealisiert, dass viele von uns die Tatsache aus den Augen verloren haben, was für ein ein lustvoller Vorgang sowohl für die Mutter als auch für das Baby das Stillen ist – es ist wunderschön und herzerfrischend sinnlich. Ungeachtet dessen, was uns aufgrund unserer Herkunft vielleicht durch den Kopf schießt, ist überhaupt nichts Schlechtes daran, wenn sich Mutter und Baby beim Stillen wohl fühlen.

Ein Kind, das unbekleidet an der Brust trinkt, erforscht manchmal vielleicht mit seinen kleinen Händen jede Stelle seines Körpers, einschließlich der Genitalien. Manche Mutter ist wohl bestürzt, wenn der kleine Penis ihres Sohnes steif und aufgerichtet ist oder wenn ihre Tochter ihre winzigen Brustwarzen befühlt. Dieses sinnliche Verhalten weist jedoch nicht darauf hin, dass sich in unseren Kindern etwas Verwerfliches entwickelt. Es zeigt eher, dass alles, was sie für das Sexualverhalten als Erwachsene brauchen, da ist und funktioniert.

Leider kommen wir manchmal nicht dagegen an, unsere Kinder wie Erwachsene zu betrachten. Nicht immer schaffen wir es, das Sexualverhalten der ganz Kleinen als das kindliche Tun zu sehen, das es ist. Es besteht keine Notwendigkeit, dieses Verhalten unserer Kinder einzuschränken. Aber es besteht auch keine Notwendigkeit, es zu betrachten, wenn es uns stört. Sie können Ihr Kind ja jederzeit mit einer Decke zudecken.

Gelegentlich fühlt eine Mutter auch eine gewisse sexuelle Erregung, wenn das Baby an der Brust saugt, besonders wenn ihre Säuglinge älter werden und weniger häufig trinken. Vereinzelt haben Mütter davon berichtet, beim Stillen einen Orgasmus erlebt zu haben. Eine solche Erregung ist ebenso normal wie die eingeschränkte Empfindlichkeit der Brust, die andere dagegen erleben. Irgendwann einmal haben fast alle stillenden Mütter diese Empfindungen – einige eben häufiger als andere.

Es kann ziemlich irritierend sein, sich erregt zu fühlen, wenn man schüchtern ist oder solche Gefühle nicht erwartet. Dies ist aber kein Grund zur Besorgnis, eher ein Grund zur Freude. Aus der Liebe und der Fürsorge für Ihr Kind heraus werden Sie bestimmt Ihre Reaktionen auf die Erregtheit mit Ihrer Mutter-Kind-Beziehung in Einklang bringen, indem Sie seinen Rücken streicheln, sein Haar zausen oder Finger und Zehen zählen. Aber was Sie spüren, kann Ihr Kind weder verletzen, noch verwirren und viele Mütter lernen dann schnell, sich einfach zurückzulehnen und ihre Gefühle zu genießen.

Es ist auch nicht wahrscheinlich, dass Sie sexuelle Gefühle in peinlichen Situationen erleben; viele von uns müssen erst in einer sehr intimen Umgebung sein, bevor wir überhaupt sexuell erregbar sind.

Einige Mütter haben mir erzählt, dass sexuelle Stimulation durch das Stillen eine Freude und kein Problem ist. Was für eine erfreuliche Einstellung! Indem das Stillen Mutter und Kind ein sinnliches Vergnügen bereitet, hat die Natur sichergestellt, dass dieser lebenswichtige Vorgang von Generation zu Generation weiterbestehen wird.

Nächtliches Stillen – eine mögliche Ursache für Karies?

Zahnärzte sind in letzter Zeit darüber beunruhigt, dass zu viele Kinder schon in jungen Jahren Löcher in den oberen Vorderzähnen haben. Vermutlich tritt diese besondere Form des Zahnverfalls verstärkt bei Kindern auf, die in der Nacht mit einer Flasche Milch, Saft oder (der Zahnarzt schüttelt sich) gezuckertem Tee im Bett liegen; aus diesem Grund wurde diese Form von Karies »Flaschenkaries« (»bottle-mouth syndrome«) genannt.

Einige Stillkinder haben ebenfalls ernsthafte Probleme mit dem Zahnverfall, und einer der ersten Ratschläge für die Mutter lautet, nachts mit dem Stillen ganz aufzuhören. Es gibt jedoch eine Reihe von Gründen, die es als zweifelhaft erscheinen lassen, dass das Stillen in der Nacht bei diesen Kindern die Entstehung von Karies tatsächlich begünstigt. Wir wissen aber, dass das nächtliche Stillen Ruhe und Frieden im Haus verbreitet und dass Langzeitstillen die Gesundheit des Kindes in vielfältiger Hinsicht stärkt. Abgesehen davon kann das Entwöhnen vom nächtlichen Stillen der schwierigste Teil des Abstillens sein, wenn das Kind nicht dazu bereit ist.

Offensichtlich müssen wir hier wie sonst auch das ganze Kind vor Augen haben. Ein Kind besteht nicht nur aus seinen Zähnen. Viel zu oft empfehlen Zahnärzte und Kinderzahnärzte das Abstillen in der Nacht, ohne überhaupt zu begreifen, was das Abstillen für die emotionale Entwicklung des jungen Kindes bedeutet, besonders wenn es noch keine zwei Jahre alt ist.

Das nächtliche Anlegen mag für Ihr Kind sehr wichtig sein. Ihre beider Nachtruhe würde möglicherweise erheblich gestört werden, wenn Sie versuchen, diesen wichtigen Teil seines Lebens zu verändern. In diesem Fall sollten Sie die erhofften Vorteile durch das nächtliche Abstillen abwägen gegenüber dem Schlafdefizit und dem möglichen Schaden in der guten Beziehung zwischen Ihnen und Ihrem Kind.

Beim Nachdenken über nächtliches Stillen und Karies sollte als Erstes bedacht werden, dass die überwältigende Mehrheit der gestillten Babys und Kinder auch nachts angelegt wird und nur wenige davon Probleme mit zu viel Karies haben. Sie brauchen sich eigentlich überhaupt keine Gedanken darüber zu machen, es sei denn, Ihr Kind ist eines der wenigen Problemkinder. Außerdem erscheint es logisch, dass das Saugen an der Brust weniger Karies hervorruft als das Trinken aus der Flasche. Das Kind zieht Ihre Brustwarze tief in seinen Mund, so dass die Milch weit hinten in seinen Mundraum gegen seinen weichen Gaumen fließt. Es gelangt dabei weit weniger Muttermilch an seine Zähne als bei einem Baby, das an der Flasche nuckelt. Aus der Flasche fließt die Milch eher in den vorderen Bereich seines Mundes, so dass die Zähne regelrecht in der gezuckerten Fertigmilch gebadet werden. Im Gegensatz zur Flasche tröpfelt die Milch aus der Brust nicht von selbst in den Mund des Kindes. Es bekommt die Milch nur, wenn es wach genug ist, um zu saugen und zu schlucken, so dass sich die Muttermilch in seinem Mund nicht – wie etwa beim Trinken aus der Flasche – ansammelt.

Viele Eltern entscheiden sich gegen das Abstillen in der Nacht, obwohl ihnen dazu aufgrund des erheblichen Kariesbefalls ihrer Kinder dazu geraten wird, und ergreifen andere, weniger drastische Maßnahmen, um die Zähne ihrer Jüngsten zu schützen. Zunächst einmal erkennen sie, wie wichtig der Faktor Ernährung für die Zahngesundheit ist. Sie tun alles Erdenkliche, damit ihre Kinder vollwertige, frische und möglichst naturbelassene Lebensmittel schätzen und lieben lernen. Mütter, denen Essfanatiker bisher eher suspekt waren, finden, dies sei der richtige Zeitpunkt, um weißes Mehl und Zucker vom Esstisch zu verbannen, zumindest bis sie das Problem mit den Zähnen im Griff haben. Sie nehmen sogar schweren Herzens Abschied von den an sich nahrhaften, aber zu klebrigen Naschereien, wie getrockneten Früchten, Rosinen und Honig. Sie ermuntern stattdessen ihre Kinder, öfters zwischendurch knackiges rohes Gemüse und ganze frische Früchte wie z. B. Äpfel zu knabbern, weil sie wissen, dass diese Zwischenmahlzeiten tatsächlich dazu beitragen, die Zähne zu schützen.

Solche Nahrungsumstellungen mögen zwar schwierig zu bewerkstelligen sein, aber zumindest erfolgen sie am Tag, wenn jeder wach ist. Und im Gegensatz zum Abstillen in der Nacht ist dies ein Schritt in die richtige Richtung, der niemanden verletzt. Bei einigen Eltern können sich zeitweise Entzugserscheinungen zeigen, wenn es keinen Schokoladenkuchen mehr nach dem Abendessen gibt, aber wir großen Leute sind sicherlich imstande, für einen kleinen Kerl einmal ein zeitlich begrenztes Opfer zu bringen. Außerdem wird uns diese Art der Ernährung auch besser tun.

Manche Leute schlagen vor, dass man dem Kind mit einer Zahnbürste hinterherlaufen sollte und ihm nach jedem Bissen und sogar nach dem Stillen die Zähne putzen sollte. Dies hat sich jedoch als nicht sehr effektiv erwiesen; schließlich sind starker Kariesbefall und Zahnbürsten eine relativ moderne Erscheinung. Einige Zahnärzte vertreten die Ansicht, dass einmal gründlich Zähne putzen am Tag ausreichend sei. Ihr Zahnarzt kann Ihnen richtiges Putzen beibringen, bitten Sie ihn deshalb um Anleitung. Schließlich und endlich ist es kaum vorstellbar, dass etwas, das seit ewigen Zeiten erprobt ist und mit dem Überleben der Menschheit so eng verknüpft ist wie das Stillen, einer größeren Zahl von normalen Kindern schaden könnte. Es wäre vernünftiger, alle anderen Lebensumstände unserer Kinder unter die Lupe zu nehmen, um eine Erklärung für den Zahnverfall zu finden, bevor wir an den uralten Vorgang des Stillens denken, sei es am Tage oder in der Nacht.

Stillen und Gewichtszunahme

Viele Mütter berichteten mir, dass ihnen zum Abstillen geraten worden sei, weil ihre Kinder zu langsam zunähmen. Jedesmal, wenn ich darauf angesprochen worden bin, habe ich mich nach einem dünnen, kränklichen Kind umgeschaut, das eindeutig anders ernährt werden muss. Jedes Mal habe ich stattdessen ein gut proportioniertes, gesundes kleines Kind gesehen, im Allgemeinen etwa zwei Jahre alt.

Kinder im Alter von ca. zwei Jahren sind dafür berüchtigt, nichts zu essen, zumindest sieht es für die Mutter so aus. (Dabei essen sie alles – Sie wissen es ja: einen Hundekeks, die letzten drei Tropfen aus Ihrer Kaffeetasse, die kleine Orange von Ihrem geliebten Zwergbaum, die gerade anfing, reif zu werden – alles, nur nicht das, was zu den Mahlzeiten auf dem Teller liegt.) In dieser Zeit ihres Lebens sollte es eher ein Trost als ein Grund zur Beunruhigung sein, wenn ein Kind durch das Stillen eine regelmäßige vollwertige Nahrung bekommt. Nicht genug, dass wir Eltern uns schon Kummer machen über das Kind, das so wenig bei den Mahlzeiten isst. Dazu kommen noch die Verwandten oder Freunde, die sich über das Nicht-essen-Wollen aufregen. Eine Mutter, deren Umgebung bemängelte, dass ihr Kind so wenig isst, hat gelernt, diesen Leuten zu sagen, es habe vor kurzem gerade erst gegessen. »Die meisten Leute akzeptieren das«, sagte sie. Im Falle eines gestillten Kleinkinds ist diese Aussage sogar meistens gar nicht so falsch. Viele von uns sind trotzdem beunruhigt über die kleinen Kinder, besonders kleine Jungen, die nicht so viel wiegen, wie sie nach den Tabellen eigentlich wiegen »sollten« oder die nicht »groß genug« sind.

Warum glauben wir eigentlich, ein kleines Zweijähriges werde auch mit 20 noch klein sein, und warum ist das überhaupt schlimm, mit 20 klein zu sein? Und selbst wenn es schlimm ist, nicht groß zu werden – wobei Kinder, die mit zwei Jahren klein sind, auch als Erwachsene eher klein bleiben –, was veranlasst uns zur Annahme, dass wir an der Größe viel ändern können? Ein gesundes Kind, das etwas zu essen hat, wird so viel Kalorien zu sich nehmen, wie es braucht. Wenn Sie ihm eine große Vielfalt an Lebensmitteln anbieten (und dazu gehört auch Ihre Milch!), und sein Geschmacksempfinden nicht durch Süßigkeiten gestört wird, dann brauchen Sie sich keine Sorgen zu machen. Betrachten Sie einmal Ihr kleines Kind ganz genau, wenn Sie sich Gedanken über sein Gewicht und seine Größe machen. Denken Sie an die Bilder von hungernden Kindern in den Entwicklungsländern. Stehen seine Knochen genauso hervor? Wie gut können Sie seine Rippen sehen? Wenn bei Ihrem Kind Grübchen vorne an den Knien oder bei ausgestreckter Hand an den Fingerknöcheln und hinten an den Ellbogen zu sehen sind, dann ist Ihr Kind anerkannt pausbäckig und rundlich und fällt nicht unter die knochigen Biafrakinder. Zurück zu den wirklich Dünnen – wobei ich nicht davon ausgehe, dass Sie einen Fall von einem wirklich halb verhungerten Kind präsentieren; falls Sie Ihr Kind nach Bedarf anlegen und ihm alle paar Stunden am Tag nahrhaftes Essen anbieten, kann es überhaupt zu keiner Unterernährung kommen. Wenn wir lernen können zu akzeptieren, dass einige Kinder klein und andere dünn und wieder andere klein und dünn sind, genau wie es Dünne, Kleine und dünne Kleine unter den Erwachsenen gibt, dann ersparen wir uns viel Kummer.

Die ernährungsbedingten Probleme, über die man liest und die zu Zwergenwuchs oder gestörter Gehirnentwicklung führen können, kommen nicht bei gestillten Babys oder Kleinkindern vor, da sich Kinder, die das hochwertige Protein der Muttermilch erhalten, normal entwickeln. Probleme entstehen nicht durchs Stillen, sondern nach dem Abstillen, wenn die Nahrung des Kindes zwar mehr als genug Kalorien enthält, aber nicht genug Protein für ein stetiges Wachstum und die körperliche und geistige Entwicklung. Mangelnde Hygiene in einigen Ländern ist dafür verantwortlich, dass diese Kinder öfter krank sind, wodurch die negativen Folgen ihrer unzulänglichen Ernährung verschlimmert werden (Robinson). Zum Glück besteht für Ihr Kind keine Gefahr, dass es körperlich oder geistig im Wachstum zurückbleibt, ganz gleich, was man Ihnen erzählt hat, weil Sie Ihrem Kind eine unzulängliche Ernährung wie z. B. lediglich Hirse und Reis niemals geben würden. Und doch müssen manche Familien an einigen Orten der Erde davon leben.

Wenn Sie jedoch ein Kind haben, das kleiner als »normal« ist, dann brauchen Sie möglichst viel Unterstützung, um selbstsicher zu sein, wenn jemand, vielleicht sogar Ihr Arzt, Ihnen diesen psychologisch vernichtenden Schlag versetzt: »Sie geben Ihrem Kind nicht genug zu essen.« Sie können ganz beruhigt sein: Ihr Kind muss schon ziemlich lange minderwertig ernährt sein, bevor irgendein bleibender Schaden entsteht. Da Ihr Kind allein aus Ihrer Milch mit fast allen nötigen Nährstoffen versorgt wird, ist es sehr unwahrscheinlich, dass es unterernährt ist. Wenn Sie nach Bedarf stillen und sich das Kind immer etwas zu essen holen kann, wenn es hungrig ist, dann ist es kaum möglich, dass es auch nur fehlernährt ist. Vermutlich bestimmen genetische Gründe, die mit der Durchschnittsgröße in Ihrer Familie und mit der späteren Größe Ihres Kindes als Erwachsener zu tun haben, das jetzige Aussehen Ihres Kindes.

Wenn Ihr Kind so dünn ist, dass Sie sich wirkliche Sorgen machen, dann sollten Sie es gründlich untersuchen lassen – ist es anämisch; hat es sich Madenwürmer geholt; ist seine Schilddrüse in Ordnung usw. Wenn medizinisch alles in Ordnung ist, dann freuen Sie sich darüber, wie viel einfacher es ist, Ihr kleines Leichtgewicht hochzuheben, wie viel weniger Schaden wird es anrichten, wenn es auf Ihrer Couch herumhüpft, usw. Sicherlich finden Sie noch andere Vorteile.

Es ergibt keinen Sinn, ein normales, gesundes Kind abzustillen, nur in der Hoffnung, dass es dadurch schwerer oder größer wird. Das Abstillen wird sicherlich an seiner Größe nichts ändern – schwerer und größer wird es von alleine, aber in seinem eigenen Tempo, nicht in Ihrem. Selbst wenn es Ihnen gelänge, dass Ihr Kind schneller zunähme, was würde das nützen?

Sie werden sicher bemerkt haben, dass ich in Bezug auf Stillkinder, die älter als neun bis zwölf Monate sind, nicht gesagt habe, dass Muttermilch alle Nährstoffe enthält. Der einzige notwendige Bestandteil, der in Ihrer Milch nicht mehr in ausreichender Menge für Ihr Kleinkind vorkommt, ist Eisen. Das gesunde, ausgetragene Baby hat einen Eisenvorrat in seiner Leber, der für mindestens neun Monate ausreicht, oft sogar länger. Jüngste Forschungsergebnisse haben auch gezeigt, dass die geringen Mengen an Eisen in der Muttermilch ganz offensichtlich besser verwertet werden als Eisen aus anderen Quellen wie z. B. aus Obst, Gemüse oder Getreide (Finch).

Ein gesundes Baby braucht in den ersten neun bis zwölf Monaten kein zusätzliches Eisen, vorausgesetzt, es wird gestillt. Einige kleine Menschen, die ungewöhnlich empfindlich auf alle anderen Nahrungsmittel außer auf Muttermilch reagierten, haben sich ohne eine Spur von Anämie sogar länger als ein Jahr ausschließlich nur von Muttermilch ernährt. Die meisten Babys jedoch zeigen den Wunsch, andere Nahrungsmittel auszuprobieren, irgendwann zwischen dem sechsten und zwölften Monat und können die Nahrung auch ohne Probleme gut vertragen. Auf diese Weise bekommen die meisten Kinder genügend Eisen aus der Nahrung, sobald ihre Vorräte aufgebraucht sind.

Wenn Ihr Kind aber neben der Muttermilch sehr wenig zu sich nimmt und sein erster Geburtstag schon vorbei ist, dann sollten Sie darauf achten, ihm vor allem Beikost anzubieten, die reich an Spurenelementen, insbesondere Eisen ist. Geben Sie ihm dann nicht Käse oder andere Milchprodukte, die dem nichts hinzufügen, was Ihr Kind ohnehin durch Ihre Milch bekommt. Die zusätzliche Nahrung sollte viel Eisen enthalten und für sein Alter gut zu essen sein. Nahrungsmittel, die mir hier in den Sinn kommen, sind zartes Fleisch, Eier, Rosinen, getrocknete Aprikosen und Nahrungsmittel, die Weizenkeime enthalten, einschließlich Vollkornbrot. Einige Getreidearten sind auch eisenhaltig.

Abgesehen davon, Ihrem Kind im zweiten oder dritten Lebensjahr einige eisenhaltige Nahrungsmittel schmackhaft zu machen, ist es gewöhnlich am besten, der Vorliebe Ihres Kindes nach Ihrer Milch oder anderen Nahrungsmitteln zu vertrauen. Bedenken Sie, dass Kinder, die alles andere außer Muttermilch ablehnen, möglicherweise allergiegefährdet sind und ihre Vorlieben für bestimmte Nahrungsmittel sie vermutlich davor bewahren, allergische Reaktionen zu entwickeln.

Die in letzter Zeit große Sorge über Anämien bei Säuglingen und Kleinkindern aufgrund einer ungenügenden Versorgung mit Eisen ist auf Problemfälle bei Flaschenkindern zurückzuführen, die viel Kuhmilch trinken. Sie ist aber bei gestillten Babys und Kleinkindern ganz unbegründet. Wenn Sie Ihrem gestillten Kind wohl überlegt Beikost anbieten, ist es höchst unwahrscheinlich, dass Sie sich jemals Sorgen über seine Eisenzufuhr zu machen brauchen.

Zu dick? Zu dünn?

Es ist kaum zu glauben, wie oft Sie in ein und demselben Zimmer auf Menschen treffen, die glauben, ihr »zu zartes« Kleinkind abstillen zu müssen, und andere, die glauben, auch ihres abstillen zu müssen, weil es »zu dick« sei. Ich weiß nicht, wie das Stillen die Ursache für beide Probleme sein kann – eigentlich müsste man sich für das eine oder das andere Problem entscheiden. Aber wie dem auch sei, das Stillen – bis weit in die Kindheit hinein – ist das Normale und Natürliche.

Übergewicht bei einem Kleinkind oder älteren Kind kann vom übereifrigen Zufüttern kommen, indem man z. B. zu früh mit fester Nahrung beginnt. Übergewicht und auch Untergewicht können manchmal zu dem natürlichen Wachstumsprozess des Kindes gehören, aber sie können auch darauf hinweisen, dass das Gefühlsleben des Kindes durch eine bessere Mutter-Kind-Beziehung in Ordnung gebracht werden sollte.

Wenn Sie sich darüber Gedanken machen, ob sich Ihr Kind wirklich im richtigen Tempo entwickeln kann, dann rufen Sie sich wieder einige grundlegende Regeln ins Gedächtnis. Stillen Sie nach Bedarf, so dass Ihr dünnes Kind genug Milch bekommen kann oder Ihr rundliches Kind nicht auf zusätzliche Brustmahlzeiten bestehen muss, aus der Angst heraus, Sie könnten Nein sagen? Legen Sie Ihr Kind manchmal häufiger als nötig an, um ihm »den Mund zu stopfen«, damit Sie Ruhe für Ihre eigenen Gedanken oder für Gespräche haben? (Wir machen das alle manchmal, und in Maßen ist das auch in Ordnung. Es ist eine der erfreulichen Begleiterscheinungen des Stillens nach dem ersten Jahr und insbesondere in der Kleinkindphase, aber übertreiben Sie es nicht.) Kann sich Ihr kleines Kind jederzeit etwas zu essen holen? Wie für Ihre Katze Nahrungsmittel überall herumliegen zu lassen, ist oft die einzige Möglichkeit, um diese aktiven kleinen Menschen zum Essen zu bringen. Die Nahrungsmittel sollten selbst für noch ungeschickte Fingerchen einfach zu ergreifen sein. Manche Kinder hassen es, mit dem Löffel gefüttert zu werden, und fangen erst dann zu essen an, wenn man ihnen das richtige Essen auf einen sauberen Tisch oder die Ablage des Hochstühlchens legt und sie selbst essen lässt – fast immer ohne das schöne Silberbesteck.

Sie sollten ein wachsames Auge auf die Art der Nahrungsmittel haben, die herumliegen oder Ihrem Kind angeboten werden. Zucker und Erzeugnisse aus weißem Mehl sollten Sie hinter Schloss und Riegel halten, wenn Ihr Kind Übergewicht hat. Ein schweres Kind sollte auch ganz bestimmt nicht mit dem Löffel gefüttert werden; lassen Sie es ruhig selbst essen.

Wenn Sie sehr gerne backen, dann ist es vielleicht an der Zeit, Plätzchen und Desserts zu vergessen und sich stattdessen auf Vollkornbrote und Aufläufe als Hauptmahlzeiten zu konzentrieren. Sie können jetzt entdecken, wie lecker mageres Fleisch, rohes Gemüse und Grapefruit-stückchen als kleine Zwischenmahlzeiten schmecken. Ein pummeliges Kind braucht keine Kuhmilch mit vollem Fettgehalt oder irgendeine andere Milch als Ihre. (Entrahmte Milch ist ein minderwertiges Nahrungsmittel; besser gar keine Milch als eine fettfreie Milch ohne die fettlöslichen Vitamine.) Sie sollten darauf achten, dass Ihr Kind nicht zu viel sehr süßes Obst isst, und ihm als Ausgleich dafür eine gute Mischung an weniger süßen, aber farbenfrohen Leckereien wie Tomatenstückchen, ganzen Karotten und süßem roten Paprika anbieten. Wenn Sie sicher sind, dass Ihr Kind rundum gut versorgt ist, d. h., es kann sich leicht etwas zu essen holen, es sind die richtigen Lebensmittel, es kann bei Ihnen trinken, wann immer es das braucht – wenn Sie dann meinen, Ihr Kind sei immer noch »zu dünn« oder »zu dick«, dann würde ich Sie dringend bitten, nur noch eine einzige Sache zu ändern – nämlich die Art, wie Sie das Aussehen Ihres Kindes beschreiben. Sagen Sie einfach, dass es genau »seine« oder »ihre« Größe hat, und genießen Sie die Vorteile seiner Größe. Freuen Sie sich an den Komplimenten, die Ihnen ältere Menschen für Ihr molliges Kind machen, das so gesund aussieht. Früher waren es hauptsächlich die dicken Kinder, die überlebten, deshalb ist Ihnen die Erinnerung an jene Zeit dabei behilflich, Ihr Kind so zu genießen wie es ist. Außerdem wird ein sehr rundliches Kleinkind, das mit viel Liebe und richtiger Ernährung wohl umsorgt wird, mit der Zeit schlanker werden. Oder denken Sie nur an die neuen Kleider, die Sie sich leisten können, weil Ihr Kind zu den »Kleinen« gehört und viele der Mäntel und Jacken vom letzten Winter weitertragen kann. Es müssen nur ein paar Säume und Knöpfe geändert werden. Entspannen Sie sich und genießen Sie Ihr Kind, so wie es ist. Die Größe ist nur eine der vielen Eigenschaften Ihres Kindes, die außerhalb Ihrer Einflussmöglichkeiten liegen.

Die einzige Person, die durch das Langzeitstillen tatsächlich »zu dick« werden könnte, ist die Mutter. Solange das Baby klein ist und viel trinkt, macht es noch viel Spaß, dass man nach Herzenslust essen kann, ohne dabei zuzunehmen. Wenn Sie aber auch weiterhin schlank bleiben wollen, dann werden Sie Ihre Kalorienzufuhr bewusst reduzieren und sich mehr bewegen müssen (was mit einem aktiven Kleinkind nicht sonderlich schwer fällt), sobald Ihr Kind immer weniger bei Ihnen trinkt, insbesondere wenn es anfängt, sich ernsthaft für das zu interessieren, was bei Ihren Mahlzeiten auf dem Tisch steht.

Kapitel 4

Stillen – immer noch das Beste für Sie

Die Auswirkungen des Stillens auf Ihren Körper

Die meisten Mütter fragen sich irgendwann, ob das Langzeitstillen nicht doch an ihre Substanz gehe, sie schwäche oder anfällig für Krankheiten mache. Oft wird dies von überbesorgten Mitmenschen, sogar von solchen mit einer medizinischen Ausbildung, für möglich gehalten. Aber unsere Körper sind für das Gebären und Stillen geschaffen, so dass uns bei einer vernünftigen Lebensweise weder die Schwangerschaft noch das Stillen körperlich zu überlasten brauchen.

Es gibt Frauen (dies ist aber die Ausnahme), die gegen Ende des ersten halben oder ganzen Stilljahres Gewicht verlieren oder Schwierigkeiten haben, ihr Gewicht zu halten. Die meisten Mütter nehmen jedoch weder ab noch zu, so, wie es wäre, wenn sie genauso leben und das Gleiche essen würden, ohne dabei zu stillen. Nur bei einer stark unterernährten Mutter muss man sich fragen, ob das Stillen nicht zu sehr an ihren körperlichen Kräften zehrt.

Selbst wenn Sie jemand sind, der beim Stillen mehr als wünschenswert an Gewicht verliert, besteht für Sie kein Risiko, vorausgesetzt Sie ernähren sich gut und achten auch sonst gut auf Ihre Gesundheit. Zum Glück brauchen Sie nicht wie eine Milchkuh Milch in Höchstmengen möglichst lange zu produzieren. Sie können ruhig Ihre Kräfte für das Wohlergehen Ihres Babys oder Kleinkindes einsetzen. Sobald sich Ihr Kind mit der Zeit zunehmend für andere Nahrung zu interessieren beginnt, braucht es weniger Muttermilch, so dass Ihr Körper die aufgenommene Nahrung wieder so verwerten kann, wie es Ihrer Konstitution entspricht.

Dann gibt es Menschen, die den niedrigen Östrogenspiegel von stillenden Müttern mit Sorge beobachten. Einer Mutter wurde sogar von ihrem Frauenarzt erzählt, ihre Gebärmutter würde schrumpfen, wenn sie weiterstille. Das körpereigene Östrogen ist in der Tat nur während der so genannten »stillbedingten Amenorrhö« niedriger, d. h. in der Zeit zwischen der Entbindung und dem Wiedereinsetzen der Menstruation. Diese Amenorrhö dauert gewöhnlich nicht so lange, bis sich das Kind ganz natürlich abstillt (obwohl dies bei einigen Müttern der Fall ist).

Ab und zu beobachtet eine Mutter, die aufgrund des Stillens ein Jahr oder länger keine Regelblutung hat, Veränderungen, die auf den anhaltend niedrigen Östrogenspiegel zurückzuführen sind, wie z. B. eine trockene Scheide oder Juckreiz. Diese Nebenwirkungen können mit etwas Vaginalcreme gemildert werden. Einige Frauenärzte verschreiben Müttern, die über Scheidensymptome klagen, östrogenhaltige Salben, die die Beschwerden äußerst wirksam beseitigen. Nebenwirkungen sind zurzeit nicht bekannt. Mögliche Beschwerden verschwinden ohnehin mit dem Wiedereinsetzen des Eisprungs und der Regelblutung.

Der niedrige Östrogenspiegel beim Stillen ist natürlich. Man braucht keinerlei Schaden für die Gebärmutter oder sonst etwas anderes bei einem normalen, natürlichen Hormonhaushalt zu befürchten. Es gibt ganz im Gegenteil Hinweise dafür, dass dieser niedrige Östrogenspiegel vor verschiedenen Krebserkrankungen der Fortpflanzungsorgane schützt. Es ist auch beobachtet worden, dass Frauen, die zwei Jahre oder länger gestillt haben, ein geringeres Risiko haben, an Brustkrebs zu erkranken.

Wenn Sie sich vernünftig ernähren und genügend ausruhen, zehrt das Stillen nicht über Gebühr an Ihren Kräften. Vorschulkinder zu haben, ist dagegen tatsächlich eine ziemliche Belastung für eine Mutter. Das Stillen trägt nicht dazu bei, sondern ist vielmehr eine Möglichkeit, das Leben einer Mutter in dieser Zeit einfacher zu machen – schließlich kann sie sich dabei hinlegen oder ausruhen!

Vom Umgang mit Selbstzweifeln

Weiterzustillen nach dem ersten, zweiten oder vierten Geburtstag Ihres Kindes – oder wann auch immer Sie die Grenze zwischen Vertrauen in und Zweifel an Ihrer Stillbeziehung ziehen – ist vermutlich zumindest teilweise eine intellektuelle Entscheidung. Wie bei den meisten Dingen, die wir als Eltern in unseren Köpfen entscheiden, fällt es uns schwer, dies ganz selbstsicher zu tun. Den Vorbildern aus unserer Kinder- und Jugendzeit, besonders dem Vorbild unserer Eltern, als wir noch Kinder waren, können wir noch am einfachsten ohne viele Zweifel folgen. Wenn wir länger stillen als alle, die wir je kannten, fühlen wir uns zeitweise unsicher. Werden wir unseren geliebten Kindern aufgrund einer abwegigen, selbstsüchtigen und falschen Entscheidung in Bezug auf das Abstillen schaden?

Wenn diese Fragen auftauchen, ist es Zeit, Mütter aufzusuchen, die ein Kind, das älter als Ihr eigenes ist, noch stillen bzw. gestillt haben. Besser noch, Sie sprechen mit jemandem, dessen Kind lange an der Brust getrunken hat und jetzt offensichtlich völlig normal heranwächst. La Leche Liga besteht aus Müttern mit den unterschiedlichsten Stillerfahrungen, was Art und Dauer betrifft, und kann eine gute Quelle für Einfühlungsvermögen und Ermutigung sein.

Die wichtigste Person jedoch, die Ihnen Aufschluss über das Langzeitstillen geben kann, ist Ihr Kind. Ist ihm das Stillen sehr wichtig? Wie würde es reagieren, wenn Sie versuchen würden, mit dem Stillen jetzt aufzuhören? Die Einstellung Ihres Kindes zum Stillen ist ein Ausdruck dessen, was in ihm vorgeht. Obwohl Ihre Entscheidungen über das Leben mit Ihrem Kind nicht ausschließlich von dessen Gefühlen bestimmt sein werden, verdienen seine Gefühle dennoch viel Aufmerksamkeit. Wenn Ihr Kind weiter das Bedürfnis gestillt zu werden zum Ausdruck bringt, dann sollte dieses Bedürfnis eine große Rolle bei Ihren Überlegungen spielen, ob es nun besser sei weiterzustillen oder nicht.

Die Zweifel sind beim ersten Kind am größten, das über die von uns selbst auferlegte zeitliche Grenze hinaus an der Brust trinkt. Wir können es uns nicht recht vorstellen, gleichgültig wie oft wir es hören, dass kleine Menschen mehr oder weniger aus freien Stücken mit dem Stillen aufhören. Sobald wir das natürliche Abstillen aber erlebt haben, lassen unsere Zweifel gewöhnlich deutlich nach.

Wenn Sie jetzt stillen und unsicher sind, ob es das Beste ist weiterzustillen, erwarte ich natürlich nicht, dass Sie sich durch meine Worte gleich viel besser fühlen. Fast jede von uns hat die gleiche Entwicklung durchgemacht wie die Mutter, die schrieb: »Jetzt, da ich älter und erfahrener bin (...) neige ich viel mehr dazu, Bemerkungen von Freunden, Verwandten und Ärzten einfach zu ignorieren. Aber das erste Baby erschien mir als eine so ungeheure Verantwortung, und ich wollte doch unbedingt alles richtig machen.«

Ein Wesenszug, der guten Eltern eigen ist, bringt uns ständig dazu, unser Verhalten zu hinterfragen und zu beurteilen, besonders in dieser ersten »Experimentierphase«, wenn wir versuchen, einen (für uns jedenfalls) neuen Weg als Eltern zu gehen. Am besten halten Sie sich vor Augen, dass Ihre Zweifel völlig normal sind. Sie sind sogar der untrügliche Beweis, dass Sie eine gute Mutter sind und noch dazulernen. Sie beobachten und bewerten; Sie bemühen sich darum, das Leben Ihres Kindes so gut wie möglich zu gestalten. Welch ein Glück für Ihre Kinder, Eltern mit Zweifeln zu haben!

Achten Sie aber darauf, dass Ihnen die Zweifel nicht über den Kopf wachsen. Sprechen Sie mit Menschen, die Ihre Ansichten teilen – ich möchte hier noch einmal La Leche Liga empfehlen. Dort werden Sie wahrscheinlich Menschen finden, die Ihnen am besten helfen können – Eltern, deren Kinder länger als Ihre gestillt wurden, gleichgültig, wie lange das auch gewesen sein mag. Wenn Sie Zweifel bei einer elterlichen Entscheidung wie z.B. dem Weiterstillen bzw. dem Abstillen haben, sprechen Sie mit Menschen, die eine ähnliche Entscheidung zu treffen haben. Genießen Sie die warmherzige Unterstützung derer, die sich ähnlich verhalten. Diskutieren Sie auch mit den Frauen, die sich anders entscheiden. Sie werden sich besser fühlen und die Nähe anderer Frauen genießen, die Ihrer Meinung sind. Schließlich werden Sie zu der Überzeugung gelangen, dass Ihre Entscheidung die richtige ist, weil Sie sie ganz in Kenntnis unterschiedlicher Auffassungen getroffen haben.

Aber am besten können Sie Ihre Zweifel überwinden, wenn Sie Ihr Kind ansehen. Ihr glückliches Kind, das wächst und ständig dazulernt, ist der Beweis dafür, dass Sie es ganz richtig machen. Sie sind eine gute Mutter. Klopfen Sie sich selbst auf die Schulter, und seien Sie stolz auf sich.

Mit dem Druck der Familie fertig werden

Es gibt Strategien, mit Selbstzweifeln umzugehen, wenn sie einen überfallen – den Zweifel sofort anzugehen, indem man die Entscheidung nochmals bestätigt, oder dem Zweifel eine faire Chance zu lassen, indem man alles nochmals überdenkt, oder sich einfach zu entschließen, zunächst mit dem Zweifel zu leben und zu sehen, was geschieht. Sie begegnen Ihren Zweifeln zu verschiedenen Zeiten auch unterschiedlich. Manchmal brauchen Sie andere Menschen, die Ihnen helfen, sich besser zu fühlen; manchmal schaffen Sie es allein.

Es ist schwieriger, mit unseren Zweifeln umzugehen, wenn andere um uns ähnliche Zweifel äußern. Ungute Gefühle, die wir gut verarbeitet haben, kommen wieder hoch, wenn jemand, der uns sehr nahe steht, insbesondere der Ehemann, darüber spricht, dieselben unguten Gefühle zu haben. Die Gründe für unsere Entscheidungen geraten plötzlich ins Wanken, und wir reagieren leicht mit einer sehr emotionalen Verteidigung. Oft interpretieren wir die Zweifel unseres Partners als einen Angriff auf unsere Fähigkeit, Entscheidungen zu treffen.

Es kann sehr hilfreich sein, sich vor Augen zu halten, dass die Menschen, die wir lieben, sich gewöhnlich die gleichen Gedanken um unsere Kinder machen wie wir. Sie erleben genau die gleiche Art von Sorgen und Fragen wie wir – allenfalls nicht so häufig oder so früh. Denken Sie daran, wenn Ihr Ehemann sagt: »Wenn es zwei (oder ›drei‹ oder ›fünf‹) ist und noch immer an der Brust trinkt, wird es vermutlich nie damit aufhören, wenn du es nicht dazu zwingst«, dass Sie selbst vor gar nicht so langer Zeit vermutlich noch genauso gedacht haben.

Wenn jemand, der Ihnen sehr nahe steht – der Ehemann ist hier das typische Beispiel – offenbar das Gefühl hat, Sie sollten besser mit dem Stillen aufhören, dann denken Sie daran, dass er sich ebenso wie Sie selbst Gedanken darüber macht, was das Beste für Ihr Kind ist. Im Grunde wissen Sie (und sollten ihm dies auch zu verstehen geben), dass

67

er seine Vorschläge aus Liebe zu Ihrem Kind macht und nicht als Angriff auf Sie selbst versteht. Sprechen Sie über Ihre eigenen Zweifel – sowohl über die früheren als auch die augenblicklichen. Nehmen Sie sich Zeit dazu; zeigen Sie ihm, wie viel Sie darüber nachgedacht haben. Hören Sie genau und aufmerksam zu, was er zu sagen hat.

Erzählen Sie ihm, wie Sie zu Ihrer jetzigen Entscheidung gekommen sind. Lassen Sie ihm Zeit, darüber nachzudenken. Versuchen Sie, Ihre Gründe Schritt für Schritt zu erklären. Setzen Sie ihn nicht unter Druck, und hören Sie zu, was er sagt. Er hat gar keine Gelegenheit dazu, sich Ihre Meinung anzueignen, wenn Sie ständig das machen, was ich allzu oft gerne tue – durchdrehen und alles in nicht einmal zwei Minuten herausschreien. Hoffentlich verhalten Sie sich besser als ich.

Übrigens glaubt Dr. Gregory White, ein langjähriger Berater von La Leche Liga, dass es nicht immer unbedingt schlecht ist, emotional zu reagieren. »Manchmal ist eine gute ›Explosion‹ mehr wert als stundenlanges Diskutieren«, sagt er.

In Gegenwart von Familienmitgliedern, die sich möglicherweise im Beisein eines stillenden Mutter-Kind-Paares nicht wohl fühlen, ist es wahrscheinlich besser, zunächst einmal nicht allzu »offenherzig« zu stillen, besonders nicht so entkleidet, wie wir es uns zu Hause leisten können. Bei bestimmten Menschen (manchmal sogar bei unseren Ehemännern oder Eltern) sollten wir am Anfang vielleicht lieber möglichst unauffällig stillen. Zu schnell zuviel »Nacktheit« mag der Grund dafür sein, dass manche neuen Großväter das Stillen ihrer Töchter unschicklich finden. Natürlich wollen wir uns entspannen können und zu Hause so stillen, wie es am bequemsten ist. Es ist jedoch eine gute Investition in die Zukunft der Stillbeziehung und der Familie, zurückhaltend zu sein, damit sich nahe stehende Menschen allmählich in Gedanken damit anfreunden, wie Sie als Mutter mit Ihrem Baby umgehen wollen.

Im Allgemeinen verstehen nur die wenigsten Familienangehörigen unsere Einstellung zum Langzeitstillen und ermutigen uns dazu. Glücklicherweise sind die meisten von uns in der Lage, zu anderen Müttern Kontakt zu haben, die bis ins Kleinkindalter und darüber hinaus stillen.

Allerdings müssen Menschen, die uns nahe stehen, auch uns ihre Gefühle verständlich machen können. In manchen Fällen ist die Situation durch Mitgefühl zu verbessern, wie folgendes Beispiel zeigt: »Ich half meiner Schwiegermutter bei der Bewältigung ihrer Gefühle, versagt zu haben, weil sie meinen Mann als Baby nicht stillen konnte. Wir sprachen darüber, wie wenige Frauen überhaupt erfolgreich stillen können unter den Umständen, die sie im Krankenhaus vorgefunden hatte (zehn

Tage Aufenthalt, kein Stillen in den ersten zwei Tagen, starrer Tagesablauf, kein Stillen in der Nacht). Sie erkannte, dass sie es in der Tat versucht hatte, aber am Misserfolg keine Schuld trug. Daraufhin konnte sie leichter akzeptieren, dass ich so problemlos stillte.« Diese Großmutter hatte vermutlich nie vorher erlebt, dass ihre Bemühungen als Mutter von einer anderen Mutter so akzeptiert und bestätigt worden waren. So ist es auch kein Wunder, dass sie nach diesem Gespräch viel größeres Vertrauen in die Fähigkeiten ihrer Schwiegertochter hatte, selbst verantwortungsvolle und einfühlsame Entscheidungen als Mutter zu treffen.

Es gibt viele Leute, die ständig darauf aus sind, möglichst schnell bei Kindern »Angewohnheiten« aus dem Babyalter auszumerzen; bei diesen Menschen können wir nicht erwarten, dass sie dem Langzeitstillen von vornherein positiv gegenüberstehen. Wie haben Sie sich gefühlt, als Sie das erste Mal ein Kleinkind sahen, das gerade gestillt wurde? Wie lange hat es gedauert, bis Sie sich vorstellen konnten, Ihr Kind auch so lange zu stillen? Von daher ist es nicht überraschend, dass andere Menschen, die Ihr Kind lieben, ebenfalls eine Weile brauchen, um Fragen zu stellen und sich zu vergewissern, dass Sie tatsächlich das Beste für Ihr Kind wollen. Die Ehemänner verdienen besondere Geduld und Aufmerksamkeit, denn ohne ihre Unterstützung ist es fast unmöglich, die Stillbeziehung zu genießen. Außerdem sind auch Väter Eltern! Sie haben elterliche Rechte mitzuentscheiden, wie ihre Kinder großgezogen werden.

Mit dem Druck von Außenstehenden fertig werden

Es liegt auf der Hand, dass wir nur mit Menschen, mit denen wir viel Zeit zusammen verbringen, geduldig diskutieren können. Oft jedoch ist die Zeit einfach zu kurz, die wir mit denjenigen verbringen, deren Meinung uns wichtig ist. Daher passiert es uns leider allzu oft, dass wir diesen Leuten eine konzentrierte Fassung unserer Argumentation an den Kopf werfen und uns dabei wie Marktschreierinnen anhören. Oder der Aufbruch unserer Besucher beendet unsere Diskussion zu einem ungünstigen Zeitpunkt, bevor wir einander überhaupt verstehen, geschweige denn irgendeinen Konsens finden konnten.

Nichts drängt uns mehr zum Abstillen als die Meinungen anderer Leute. Eltern haben schon so oft ihre Kleinkinder aufgrund eines peinlichen Vorfalls im Beisein von anderen Leuten zwangsweise abgestillt – ein Dreijähriger, der darauf bestand, vor dem Zubettgehen gestillt zu werden, als Außenstehende dabei waren, oder ein Zweijähriger, der im Gottesdienst gestillt werden wollte, und ähnliche Begebenheiten. Wie bedauerlich ist es, dass so viele junge Eltern sagen, sie seien froh weit weggezogen zu sein oder einige Zeit im Ausland gelebt zu haben, weil es ihnen ohne die kritischen Kommentare aus der Verwandtschaft besser gegangen sei.

So ziemlich der wichtigste Grund, der von einigen Müttern genannt wird, warum sie keine weiteren Kinder über das Kleinkindalter hinaus stillen wollen, geht auch in diese Richtung: »Was andere Leute darüber denken, stört mich einfach zu sehr.« Das Stillen ist also nicht das eigentliche Problem, sondern das, was andere Leute davon halten.

»Wenn wir auf einer Insel lebten«, sagte eine verwirrte Mutter, »wo sich niemand um uns kümmerte, dann würde ich sie so lange stillen, wie sie möchte (...) Eines weiß ich sicher: Mein Baby ist viel unabhängiger als ich.« Obwohl das sicher nicht ganz einfach ist, sollten wir doch unseren eigenen natürlichen Instinkten genauso blind vertrauen, wie es unsere Kinder tun.

Viele Mütter haben es tatsächlich gelernt, Kritik an ihrer langen Stillzeit auszublenden; sie wechseln das Thema und genießen die Gesellschaft von lieben Menschen in anderer Weise. Ein aufmerksamer Vater machte die Beobachtung, dass die meisten Menschen das Langzeitstillen nicht einmal unbedingt missbilligen; sie sind einfach nur überrascht.

Witzige Antworten reichen manchmal auch, wenn sie mit Humor und Liebe verpackt sind, wie bei der Mutter mit dem Kleinkind an der Brust, die gefragt wurde: »Was glauben Sie, wie lange macht er das noch weiter?« »Na, so ungefähr noch fünf Minuten!«, antwortete sie. Manche Menschen geben sich zufrieden, wenn Sie sie daran erinnern, wie lange manche Kinder die Flasche bekommen oder an Schnullern und Daumen lutschen. Eine andere Möglichkeit, um kritische oder überraschte Kommentare zu umgehen, ist es zu sagen: »Ja, mit dem Abstillen geht es jetzt schon viel besser voran«, und dann über etwas anderes zu sprechen.

Es ist jedoch nicht immer das Beste, dem Thema auszuweichen, und man spürt selbst schon, wann es unangebracht ist. Manche Menschen möchten wirklich über das Abstillen reden und lassen es nicht zu, dass Sie das Thema wechseln. Ein anderes Mal liegt Ihnen selbst sehr viel daran, dass gerade dieser Mensch Ihre Einstellung akzeptiert, so dass Sie ausführlich mit ihm darüber reden möchten.

Oft ist die Zeit für ein Gespräch begrenzt und nicht vergleichbar mit den Gesprächen, die Sie mir Ihrem Partner, in den langen Stunden nach dem Abendessen, in ausgiebigen Schwätzchen bei einer Tasse Kaffee oder während der Spezialsitzungen um zwei Uhr morgens führen. Bei

Zeitmangel brauchen Sie erst gar nicht eine Diskussion zu beginnen. Sie und Ihr Gesprächspartner haben dann nämlich gar keine Möglichkeit, Ihrer beider Beweggründe und Gefühle anzusprechen, sie alle zu prüfen und zu einer gewissen Verständigung zu kommen. Außerdem brauchen Sie auch nicht jeden zu Ihrem Standpunkt zu »bekehren«. Stattdessen sollten Sie Ihre Mitmenschen lediglich bitten, Sie einfach nur zu unterstützen und Geduld mit Ihren Entscheidungen als Mutter zu haben.

Sagen Sie Ihrer Schwiegermutter oder wem auch immer, die weit weg wohnen, wie sehr Ihnen an ihrer Unterstützung gelegen ist. Versichern Sie, dass Sie wissen, wie sehr sie um Sie und Ihr Kind besorgt ist und nur das Beste will. Versäumen Sie es nicht, diese beiden Aspekte anzusprechen: Sie sind der notwendige Beweis dafür, dass Sie auch ihr zuhören und sie ernst nehmen. Wiederholen Sie nochmals, dass Ihr Verhalten von Ihrer großen Sorge um das Wohlergehen Ihres Kindes bestimmt wird. Aus den Erfahrungen anderer Mütter haben Sie schließlich Ihre Lehren gezogen, auch aus dem, was Sie gelesen haben; all das gibt Ihnen die Sicherheit, dass das Weiterstillen Ihrem Kind nicht schadet.

Heben Sie hervor, ohne sich in endlosen Einzelheiten zu verlieren, dass Sie wissen, welche Vorteile das Langzeitstillen hat. Betonen Sie die schönen Seiten Ihrer fortdauernden Stillbeziehung. Ihre Klagen äußern Sie lieber bei jemandem, der Ihnen Rückhalt geben kann. Die meisten Menschen werden Sie für Ihre wohl überlegte Entscheidung respektieren; sie möchten helfen und wollen sich nur vergewissern, dass das Stillen nicht einfach eine »schlechte Angewohnheit« ist, in die Sie ohne nachgedacht zu haben hineingerutscht sind.

Die ewigen Nörgler

Es gibt leider immer Leute, die das dringende Bedürfnis verspüren, Ihnen das Abstillen einzureden – trotz Ihrer freundlich und klar ausgedrückten Bitte um Unterstützung oder zumindest Toleranz. Das versuchen sie bei jeder Gelegenheit. Diese Menschen sind oft wirklich entsetzt über Ihr Verhalten. Allerdings sind einige ältere Leute noch nicht einmal so bestürzt über das Stillen an sich, sondern allein über die Tatsache, dass Sie – in ihren Augen noch immer ein Kind – überhaupt eine Mutter sind.

Andere Leute Ihres Alters wiederum können Ihre Entscheidungen nicht gelten lassen, weil sie selbst sich als Eltern ganz anders verhalten haben – und einer von Ihnen beiden muss ja falsch liegen. Wieviel besser wäre es, wenn wirklich jeder von uns durchdenken könnte, was ihm vom Verstand und Gefühl her als das Richtige für seine eigene Familie erscheint, und sich dann weder bedrängen lässt noch andere bedrängt, wenn die Nachbarn nicht genau die gleichen Entscheidungen treffen!

Wenn jedoch jemand unentwegt ungebetene Ratschläge erteilt, bis es Ihnen und Ihrer Familie auf die Nerven geht, dann sollten Sie sehr energisch werden. Eine Mutter hat eine solche Situation in ihrer Familie bewältigt, indem sie das Zimmer für zehn Minuten verließ, wenn das Thema angeschnitten wurde. Fing wieder jemand mit diesem Thema an, ging sie für weitere 20 Minuten hinaus usw., bis die Kritik ganz und gar aufhörte. In der Regel aber ist es besser, über dieses Problem zu sprechen. Sie können z. B. sagen: »Ich kenne viele Leute, die zum Thema Abstillen das Gleiche denken wie du. Ich habe mir jedoch ziemlich viele Gedanken gemacht und mich entschlossen, auf meine eigene Art und Weise abzustillen. Ich möchte bitte wirklich nicht mehr darüber reden.« Beenden Sie dann auf jeden Fall das Gespräch übers Abstillen, und sprechen Sie über etwas anderes.

Ab und zu scheint eine Freundschaft ins Wanken zu geraten, da die Freunde den Anblick Ihres gestillten Kleinkindes nicht akzeptieren können. Wenn Sie an sich ohne Aufregung mit diesen Menschen umgehen können, dann ist es unwahrscheinlich, dass Ihre Freundschaft allein des Stillens wegen auseinander geht. Es gibt möglicherweise noch andere Meinungsverschiedenheiten zwischen Ihnen, so dass Ihre Entscheidung nicht abzustillen, vielleicht nur das Fass zum Überlaufen bringt und Sie endgültig auseinandergehen. Bei einer stabilen Freundschaft können Sie Ihren Freunden Ihre Beweggründe verständlich machen, oder sie werden zumindest Ihre Entscheidung akzeptieren. Normalerweise ist es so, wie es folgende Mutter schildert: »Unsere Freunde akzeptieren, dass unser Sohn gestillt wird. Einige sind ein bißchen erstaunt, dass ich so eine gute ›Milchkuh‹ bin, aber meine Freunde, mein Sohn und ich leben in Einklang miteinander.« Wahre Freunde sind so; weniger flexible Freundschaften sind in der Regel kein großer Verlust.

Es gibt nur eine Situation, bei der die Mutter wegen des Stillens zu Recht kritisiert wird, egal, wie alt das Baby oder das Kind ist. Ihr Nachbar, Ihr Kinderarzt oder die Sekretärin Ihres Mannes haben absolut Recht, wenn sie sagen, dass Sie niemals beim Autofahren stillen sollten. Wenn Sie und Ihr Kind Mitfahrer im Auto sind, besteht das Risiko, dass es Sie im Falle einer Vollbremsung kräftig beißt. Wenn Sie selbst hinter dem Steuer sitzen und Ihr Kind weint, weil es gestillt werden möchte, müssen Sie anhalten. Sie können auch kurz vor dem Losfahren stillen und während der Fahrt ein interessantes Spielzeug oder Tonband zur

Ablenkung bereithaben. Ein Schnuller kann manchmal auch eine Zwischenlösung sein.

Wenn Ihr Kind kritisiert oder gehänselt wird

Gelegentlich übt jemand Kritik an Ihrem langen Stillen, indem er Ihr Kind damit aufzieht. Wenn andere Leute Sie direkt kritisieren, können Sie einfach ihre Worte ignorieren, wenn Ihnen das möglich ist, oder aber Sie entgegnen etwas. Wenn jedoch Ihr Kind als Überbringer der Kritik benutzt wird, müssen Sie um Ihres Kindes willen einschreiten. Sogar Fragen in Anwesenheit Ihres Kindes begegnet man am besten mit den Worten: »Das ist meine Privatsache, und ich möchte jetzt nicht darüber reden.« Zeigen Sie dem kritischen Mitmenschen, wie verwirrend es für eine kleine Person sein kann, einer Sache wegen gehänselt zu werden, die für sie das Natürlichste auf der Welt ist. Es kann auch für den Kritiker aufschlussreich sein, wenn Sie ihm deutlich machen, dass er durch solche Bemerkungen Schranken zwischen ihm und dem Kind aufrichtet, die sich im Laufe der Zeit auf deren Beziehung störend auswirken könnten. Seien Sie ruhig freundlich und warmherzig zu Ihrem »Kritiker«, aber unbedingt auch so bestimmt wie möglich. Lassen Sie nicht zu, dass sich das Hänseln wiederholt.

Trotz allem nehmen Kinder die negativen Einstellungen anderer zum Langzeitstillen wahr. »Weißt du, Mami«, bemerkte ein Vierjähriger, »ich glaube, Papa hat Angst, dass ich nicht erwachsen werde.« Aber solange Ihr Kind nicht direkt mit der Kritik von Leuten konfrontiert wird, die das lange Stillen missbilligen, können Sie ihm versichern, dass sein Verhalten völlig in Ordnung ist und dass nicht alle Menschen stets einer Meinung sein müssen. Mit Ihrer Hilfe werden die Meinungen anderer es nicht allzu sehr stören.

Nicht in der Öffentlichkeit stillen

Das wirksamste Mittel, um mit Leuten fertig zu werden, die Sie drängen abzustillen, bevor Sie es möchten, habe ich mir bis zuletzt aufgehoben: Ihr Mund (und die Bluse) bleibt einfach zu! Je älter Ihr Kind wird, desto weniger Leute brauchen es zu wissen, dass Sie noch stillen. Wie oft bereuen wir es, persönliche und private Dinge Leuten preisgegeben zu haben, die es gar nicht zu wissen brauchten! Manchmal können Sie sogar eine direkte Frage mit einer witzigen oder zweideutigen Antwort umgehen. Größtenteils aber werden Leute, die der Auffassung sind, Sie sollten Ihr Kind abstillen, auch annehmen, dass Sie schon abgestillt haben – außer Sie belehren sie eines Besseren. Es ist noch nicht einmal notwendig, Ärzten und Krankenschwestern zu sagen, dass Ihr Kind noch gestillt wird, wenn sie Sie wahrscheinlich deswegen kritisieren, vorausgesetzt, das Stillen ist bei der Bewertung einer gesundheitlichen Störung unerheblich. Andererseits brauchen Sie anderen nicht die Möglichkeit zu irgendeinem Kommentar zu geben, wenn Sie keinen hören wollen. Wenn Sie jedoch sehr selbstsicher sind, tut es Ihnen sicher gut, diese Leute davon in Kenntnis zu setzen, dass Ihr Kind noch nicht abgestillt ist. Dadurch werden Ärzte und Krankenschwestern mit der Zeit begreifen, wie rundum gesund unsere kleinen Stillkinder sind!

Unterstützung und Bestätigung suchen

Wir alle brauchen Unterstützung und Bestätigung in unserer Rolle als Eltern. Schließlich sind wir reine Anfänger in diesem Beruf, besonders diejenigen von uns mit Kleinfamilien. Wenn wir wie alle anderen ab und zu auch das Bedürfnis haben, dass uns jemand ermutigt oder für das Stillen auf die Schulter klopft, sollten wir uns diese Streicheleinheiten für die Seele von den Menschen holen, die vom Stillen begeistert sind. Wir machen es uns nur selbst schwer, wenn wir versuchen, von anderen Menschen für etwas Bestätigung zu bekommen, was sie wahrscheinlich gar nicht verstehen, können sie nicht gutheißen. Wenn wir Bestätigung und Ermutigung von einem lieben Freund oder Verwandten brauchen, ist es klüger, ihr Lob für etwas zu suchen, was sie mit Sicherheit gut finden, und wenn es nur die Wahl unseres Waschmittels ist oder der neue Haarschnitt unseres Sprösslings. Es ist unklug von uns, sie darum zu bitten, uns bei Entscheidungen zu unterstützen oder zu loben, die sie aufgrund ihrer Erfahrungen gar nicht verstehen können.

Wir neigen besonders dazu, die Hilfe und den Rat von Ärzten und Krankenschwestern falsch umzusetzen und auszulegen. Wie oft erwarten wir bei den ärztlichen Untersuchungen unserer Kinder, nicht nur die Versicherung zu erhalten, dass unsere Kinder gesund sind, sondern gleichzeitig auch eine »Bescheinigung« über unsere guten Leistungen als Eltern. Unsere Erwartungen setzen unsere medizinischen Berater jedoch unter Druck. Ärzte und Krankenschwestern sind dazu ausgebildet, Krankheiten zu erkennen und zu behandeln. Es ist ihnen gegenüber nicht fair, von ihnen auch noch zu erwarten, Fachleute in sämtlichen anderen Fragen bezüglich Kindern und Familien zu sein. Die Ärzte und Krankenschwestern dem Erwartungsdruck auszusetzen, alles zu können und zu wissen, und sie außerdem noch um Rat zu fragen bei Dingen, die sie nicht gelernt haben, löst mit großer Wahrscheinlichkeit bei uns nur Enttäuschung aus. Wir stellen fest, dass ihr Rat zur Kinderpflege größtenteils nicht besser und nicht schlechter ist als der von anderen halbwegs gut informierten Erwachsenen. So sollte es auch sein, deshalb sind wir an unserer Enttäuschung hinterher selbst schuld, wenn wir mehr erwarten.

Hinzuzufügen ist, dass Ärzte und Krankenschwestern ebenso gerne wie alle anderen ungebetene Ratschläge zur Kinderpflege geben, was nur menschlich ist. Ein jahrelanges Studium der Pathologie macht sie genauso wenig kompetent, Ratschläge zum Umgang mit Kindern zu erteilen wie z. B. ein jahrelanges Studium der Informatik. Was das medizinische Fachpersonal dazu befähigt, gute Ratschläge zur Kinderpflege zu geben, sind gründliche Erfahrungen mit einer eigenen Familie. Aufgrund dieser persönlichen Erfahrungen erteilen viele medizinisch ausgebildete Menschen ausgezeichnete Ratschläge zum Leben mit Kindern – genau wie es ein Informatiker könnte. Es liegt bei Ihnen, die Ratschläge, die Sie zu hören bekommen, sehr sorgfältig daraufhin zu prüfen, ob sie Ihnen sinnvoll erscheinen.

Stillen im Beisein von anderen

Einfach in der Öffentlichkeit die Bluse »zugeknöpft« zu lassen, so wie ich es oben empfohlen habe, ist besonders mit jüngeren Kindern nicht immer möglich. Wenn sie das Bedürfnis überkommt gestillt zu werden, suchen sie sich oft die unmöglichste Situation aus. Viele dieser kleinen Menschen sind äußerst lebhaft: Sie ziehen Ihre Bluse hoch, um nachzusehen, ob die andere Brust noch da ist, sie streicheln mit ihren Händen vorne über Ihre Bluse, so dass es viel schwieriger ist, sie unauffällig zu stillen, als zu der Zeit, da sie noch kleiner waren. Besonders lebhaft habe ich noch in Erinnerung, wie ich mich auf der Rückbank eines kleinen Jeeps auf einer Tour durch die Rocky Mountains befand. Ich saß Knie an Knie zusammen mit einigen waschechten Texanern aus dem Ölgeschäft und ihren Teenagern. Während der ganzen Tour kam ich gut damit zurecht, unser kleines Neugeborenes immer wieder zwischendurch zu stillen. Aber kurz vor dem Ende der Fahrt entschied sich auch unser Kleinkind, dass es jetzt Zeit für das Stillen sei. Diese Szene ist für mich der Gipfel an Peinlichkeit, was Ort und Gesellschaft betrifft, um ein Kleinkind zu stillen. Wir haben es überlebt, sogar ohne rot zu werden, weil ich mich an einige Grundregeln über das Leben mit gestillten Kleinkindern gehalten habe.

Zunächst einmal ist es wichtig vorauszuplanen. Wenn Ihr Kind älter wird, sollten Sie bei Ihrer Kleidung darauf achten, inwieweit das helle Köpfchen die Verschlüsse aufmachen kann. Manch eine Mutter hat dies nicht bedacht, bis sie das erste Mal an sich heruntersah und feststellte, dass ihr Reißverschluss vorne von dem Unschuldsengel in ihren Armen von oben bis unten aufgemacht worden ist. Daher ist es besser, solche Kleider in den kommenden Wochen zeitweise im Schrank zu lassen und Ihr Kind vorerst sofort zu kitzeln oder sonstwie abzulenken, bis Sie sich zum Stillen davonstehlen können.

In den ersten zwei oder drei Jahren muss man bei kleinen Menschen darauf gefasst sein, dass sie darum bitten gestillt zu werden, wo auch immer es ihnen einfällt, und oft überschreitet ihre Ausdrucksweise bei weitem die Grenzen dessen, was gesellschaftlich akzeptabel ist und was nicht. Es ist sehr schwierig, unauffällig zu stillen, wenn Ihr Kind verkündet: »Ich möchte gestillt werden.« »Wie niedlich!«, bemerkte eine Tante, als ein Kind solch eine Bitte äußerte, »er erinnert sich noch.« »Wie könnte er es vergessen – es ist gerade vier Stunden her«, dachte seine Mutter bei sich.

Wenn die kleine Lucy zu Hause um einen Schluck »Busensaft« bittet, mag sich das niedlich anhören. Aber überlegen Sie, ob es Ihnen angenehm ist, wenn sie die gleiche Bitte in klarstem Deutsch lauthals im Supermarkt wiederholt. Welches Wort würde Ihnen am besten gefallen, wenn Ihr Kind so wie jenes Kleinkind aus Neuseeland Ihre Strickjacke streichelte und allen ringsherum verkündete: »Mami hat Milchhähne!«? Wäre es Ihnen angenehm, wenn Ihr Dreijähriger sagte: »Mama, hol die Nuckel raus!«?

Damit ist nicht gesagt, dass Ihre Stillbeziehung geheim gehalten werden soll und etwas mit irgendeinem Ihrer Begriffe für das Stillen nicht stimmt. Ich möchte Sie nur vorwarnen, dass das von Ihnen im ersten oder zweiten Jahr verwendete Wort in der Regel von Ihrem Kind auch weiterbenutzt wird, wobei die Aussprache zunehmend deutlicher wird. Obwohl es möglich ist, Ihrem Kind später ein neues Wort beizubringen, ist dies wahrscheinlich ziemlich schwierig. Deshalb bedenken Sie jetzt bei Ihrer Formulierung, was Ihnen auch später angenehm sein wird.

Viele Familien wählen lieber ein »Codewort« fürs Stillen. Da der n-Laut von vielen Babys sehr früh beherrscht wird, sind diese n-Wörter sehr häufige Codewörter: »Nam-Nam«, »Nucki« usw. Wenn das Kind damit anfängt, etwas in seiner Babysprache ständig zu wiederholen, können

Sie das »Wort« aufgreifen und ihm die Bedeutung »stillen« geben. Manche sind echte Wörter, die mit Busen und Stillen zutun haben, Wörter wie »Kuschel«, »Krug« oder »Seite«. Andere sind Babylaute, die zu Codewörtern umbenannt werden wie »Nem-Nem«, »Mimmi« oder »Bubu«.

Der Vorteil eines Codewortes ist es, dass es ausschließlich in Ihrer ganz eigenen Sprache vorkommt. In einem überfüllten Jeep oder während einer Hochzeit klingt es für Nichteingeweihte nur wie kindliches Geplapper und gibt Ihnen die Möglichkeit, die Situation so zu bewältigen, wie es Ihnen am angenehmsten ist. In unserem Fall im Jeep fragte der Fahrer, ob »Nanny« ihre Puppe sei, worauf ich antwortete: »Nein.« Obwohl sie häufig sagte: »Ich möchte meine Nanny«, wurde sie nicht wild, und ich stillte sie am Ende der Tour in der Privatsphäre unseres eigenen Autos.

Oft ermöglicht es Ihr wunderschönes privates Wort fürs Stillen, bei Ihrem größeren Kind zum nächsten Mittel zu greifen, das Sie versuchen können – ein Trick, den ich im Jeep angewendet habe –, um Peinlichkeiten zu vermeiden: Versuchen Sie, das Stillen in für Sie unangenehmen Situationen zu umgehen. Ablenken erleichtert dem Kleinkind oft das Warten – herumgehen und hüpfen, das Kind kitzeln oder neue Dinge oder Spielsachen anschauen. Ein Kleinkind, das schon spricht, kann lernen, sich mit Bemerkungen wie »Warte, bis wir Zuhause sind« oder »Wenn ich aufgegessen habe« vorläufig zufrieden zu geben. Es kann lernen, wo das Stillen angebracht ist und wo nicht, und wird manchmal auch ein Signal akzeptieren – wenn Sie z.B. ein Kleid, das hinten zugemacht wird, bei den Gelegenheiten anziehen, bei denen Sie nicht stillen möchten.

Allerdings läuft allzu häufiges Verschieben darauf hinaus, dass Sie von Ihrer Seite aus mit dem Abstillen beginnen. Sie müssen sich klarmachen, dass Sie mit dem Aufschieben von Stillzeiten, z.B. für eine Stunde oder mehr pro Tag, in genau das Verhaltensmuster hineingeraten, das für das Abstillen oft empfohlen wird. Wenn Ihr Kind fürs Abstillen noch nicht bereit ist, könnte Ihr ganzes Verhalten genau das Gegenteil bewirken – Ihr Kind verlangt häufiger bei Gelegenheiten, die Ihnen peinlich sind nach dem Stillen.

Das Stillen in bestimmten Situationen zu vermeiden, ist natürlich in Ordnung. Um also nicht unabsichtlich am Abstillen zu arbeiten, sollten wir ein Kleinkind, das gestillt werden möchte, nur einmal ablenken und beim nächsten Mal schnell seinem Wunsch nachkommen. Wenn Sie Ihrem Kind versprochen haben, es zu stillen, wenn Sie wieder zu Hause sind, oder nach dem Abendessen, dann tun Sie es auf jeden Fall. Ihre Glaubwürdigkeit steht auf dem Spiel. Deshalb bieten Sie Ihrem Kind zu der verabredeten Zeit die Brust an, selbst wenn es das schon wieder vergessen hat.

Es gibt natürlich besonders bei Kleinkindern Momente, in denen ihr Wunsch gestillt zu werden, übermächtig ist, ganz gleich wie peinlich man es auch findet, gerade dann das Kind anzulegen. Manch eine Mutter in solch einer Situation hat sich damit entschuldigt, »eine Windel zu wechseln«, »eine Gute-Nacht-Geschichte vorzulesen« oder »sie einfach nur ein bisschen zu beruhigen«. Sie brauchen nicht zu erklären, was Sie wirklich machen, sobald die Tür hinter Ihnen zu ist.

Manchmal kann man durch etwas Vorausplanung das Stillbedürfnis über eine relativ kurze Zeitspanne – wie z. B. den Gang zum Lebensmittelgeschäft oder einen kurzen Besuch beim Nachbarn – gar nicht erst aufkommen lassen. Dem Kind fällt es leichter, bei diesen Gelegenheiten auf das Stillen zu verzichten, wenn es bei Ihnen trinken kann, kurz bevor Sie weggehen.

Wenn Sie seine Bitte gestillt zu werden, nicht abweisen können und sich und Ihr Kind nicht für ein paar Minuten entschuldigen können oder wollen, dann wenden Sie alle diese verstohlenen und unauffälligen Methoden an: Oberteile zum Hochschieben, Kleider mit versteckten Öffnungen, Ihr Haar (wenn es sehr lang ist) zum Verbergen. Ein Kleid mit versteckten Reißverschlüssen ist besonders geeignet bei einem Kind, das gerne das Oberteil beim Stillen hochschiebt; durch die kleinen Reißverschlussöffnungen kann es Sie nicht zu viel »entblößen«. Ein Poncho dient bei Aktivitäten im Freien als guter Umhang. Wenn Sie Ihren BH hochschieben können, anstatt ihn aufzumachen, ist es auch einfacher zu verbergen, was Sie gerade tun. Vielleicht lässt sich Ihr Kleinkind auch davon überzeugen, sich bei solchen Gelegenheiten mit einer Brust zufrieden zu geben. Die Seiten zu wechseln, verursacht etwas mehr Unruhe und lenkt dadurch die Aufmerksamkeit auf das Stillen.

Es wird natürlich immer noch Gelegenheiten geben, bei denen Sie Fragen oder Blicke aushalten müssen, die Sie gerne vermieden hätten. Aber diese unangenehmen Situationen lassen sich auf ein Minimum beschränken, und gleichzeitig befriedigen Sie nach besten Kräften die Bedürfnisse Ihres größer werdenden Kindes. Außerdem ist es ermutigend zu wissen: Jedes Mal, wenn Sie eine Frage oder einen Kommentar übers Stillen warmherzig und bar jeglichen ideologischen Eifers beantworten, tragen Sie dazu bei, dass der Tag ein wenig näher rückt, an dem auch das Stillen eines Kleinkindes kein Anstarren oder irgendwelche Kommentare mehr auslöst und zur Selbstverständlichkeit wird.

Kapitel 5

Ein kurzer Blick auf andere Zeiten und Kulturen

Ein Kind zu stillen, das schon laufen kann? Dies ist in der westlichen Welt so ungewöhnlich geworden, dass wir es leicht als etwas völlig Neues betrachten. Laut Alan Berg, dem Autor von »Der Faktor Ernährung«, gehörte es aber bereits zu den Wurzeln unserer Kultur, Kinder mehrere Jahre lang zu stillen. Die Propheten im alten Israel ebenso wie die Kaufleute und Hirten wurden nicht vor dem Ende des zweiten Lebensjahres abgestillt. Wenn sich die Mutter von Moses nach alten ägyptischen Gebräuchen richtete, als sie ihren Sohn zu einem Mitglied der ägyptischen Königsfamilie erzog, stillte sie ihn drei Jahre. Im alten Indien, wo man glaubte, dass ein Kind umso länger lebe, je länger es gestillt wurde, stillten die Mütter ihre Kinder gewöhnlich so lange wie möglich; oft sieben oder manchmal sogar neun Jahre lang.

Aber auch englischsprachige Mütter haben nicht immer so früh abgestillt wie wir im 20. Jahrhundert. Alice Judson Ryerson untersuchte die Ratschläge, die Ärzte von 1550 bis 1900 den Müttern zur Kinderpflege gaben. Die meisten populären englischen Publikationen zur Kinderpflege empfahlen erst seit 1800 das Abstillen bereits nach einem Jahr. Sogar noch 1725 äußerten sich die Autoren missbilligend über das Stillen von Vierjährigen, was dafür spricht, dass eine erhebliche Zahl der Vierjährigen im 18. Jahrhundert noch immer Liebe und Trost an der Brust ihrer Mutter erhielt. Um 1850 empfahlen die meisten »Experten« das Abstillen nach elf Monaten. Zu dieser Zeit waren es die gestillten Zweijährigen, die bei den Beratern zur Kinderpflege offizielles Stirnrunzeln hervorriefen. Es ist aufschlussreich, wie parallel diese Veränderungen in den Richtlinien über Kinderpflege zu den anderen Veränderungen im Familienleben verliefen, die die industrielle Revolution in England und den Vereinigten Staaten begleiteten.

Die westliche Kultur überzog zum Glück nicht blitzartig die ganze Welt. Es hat lange gedauert, bis die mütterlichen Instinkte dem Fortschritt zum Opfer fielen. Berg sagt, dass Anfang des 20. Jahrhunderts Mütter in China und Japan ihre Kleinen noch immer vier oder fünf Jahre lang stillten. Während des 2. Weltkrieges tranken burmesische Kinder glücklich drei oder vier Jahre lang an der Brust ihrer Mutter. Als in Amerika die angeblich »fabelhaften« fünfziger Jahre begannen, konnten die kleinen Menschen in Kenia ganze fünf Jahre lang ihre Schmerzen und Enttäuschungen beim Stillen lindern.

1935 berichtete Margaret Mead von den Arapesch, deren Lebensstil sie studierte und detailliert beschrieb, dass die Kinder bei der Mutter tranken, bis diese wieder schwanger wurde, wobei drei oder vier Jahre Stillzeit nicht ungewöhnlich waren. In anderen Untersuchungen in den fünfziger Jahren wurden Kulturen beschrieben, die noch nicht von westlichen Ideen beeinflusst waren. Die Siriono in Bolivien stillen selten, wenn überhaupt, vor dem Ende des dritten Lebensjahres ab; manchmal stillten sie vier oder fünf Jahre. In Tsinghai (China) wurden 1956 Mütter beobachtet, die über mehrere Jahre hinweg stillten; gar nicht so selten bis fünf Jahre oder bis ein anderes Kind zur Welt kam. 1951 tranken in der Inneren Mongolei die Kinder zwei oder drei Jahre lang an der Brust; nicht selten wollte auch ein Sechs- oder Siebenjähriger noch ein bisschen zum Trost gestillt werden. Bei einer 1945 durchgeführten Untersuchung über 64 nicht industrialisierte Kulturen wurde nur eine einzige entdeckt, bei der die Kinder offensichtlich bereits mit sechs Monaten abgestillt wurden.

In den sechziger Jahren war das Langzeitstillen unter den Enga im Hochland von Neuguinea noch so verbreitet, dass Thelma Becroft eine höchst aufschlussreiche Untersuchung über die Milchmenge durchführen konnte, die Mütter zu verschiedenen Zeiten beim Langzeitstillen produzieren. Die Kinder in dieser Untersuchung, die ohne Beschränkungen und ganz natürlich gestillt wurden, waren zum größten Teil zwei und drei Jahre, einige aber auch vier Jahre alt.

Heutzutage sind die westlichen Abstillpraktiken zum Glück nicht weltweit anerkannt. Dr. T. Berry Brazelton schreibt über die abgeschiedenen Zinacanteco-Indianer, Nachfahren der Maya in der mexikanischen Provinz Chiapas: »Wenn ein neues Baby zur Welt kommt und die Mutter ältere Kinder hat, dann stillt sie diese mit der rechten Brust weiter und überlässt die linke dem Neugeborenen. Oftmals trinken ein Zweijähriger und das Baby gleichzeitig an der Brust. Mit vier oder fünf Jahren kommen die Kinder nicht mehr nach Aufforderung der Mutter zum Stillen, aber davor wird von ihnen erwartet, drei- oder viermal am Tag zu diesem Zwecke zu erscheinen.«

Ein Kleinkind zu stillen mag heutzutage in den Vereinigten Staaten oder England fast unbekannt sein, wie mir Mütter geschrieben haben, aber auch in Deutschland oder sogar in Schweden. Dennoch haben Mütter, die bis vor kurzem in Ostafrika gelebt haben, mit Freude festgestellt, dass dort Stillzeiten über mehrere Jahre hinweg noch nicht selten sind. Zwei nordamerikanische Frauen, von denen die eine in Neuguinea und die andere auf den Philippinen gelebt hatte, waren erfreut, dass die Kinder dort natürlich und liebevoll übers Babyalter hinaus gestillt wurden. Eine Mutter aus Schweden schreibt, sie habe das große Glück, Unterstützung für ihr eigenes langes Stillen von einer erfahrenen Mutter aus dem Heimatland ihres Mannes, Indien, zu bekommen: »Meine Schwiegermutter sagt, in ihrem Land seien zwei Jahre das Minimum, wenn Mutter und Kind es beide so wollen, und gewöhnlich werde noch ein paar Jahre weitergestillt. Ihr Ehemann, sagte sie mir, wurde sieben Jahre lang gestillt.«

Dies soll nicht annähernd ein vollständiger Bericht über weltweite Still- und Abstillmodalitäten von gestern und heute sein. Ich wollte eher ein paar Beispiele aus veröffentlichten Artikeln und aus meiner Korrespondenz anführen, um Ihnen zu zeigen, dass Sie beim Langzeitstillen nicht alleine sind.

Wenn man weiß, was Menschen in alten oder nicht industrialisierten Kulturen tun, ist das allein natürlich noch kein Grund, dieses Verhalten zu übernehmen. Kenntnisse von anderen Kulturen geben uns zwar nützliche Informationen, aber dennoch müssen wir jeden Brauch, den wir betrachten, auf seine Vorzüge hin überprüfen.

Da wir aber wissen, dass vor noch nicht allzu langer Zeit sehr viele Mütter ihre Kinder fast immer weit über das Babyalter hinaus gestillt haben, beweist dies, dass das Langzeitstillen die Kinder offensichtlich nicht schwächt. Irgendwelche gravierenden Nebenwirkungen hätten die ganze antike Welt gelähmt. Und das Bewusstsein, dass Kinder, die keine Babys mehr sind, in nicht industrialisierten Gemeinschaften überall auf der Welt noch heute gestillt werden, gibt uns ein Gefühl der Schwesterlichkeit und Kontinuität in unserem Mutterdasein. Obwohl wir die Art und Weise, wie Kinder in der unmittelbaren Vergangenheit großgezogen wurden, nicht mehr akzeptieren, schließen wir uns den Müttern jener Kulturen an, die die Tradition des zärtlichen Umsorgens der Nachkommenschaft aus dem Altertum bis in das 21. Jahrhundert hindurch weitertragen.

Teil II
Kleinkinder stillen – wie?

Kapitel 6

Das Leben als Ehefrau
und als Mutter
eines gestillten Kleinkindes

Veränderungen beim sexuellen Interesse

Mir ist nicht ganz wohl bei dem Gedanken an alle, die dieses Kapitel aufschlagen, weil Sie vielleicht nach einigen grundlegenden Aussagen darüber suchen, wie die Beziehung der Ehepartner zueinander (insbesondere die sexuelle Beziehung), durch das Stillen beeinflusst wird und wie man mit diesen Auswirkungen umgeht. Die Ehe in all ihren Aspekten ist zurzeit Gegenstand vieler Untersuchungen, wobei deren Augenmerk besonders der menschlichen Sexualität gilt. Die Untersuchungen sagen nichts Grundlegendes über das Stillen in diesem Zusammenhang, oder vielleicht sollte ich sagen, dass sich ihre grundlegenden Aussagen zu widersprechen scheinen. So wird uns der gesunde Menschenverstand weiterhelfen müssen, bis jemand auftaucht, der uns befriedigende Antworten auf alle unsere Fragen geben kann.

Man braucht eigentlich nur über solche Beziehungen zu reden, in denen die Paare ein geringeres sexuelles Interesse haben, denn in unserer heutigen Gesellschaft entsteht dieses »Was-stimmt-bei-mir-nicht?«-Gefühl nur dann, wenn wir weniger Interesse an Sex haben. Vor ein oder zwei Generationen waren die Menschen beunruhigt, wenn sie glaubten, sie hätten zu viel Interesse an Sex, aber das ist typisch dafür, wie das gesellschaftliche Pendel jeweils ausschlägt. Ich möchte nicht versäumen zu sagen, dass sich alle Paare, deren sexuelle Gefühle unverändert geblieben sind oder noch zugenommen haben, seit ein Stillkind in der Familie ist, völlig normal verhalten. Was Sie fühlen, ist einfach wunderbar – genießen Sie die Zeit in Ihrem Leben. Überschlagen Sie dieses Kapitel (und auch das, was viele andere Autoren zu sagen haben). Wie der Tausendfüßler aus dem alten Gedicht, der so lange glücklich gehen konnte, bis er gefragt wurde: »Welches Bein kommt nach welchem?«, kann man über etwas Normales und Natürliches so viel reden, bis man es zerredet hat.

Es lässt sich nicht eindeutig beweisen, dass das Stillen an sich die Sexualität beeinflusst. Es gibt Familien, in denen der Ehemann in der Nacht dort »anfängt, wo das Baby aufhört«. Teilweise wird behauptet, dass unser niedriger Östrogenspiegel in der Zeit nach der Entbindung bis zum Wiedereinsetzen der Menstruation das Interesse an der körperlichen Liebe verringert, aber Untersuchungen mit Frauen nach den Wechseljahren, die trotz ihres niedrigen Östrogenspiegels sexuell aktiv sind, scheinen diese Vermutung zu widerlegen.

Es erscheint logisch, dass die Natur das neugeborene Baby auch davor schützen will, allzu schnell ein Geschwisterchen zu bekommen, indem sie das Interesse der jungen Mutter am Geschlechtsverkehr verringert. Aber das ausschließliche Stillen bietet allein schon genug Schutz vor einer allzu raschen Folge von Schwangerschaften, und es lässt sich nicht eindeutig beweisen, dass das geringere sexuelle Interesse bei den jungen Müttern Teil einer von der Natur vorgesehenen Familienplanung ist. Tatsache ist, dass es eine beträchtliche Anzahl von Frauen gibt, die unmittelbar nach der Geburt ein gesteigertes sexuelles Verlangen haben.

Unsere Einstellung zum Stillen – wobei ich hier sowohl von dem Ehemann als auch der Ehefrau spreche – beeinflusst vermutlich unsere sexuellen Gefühle viel stärker als alle anderen Faktoren wie z.B. hormonelle Veränderungen. Sehen wir uns selbst und den Partner anders aufgrund des Stillens?

Ich war einmal in einer Gruppe von Paaren ganz bestürzt, wie die Männer das Stillen ihrer Ehefrauen beschrieben. Ein Ehemann nach dem anderen beschrieb seine Frau als eine Madonna. Die Madonna und das Kind geben ein wunderschönes Bild ab, und wir Frauen bringen uns selbst auch in dieses Bild ein, obwohl sich nur wenige von uns zu unserer Eitelkeit bekennen würden. Ich fragte mich damals aber, wie viele Paare in dieser Gruppe dadurch gehemmt waren, dass in unserem Kulturkreis die Madonna eine Jungfrau ist. Die Jungfrau verkörpert viele wunderschöne Dinge, aber sexuell ist sie absolut tabu, und das ist das Entscheidende. Es ist nichts Schlechtes daran, wenn wir uns selbst als Madonna sehen oder von unseren Partnern so gesehen werden. Das Problem ist, ob wir fähig sind, von einer Minute zur anderen von der Jungfrau und ihrem Gemahl zu Caesar und Kleopatra umzuschalten. Dem Mann, der Frau oder beiden fällt es möglicherweise schwer, von einem zum anderen Bild umzuschalten, oder sie sind sich eventuell gar nicht der Notwendigkeit bewusst, dass sie es versuchen sollten.

Wenn unsere Vorstellungen von einer stillenden Mutter unsere sexuellen Empfindungen beeinflussen, brauchen wir Geduld, Zeit und Gespräche, um diese Auswirkungen zu überwinden. Es kann für einen Vater oder eine Mutter hilfreich sein, Berichte von Frauen zu lesen, die ihre Kinder gestillt haben und dabei ihre Gefühle als sehr lustvoll empfanden. Die stillenden Mütter in den Romanen »Die gute Erde« und »Söhne« von Pearl S. Buck fallen mir dazu ein. Einige der alten holländischen Maler wie Jan Steen porträtierten schöne, robuste Mütter, die eindeutig nicht dem Madonnenbild entsprechen. Auch eine ganze Reihe von sexuell attraktiven Filmstars stillt ihre Babys. Das Ganze soll Ihnen nur helfen, Ihre Vorstellung von einer stillenden Mutter etwas zu erweitern. Mein Ziel ist es nicht, dass Sie ein gänzlich neues Bild von sich bekommen. Ich möchte Ihnen nur eine Reihe anderer Möglichkeiten zeigen, so dass Sie sich auch in einem anderen Licht sehen und nicht nur als Mutter eines gestillten Babys oder Kleinkindes.

Allerdings sollten sich Väter und Mütter darüber im Klaren sein, welchen Druck Werbung und Presse in Bezug auf Sex ausüben. Alles, was wir zu hören bekommen, läuft anscheinend darauf hinaus, dass wir ab sofort zu getrennten Schlafzimmern (oder zumindest zu einer Sextherapie oder Ähnlichem) verurteilt sind, wenn wir nicht Geschlechtsverkehr mit einem oder mehreren Orgasmen in bestimmten Abständen haben, wobei ein »Fachmann« ausdrücklich oder unterschwellig die Häufigkeit festlegt.

Wenn einer der beiden Partner sich beim Sex nicht wohl fühlt, ist es an der Zeit, sich die Liebe gegenseitig auf andere Weise zu zeigen – durch Gespräche, Zärtlichkeit und Geduld. Eine Pause in dem sexuellen Zusammensein ist ein körperliches Gebot, wenn einer der beiden Partner beim Sex innerlich zu stark abgelenkt ist. Die Liebe lässt Pausen – ja sogar einen Stillstand – bei der körperlichen Vereinigung zu, in denen die Partner entweder Kompromisse schließen oder miteinander sprechen. Das Durchdenken der Situation trägt dazu bei, dass die Partner in ihrer Beziehung zueinander reifer werden.

Sich »ausgenutzt« fühlen

Viele Mütter sagen irgendwann einmal, dass sie sich »ausgenutzt« fühlen, wenn sie ihre Kleinen stillen. Wir alle wünschen uns, dass wieder die Zeit käme, wo unser Körper uns gehört. Eine Mutter sprach über »einen Mangel an Privatsphäre – ein Eindringen in ihr Innerstes«, das sich eine Zeit lang auch in ihrer Beziehung zu ihrem Ehemann fortsetzte. Diese Gefühle kommen auf, wenn unsere Kinder viel gestillt werden wollen und wenn wir glauben, nicht Nein sagen zu können. Gleichzeitig wollen unsere Ehemänner sexuelle Aufmerksamkeit, und vielleicht meinen wir, auch hier nicht ablehnend sein zu dürfen. Diese Gefühle kommen in der einen oder anderen Stillphase so häufig vor, dass ich sie beinahe typisch nennen möchte.

In dieser Situation beeinflussen sich die Empfindungen dem Stillen und dem Sex gegenüber. Wir werfen die Bedürfnisse von zwei verschiedenen Menschen in einen Topf, und irgendwann wird uns alles zu viel. Wir vergessen dabei die dritte Person, die auch unerfüllte Bedürfnisse hat – nämlich uns selbst. Wenn wir uns mit einem »Mein Gott! Das Leben einer Ehefrau und Mutter ist eben nun mal so!« selbst aufgeben, können wir uns leicht in unseren Gefühlen so verstricken, dass wir weder den Ehemann noch das Kind genießen können.

Stattdessen ist es notwendig, miteinander zu reden. Erklären Sie Ihre Empfindungen bezüglich des Stillens Ihrem Kind, so gut das seinem Alter entsprechend geht. Reduzieren Sie das Stillen etwas, wenn das hilft und wenn Ihr Kind damit klarkommt. Besprechen Sie Ihre Empfindungen aber auch mit Ihrem Mann. Er ist es, der Ihnen am meisten helfen kann. Beschweren Sie sich bei Ihrem Gespräch nicht darüber, wie anstrengend Ihr Kind ist, wie oft es gestillt werden möchte usw. Höchstwahrscheinlich würden Sie auf solche Klagen zur Antwort bekommen, dass Sie das Abstillen vorantreiben oder das Kind in die Vorschule schicken sollten – oder beides. Es ist ihm auch nicht übel zu nehmen; wenn Sie sich nämlich auf diese Art und Weise beklagen, dann klingt es für jedermann so, als ob das Abstillen und eine zeitweilige Trennung vom Kind genau die Art von Erleichterung ist, die Sie jetzt haben wollen.

Sprechen Sie über die Anforderungen, die Ihr Kind und Ihr Mann an Ihren Körper stellen. Lassen Sie Ihren Mann spüren, wie wichtig Ihnen Ihre Beziehung zu ihm und zu Ihrem Kind ist. Berichten Sie ihm davon, was Sie unternehmen, um sich von Ihrem Kind nicht mehr so unter Druck gesetzt zu fühlen, und halten Sie ihn über jeden Fortschritt auf dem Laufenden. Zeigen Sie deutlich Ihr Verständnis und Mitgefühl für seine Enttäuschung, wenn er aufgrund der Bedürfnisse des Kindes zurückstehen muss, das Sie ja schließlich gemeinsam großziehen.

Es ist wichtig, dass Ihr Partner versteht, warum nur Sie alleine entscheiden können, wie viel Sie Ihrem Körper abverlangen. Scheuen Sie sich nicht, ihn um Zärtlichkeiten zu bitten, wenn Sie das Baby den ganzen Tag bemuttert haben – Schmusen ohne Sex also, wenn Ihnen das hilft. Lernen Sie, Nein zu Sex zu sagen, wenn Ihnen nicht danach zumute ist. (Aber lernen Sie es, mit viel Liebe Nein zu sagen!) Ihr gesamtes Familienleben wird davon profitieren, wenn Sie wissen, dass Sie sich nach einem harten Tag voller Anforderungen vonseiten der Kinder, besonders der kleinen, in die Arme Ihres Mannes fallen lassen können. Es tut Ihnen gut, wenn er Sie einfach nur in den Arm nimmt und nicht auf noch mehr körperliche Anforderungen an diesem Tag bestehen wird. Und seien Sie unbesorgt, dass Sie zu viel verlangen; Sie werden sicher noch viele Gelegenheiten haben, für ihn das Gleiche zu tun. Außerdem gibt es für viele von uns nichts Anregenderes, als von einem Mann geliebt zu werden, der nicht erwartet, dass Sie jederzeit mit ihm schlafen.

Klischees über Bord werfen

Was uns oft Schwierigkeiten macht, ist die festgefahrene Vorstellung, die wir uns von einem »gesunden« Sexualleben machen. Jedes Mal, wenn unsere Gefühle und unser Verhalten nicht in ein ganz bestimmtes Schema passen, haben wir die größte Sorge, vielleicht nicht normal zu sein, insbesondere dann, wenn wir eher weniger Interesse an Sex haben. Aber sexuelle Gefühle sind wie andere Gefühle auch: Sie verändern sich, wachsen oder bleiben gleich; manchmal überwältigen sie uns, dann wieder haben wir den Eindruck, sie seien gänzlich verschwunden. Es gibt viele Höhen und Tiefen sowie subtile Veränderungen und Schattierungen in unserer Beziehung als Ehepaar. Warum sollte es also weniger Schwankungen in unserer Beziehung im Bett geben? Eltern eines gestillten Babys zu sein, ist nur eines der vielen Ereignisse im Leben, das sich auf unsere sexuellen Empfindungen auswirkt. Gleich, welche Gefühle wir jetzt haben: Es ist ziemlich sicher, dass sie sich in einem Jahr in irgendeiner Weise verändert haben werden.

Babys machen erfinderisch

Die Liebe neu gestalten

Es gibt natürlich ganz praktische Erwägungen beim Spaß an Sex, wenn Sie Eltern eines gestillten Kleinkindes sind – was macht man z. B., wenn das Kind fast die ganze Nacht im Ehebett zubringt? Das Elternbett (wie es von Tine Thevenin in ihrem Buch »Das Familienbett« so schön umbenannt wurde) ist ein guter Platz für kleine Kinder, was dadurch bewiesen wird, dass so viele darin schlafen wollen. Die Frage ist nur, wie man sich in einem Doppelbett lieben soll, ohne ein Dreijähriges aufzuwecken. Viele Paare versuchen es noch nicht einmal; sie lassen das Kind im Bett liegen und lieben sich irgendwo anders. Oder sie erweitern die Bettfläche, indem sie größere Betten kaufen, mehr Betten anschaffen oder zusätzliche Matratzen auf den Fußboden legen.

Mir fällt es schwer, die Argumentation von Leuten zu verstehen, die warnend behaupten, es könne einem Kind in gewisser Weise schaden, wenn es aufwachen sollte und sähe, wie sich seine Eltern gerade lieben. Seit Beginn der Menschheit sind die meisten Menschen in Wohnungen groß geworden, die nur einen einzigen Schlafbereich hatten. Daraus lässt sich unschwer ableiten, dass nur ein kleiner Prozentsatz von den Babys und Kindern auf der Welt erwachsen wurde, ohne jemals aufzuwachen, während die Erwachsenen gerade miteinander Verkehr hatten. An sich ist es meiner Ansicht nach für ein kleines Kind nicht schädlich, wenn es bemerkt, wie sich die Eltern selig einer so natürlichen Sache wie der Liebe hingeben. Lediglich unsere gesellschaftlichen Normen signalisieren etwas anderes. Die meisten Erwachsenen in unserer Gesellschaft wären absolut schockiert, wenn das Kind den Nachbarn darüber berichten würde oder versuchte, in seiner kindlichen Art das Ganze mit dem Cousin vorzuführen. Wir sollten deshalb unsere Kinder, die etwas mehr als zwei Jahre alt sind, vor möglichen Konflikten bewahren, indem wir uns nur dann lieben, wenn sie tief und fest schlafen oder sich in einem anderen Zimmer befinden. Im Schulalter sind die Kinder inzwischen schon so mit unserer Kultur vertraut, dass sie ein Gespür dafür haben, was sie sehen »sollen« und was nicht. Sie würden es dann zweifellos als peinlich empfinden anzusehen, wie Sie sich beim Sex vergnügen.

Solange es jedoch weder Sie noch Ihr Baby oder Kleinkind stört, in ein und demselben Zimmer zu sein, während Sie sich lieben, ist das völlig in Ordnung. Sie brauchen im Grunde nur genug Platz zwischen Ihnen beiden und dem Kind zu lassen. Für den einen bedeutet dies den Rand der Matratze, für den anderen ein anderes Zimmer.

Veränderungen in der Empfindlichkeit der Brust

Eine ganze Reihe von stillenden Müttern berichten darüber, dass sie in den Monaten oder Jahren des Stillens beim Vorspiel deutlich weniger auf Liebkosungen der Brust reagieren. Solch eine Veränderung in den Gefühlen ist normal, wenn auch nicht typisch, und es lässt sich nichts daran ändern. Diese Veränderung fordert uns auch heraus, andere Möglichkeiten zu finden, die uns unter diesen Umständen am meisten Spaß machen, um das Liebesspiel zu genießen. Vielleicht denken Sie etwas wehmütig daran, dass die Stimulation der Brust einmal sehr aufregend war; nun gut, sie wird es wieder sein. Vorläufig können Sie sich gegenseitig genießen, wenn Sie andere Wege suchen, um lustvolle Gefühle beim Partner zu wecken.

Vielleicht haben die verschiedenen Arten von Empfindungen, die einige von uns beim Stillen und bei der Liebe in den Monaten oder Jahren des Stillens empfinden – sexuelle Erregtheit durchs Stillen oder ein geringeres Interesse an der Stimulation der Brust beim Vorspiel –, sowohl seelische wie auch körperliche Ursachen. Die Ausprägung unserer Gefühle ist vermutlich abhängig davon, wie unser Seelenleben sich an unsere Identität als stillende Mutter anpasst. Wenn dem so ist, haben wir keinen direkten Einfluss auf diese Anpassungen, die sich unbewusst vollziehen. Empfindliche Brüste sind nicht besser als wenig empfindliche. Das eine wie das andere Gefühl sollte man akzeptieren und genießen, denn jedes hat seine Vorteile.

Stilleinlagen und alte Spitze

Ein letzter Vorschlag, den ich stillenden Müttern machen möchte, kommt von geduldigen und alles ertragenden »stillenden Vätern«. Bitte nehmen Sie zur Kenntnis, wie wenig reizvoll die meisten Still-BHs sind – natürlich nicht alle; einige sind ganz hübsch. Trotzdem können Sie schon eine ganze Weile, bevor sich Ihr Kleines abstillt, wieder zu modischen BHs zurückkehren, besonders zu den elastischen, die Sie zum Stillen hochschieben könen, oder Sie können den BH ganz weglassen, wenn Ihnen das liegt. Sie müssen aber noch aufpassen, dass jeder BH gut sitzt und nicht zu eng ist. Seien Sie vorsichtig, wenn Sie einen neuen BH zum ersten Mal ausprobieren oder gar keinen BH anziehen. Bei dem ersten Anzeichen für Schmerzen in der Brust ziehen Sie wieder Ihren alten BH an und versuchen es noch einmal in ein paar Wochen. Solange Sie sich wohl fühlen und nicht geplagt werden von verstopften Milchgängen oder Brustentzündungen aufgrund eines schlecht sitzenden BHs (und sobald Sie ohne Stilleinlagen auskommen, die in einem modischen BH einfach lästig sind), wird Ihr Mann sicherlich sehr froh sein, wenn die Still-BHs verschwinden.

Müdigkeit und Sexualität

Laut Dr. Gregory White ist der Feind Nummer eins für die Sexualität – mehr als alles andere, was in diesem Kapitel angesprochen worden ist – übermäßige Müdigkeit, und diese Aussage leitet nahtlos zum nächsten Kapitel über.

Kapitel 7

Sich genügend
Ruhe gönnen

Nachtschicht

Während ich heute Abend diese Zeilen schreibe, sitze ich gerade im Bett, mein Jüngster liegt neben mir, kann aber jede Minute aufwachen. Deshalb weiß ich nur zu gut, dass die Sache mit dem Schlafen kein Spaß ist. Unsere Lebensweise als Erwachsene scheint den sich ständig verändernden Schlafgewohnheiten unserer Kinder entgegenzustehen. Kinder lassen sich darin von unserer Lebensweise meist nicht stören. Gerade wenn man »alles im Griff hat«, macht es das Kind schon wieder anders.

Zunächst einmal: Nicht das Stillen ist schuld an Ihrem Schlafdefizit. Das ist natürlich leicht gesagt, wenn die ganze Familie friedlich schläft – alle bis auf Sie! Das Kleine nickt ein, Ihre Brustwarze fest in seinem Mund, aber im Gegensatz zu vielen Müttern, die beim Stillen gut schlafen können, fällt es Ihnen schwer, einzuschlafen und gleichzeitig ein Kleinkind zu stillen. Mit dem Kleinen an der Brust liegen Sie deshalb wach, mit »Ihrem Schicksal hadernd«. Jedes Mal, wenn Sie Ihre Brustwarze aus dem Mund des Kindes ziehen – ganz gleich, wie vorsichtig Sie es auch anstellen –, fängt es an zu treten und zu schreien. Unter diesen Umständen sind Sie vermutlich nicht sehr empfänglich für meine These, es liege nicht am Stillen, dass Sie nicht einschlafen können. Rein sachlich gesehen, sind Sie zwar wegen des Stillens wach. Aber ich wage zu behaupten, dass Sie in Wirklichkeit wach sind, weil Sie zu diesem Zeitpunkt eben Mutter dieses Kindes sind. Außerdem: Wenn Sie nicht da liegen und im Halbschlaf stillen würden, müssten Sie stattdessen vermutlich in der Küche verschlafen herumstolpern, um eine Flasche vorzubereiten oder Apfelstückchen zu schneiden. Sie würden Ihr Kind wiegen und tätscheln oder aber zwischen den Spielsachen unterm Bett herumwühlen, um den verschwundenen Schnuller zu suchen.

Auch ich habe das nächtliche Stillen manchmal richtig verwünscht. Aber es hat meinen Schlaf nie so nachhaltig gestört wie das ganze Programm, das ich nachts für mein nicht gestilltes Kleinkind ablaufen lassen musste. Das Schönste beim nächtlichen Stillen war für mich, wenn ich die Wärme und Ruhe der Nacht entdeckte, sowie die Geborgenheit, nahe zwischen zwei Menschen zu liegen, die mich lieb hatten.

Das Schlimmste war, wenn ich mit meinen eigenen nächtlichen Hirngespinsten kämpfte und das Gefühl hatte, von den gleichen Körpern geradezu erdrückt zu werden, die mir noch in der Nacht zuvor ein Gefühl von Geborgenheit vermittelt hatten. Die Stillsituation war in beiden Fällen natürlich die gleiche; der Unterschied lag darin, was in meinem Kopf vor sich ging.

Wenn unterschiedliche Bedürfnisse aufeinander prallen

Bei der Versorgung unserer Kinder in der Nacht scheinen unsere Bedürfnisse denen unserer Kinder genau entgegenzustehen. Viele von uns werden selbst wieder zu Kindern, wenn wir uns schlafen legen; deshalb entsteht oft das Gefühl, dass wir uns gerade dann um einen kleinen Menschen kümmern sollen, wenn wir selbst uns nicht besonders groß und stark fühlen. Und oft genug nehmen wir unseren irrationalen Groll über die gestörte Nachtruhe in den nächsten Tag mit hinein. An manchen Tagen haben wir uns viel vorgenommen und sind natürlich enttäuscht, dass wir aufgrund unseres Schlafmangels so schlapp sind. Aber meistens genügt es dann, einfach ein bisschen langsamer zu tun, um mit unserer Müdigkeit fertig zu werden. Schläfrig zu sein, ist etwas Wohlbekanntes in unserem Leben, mit dem wir gut zurechtkommen, wenn wir nicht dagegen ankämpfen oder uns zu etwas antreiben, wozu ein schläfriger Mensch eben nicht imstande ist.

Unsere erste, unüberlegte, wenn auch durchaus nachvollziehbare, Reaktion auf eine Störung in der Nacht ist es, mit dem Kind zu schimpfen und zu versuchen, ihm auch unsere Bedürfnisse klarzumachen.

Natürlich machen wir auf diese Weise unsere Gefühle nicht sonderlich deutlich (obwohl sich die meisten von uns gelegentlich auf ähnliche Weise verhalten) und bekommen letztendlich noch weniger Schlaf ab. Die mühsam gewonnene Erfahrung aus unserem Mutterdasein lehrt uns, dass es viel weiter führt, wenn wir Erwachsene uns in unseren Köpfen an die wechselhaften Tag- und Nachtrhythmen unserer Kinder anpassen, damit diese rund um die Uhr betreut sind, und wir als Erwachsene dabei dennoch genug Ruhe finden können. Die Nacht wirkt auf die meisten Menschen – nicht nur auf Kinder – bedrohlich. Gerade die Nächte der ersten Jahre werden unsere Kinder lehren, wie sie mit den Ängsten, die mit der Dunkelheit kommen, fertig werden. Die allerbeste Quelle des Trostes in der Nacht ist die Gegenwart eines oder mehrerer Menschen. Sie können Ihrem Kind beibringen, allein zu schlafen, wenn Ihnen das so wichtig erscheint, dass Sie alle Kräfte dafür aufbieten. So wird es ja auch in vielen Standardwerken über Kindererziehung empfohlen, und vielleicht ist es Ihnen so wichtig, dass Sie sogar Alpträume und Ähnliches bei Ihrem Kind in Kauf nehmen. Als Mutter oder Vater müssen Sie sich noch zusätzliche Ruhepausen am Tag verschaffen, um die körperliche Belastung durch diese Regelung zu verringern. Nachts werden Sie nämlich aufstehen und sich von Zeit zu Zeit am Bett Ihres

Kindes zeigen müssen, bis es alt genug ist, um ihm zu zeigen, dass diese Schlafregelung wirklich sicher ist und dass Sie da sind, wenn es Sie braucht. Das werden Sie mehrere Male in der Nacht oder im Jahr – je nachdem, was Sie für ein Kind haben – tun müssen, denn man sollte ein Kind, das Angst hat, auf keinen Fall in der Nacht allein lassen. Es ist vielleicht auch nötig, ein bestimmtes Ritual vor dem Schlafengehen einzuführen und dem Kind ein Kuscheltier zu besorgen; beides kann dazu beitragen, die Ängste in der Nacht zu vertreiben.

Sie können andererseits Ihrem Kind auch beibringen, sich in die Nähe von anderen Menschen zu begeben, um sich in der Nacht sicher zu fühlen. Betrachtet man die Menschheit als Ganzes, so wird klar, dass das Schlafen in der Gemeinschaft eine Frage des Überlebens war. Es ist einfacher, warm zu bleiben und uns vor echten Gefahren in der Nacht zu schützen, wenn wir in der Nähe von anderen Menschen sind. Nur in einer Gesellschaft, in der wir große Häuser so einfach wie heute beheizen können und in der die Gefahr sehr gering ist, dass Menschen oder Tiere uns überfallen, trauen wir uns überhaupt, ein Baby oder Kleinkind in ein anderes Zimmer als das von den Eltern zu legen.

Ich muss aber ehrlicherweise zugeben: Meine Vorliebe dafür, den Kindern beizubringen, in der Nacht zu irgendeinem Familienmitglied ins Bett zu schlüpfen, wenn sie plötzlich nachts aufgewacht waren, entsprang ganz und gar nicht dem hehren Wunsch, ihnen zu helfen, sich an die Nacht zu gewöhnen oder sie vor Gefahren in der Nacht zu schützen. Ich habe mich einzig und allein von meiner Faulheit und meiner Abneigung gegen zu wenig Schlaf leiten lassen.

Eine Möglichkeit, mehr Ruhe in der Nacht zu finden, besteht darin, in der Nacht zu stillen und zwar im Bett (obwohl manche Frauen lieber in einem bequemen Sessel dösen). Dies ist weit erholsamer, als an der Bettkante eines ängstlichen Kindes zu sitzen, bis die Nachtungeheuer verschwinden. Eine andere Möglichkeit, sich mehr Ruhe zu verschaffen, ist es, flexibler zu sein in Bezug darauf, wer wo oder wie schläft. Vielleicht schläft Ihre Familie am besten, wenn das Kind zwischen Ihnen und Ihrem Partner oder neben Ihnen liegt. Wenn Sie es lernen, dem Kind beide Brüste von derselben Seite aus zu reichen, damit Sie sich nicht umdrehen müssen, werden Sie vielleicht weniger im Schlaf gestört. Außerdem können Sie Ihr Kind so in dem sichersten oder bequemsten Teil des Bettes liegen lassen.

Sie könnten auch vorübergehend Ihr Bett gegen die Wand schieben oder die Matratze auf den Boden legen; dadurch brauchen Sie sich keine Sorgen zu machen, dass Ihr Kind aus dem Bett fällt. Oder wenn es sehr unruhig ist und Sie sich gegenseitig wach halten, könnten Sie eine Seite des Gitterbettes herunterlassen und dann das Bettchen sicher an Ihrem Bett festmachen. Auf diese Art und Weise lässt sich das Kind leicht hin- und herrollen. Eine Matte, ein Schlafsack oder eine Matratze für Ihr Baby oder Kleinkind auf dem Fußboden in der Nähe Ihres Bettes könnte die optimale Lösung sein.

Möglicherweise gibt es aber auch gute Gründe dafür, Ihr Kind in ein anderes Zimmer zu legen. Wir haben unseren Jungen als Baby nicht in unserem Schlafzimmer gehabt, weil er so laut schnarchte. Für eine andere Familie war es am besten, ihr Mädchen zumindest für einen Teil der Nacht in ihr eigenes Zimmer zu legen, »da jedes Geräusch sie aufweckte, einschließlich tiefer Atemzüge und heruntergefallener Socken«. Vielleicht versuchen Sie einmal, Ihr älteres Baby oder Kleinkind in ein Bett mit einem älteren Geschwisterchen zu legen, wenn eines da ist. Wie wäre es mit einem Bett, einer Matratze auf dem Boden oder einem Klappbett in seinem Zimmer, wo Sie ganz bequem stillen können oder wo Papa (oder, wenn möglich, ein größeres Geschwisterkind) mit dem Kleinen kuscheln kann. Vielleicht werden Sie nachts weniger aufgeweckt, wenn Sie Ihrem Kind, das schon laufen kann, eine eigene Schlafstätte bereiten, aus der es nachts leicht herauskann, wie z.B. ein niedriges Bett oder eine Matratze statt eines Gitterbettchens, damit es notfalls zu Ihnen laufen kann. Viele Eltern sind froh, wenn sie während der Zeit, in der sie sich nachts noch um ihre Kinder kümmern müssen, dafür nicht aufzustehen brauchen.

Ganz gleich, wie Ihre Lösung aussieht: Das Wichtigste ist, dass sich Ihre Kinder in der Nacht geborgen fühlen und dass der Schlaf der gesamten Familie dabei möglichst wenig gestört wird. Seien Sie jederzeit bereit, alles wieder zu ändern, wenn Sie merken, dass sich die Bedürfnisse geändert haben. Ihr Kind wächst und verändert sich rasch. Es wird schließlich auch von niemand anderem in der Familie erwartet, dass er immer derselbe bleibt. Seien Sie deshalb anpassungsfähig. Und seien Sie bereit, Ihren Kindern so lange bei ihren nächtlichen Ängsten beizustehen, wie diese bei Ihnen wohnen. Schulkinder sind dankbar dafür zu wissen, dass es nach einem Albtraum einen Platz neben Ihnen gibt, wo sie friedlich weiterschlafen und sich von Ihnen beschützt fühlen können.

Häufiges Stillen in der Nacht

Es gibt einige einfache Mittel, um sowohl Ihnen als auch Ihrem Kind zu einer besseren Nachtruhe zu verhelfen. Dazu gehört, dafür zu sorgen, dass es das Kind kühl oder warm genug hat. In heißen Nächten könnte es erforderlich sein, für Kühlung zu sorgen, um einem unruhigen Kind zum Schlaf zu verhelfen. (Oft ist es angenehm für ein Kind, in solchen Nächten einen Ventilator hoch im Zimmer außer seiner Reichweite hängen zu haben.) In kalten Nächten tut ein Pyjama gute Dienste, falls das Baby oder Kleinkind ihn anbehält. Kinder lernen in der Regel frühestens mit vier Jahren, die Decke beim Schlafen nicht mehr wegzustrampeln. Eine Möglichkeit, um nicht von einem vor Kälte zitternden Kleinkind geweckt zu werden, besteht darin, es ganz in einen warmen Schlafanzug zu stecken – und zwar einen solchen, der auch Füße hat. Zwei Windeln übereinander und Plastikhöschen sind auch eine große Hilfe, weil es ihm in nassen Betttüchern und Schlafanzügen sehr kalt werden kann. Sie selber frieren weniger beim Stillen in einem kalten Zimmer, wenn Sie ein langärmliges Pyjamaoberteil oder einen Bademantel tragen. Auch ein weiter Pullover ist praktisch.

Manchmal ist es Hunger, der ein Kind in der Nacht häufig aufwachen lässt. Wenn Sie dies vermuten, dann bieten Sie Ihrem Kind vor dem Schlafengehen eine sättigende Kleinigkeit zum Essen an (wie z. B. eine Banane, ein Butterbrot, einen leckeren Rest vom Abendessen, ein Ei, usw.), bevor es wirklich schläfrig wird und bevor es sich die Zähne putzt. Es ist ganz in Ordnung, wenn sich das Kind einen frischen Imbiss wie z. B. eine rohe Karotte oder einen Apfel mit ans Bett nimmt. Sie werden ihm vermutlich mehrere Dinge anbieten müssen, um sicher zu sein, ob es nun hungrig ist oder nicht. Sie könnten das Gleiche auch mitten in der Nacht versuchen. Der Gipfel Ihrer Kochkünste bei Sternenlicht besteht vielleicht darin, einen Apfel in Scheiben zu schneiden. Aber wenn es sich herausstellt, dass Ihr schnell wachsendes Kind vorübergehend mit einem Imbiss um zwei Uhr nachts einfach besser schläft, dann können Sie diesen schon am Tage vorbereiten, damit Sie in der Nacht etwas Fertiges zur Hand haben. Andere Kinder scheinen sich ganz im Gegensatz dazu gestört zu fühlen, wenn es in ihrem Bauch rumort, weil sie vor dem Schlafengehen etwas gegessen haben. Sie schlafen besser, wenn sie früher am Abend essen.

Gesundheitliche Probleme können ebenfalls die Ursache für nächtliches Aufwachen sein. Einige Kinder stört nachts eine verstopfte Nase, wenn sie erkältet oder Allergiker sind. Bei Ihrem Kind ist es zwar weniger wahrscheinlich als bei einem Flaschenkind, dass es Allergien hat, aber einige gestillte Babys haben dennoch im Kleinkindalter einen allergischen Schnupfen. Diese Kinder werden besser schlafen, wenn sie mit den Auslösern ihrer Allergie nicht in Berührung kommen. Wolldecken oder Federkissen stehen ganz oben auf der Liste von Materialien, die Allergien auslösen können. Konsultieren Sie auf jeden Fall Ihren Arzt, wenn die Nase längere Zeit verstopft ist und den Schlaf Ihres Kindes stört. Er wird Ihnen dabei helfen, den Grund für die verstopfte Nase herauszufinden, und Ihnen raten, was Sie tun können, damit sich Ihr Kind (und damit die ganze Familie) in der Nacht wohler fühlen.

Auch der Beginn einer Erkältung oder der Durchbruch eines neuen Zahnes könnte sich in der Nacht in Schlaflosigkeit bemerkbar machen, bevor sich andere Symptome zeigen. Viele von uns haben sich dagegen gesträubt, sich in der Nacht »ohne Grund« von unseren Kindern wecken zu lassen, später aber herausgefunden, dass die Kinder etwas »ausgebrütet« haben. Wie kalt und herzlos haben wir uns dann im Nachhinein gefühlt ... Andere Ursachen für eine ungewöhnliche Unruhe Ihres Kindes in der Nacht, die Sie mit dem Arzt abklären sollten, sind z.B. Würmer, Ohrenschmerzen oder Verstopfung. Mückenstiche können kleine (und auch große) Leute aufwecken. Es ist klug, gleich ein bewährtes Mittel gegen juckende Stiche zur Hand zu haben. Weiterhin verspüren Kinder oft nach einem aktiven Tag Beinschmerzen, die sie nur schwer einschlafen lassen oder sie aufwecken. Leichtes Massieren und eine zusätzliche Decke verschaffen in diesem Fall gewöhnlich Erleichterung. Viele Kinder wachen beim Wasserlassen oder kurz danach auf. Dies kann jedem Kind passieren, aber es ist recht häufig bei Kleinkindern, die zu früh und zu streng ans Töpfchen gewöhnt worden sind. Wenn Sie die Sauberkeitserziehung etwas lockerer angehen, wird Ihr Kind vielleicht weniger häufig in der Nacht aufwachen.

Trotz der ganzen Liste von körperlichen Ursachen, warum Kinder ihre Mütter oft aufwecken, wird doch die Mehrheit der Mütter mit Fragen zu diesem Thema hier weiterlesen, weil meistens die körperlichen Faktoren nicht die alleinige Ursache für das nächtliche Aufwachen zu sein scheinen.

Der Grund, warum die meisten Kinder in der Nacht aufwachen, besteht in ihrem noch unreifen Schlafrhythmus, der sich erst im Laufe der Zeit ändert. Ich habe trotzdem zunächst die körperlichen Faktoren besprochen, weil Ihr Kind das ständige Aufwachen in der Nacht vielleicht bereits überwunden hat, bis Sie alle möglichen Ursachen überprüft haben.

Wenn Sie nach Gründen für die Schlaflosigkeit in der Nacht suchen, denken Sie auch an mögliche Spannungen am Tage. Dabei sind es noch nicht einmal so sehr die Dinge, die bei uns selbst Spannungen erzeugen – obwohl wir diese nicht völlig außer Acht lassen sollten –, sondern die Dinge, die unseren Kindern zu schaffen machen. Jedes Kind bewältigt

Erfahrungen auf seine eigene Weise und in seinem eigenen zeitlichen Rhythmus. Ein Mehr an Aktivitäten unsererseits, besonders solche Aktivitäten, die unsere ungeteilte Aufmerksamkeit erfordern oder uns von unseren Kindern entfernen, können zur Folge haben, dass sich unsere Kinder am Tage unwohler fühlen und in der Nacht häufiger aufwachen.

Auch eine ständig übermüdete Mutter kann für ihr Kind anstrengend sein und es so unglücklich machen, dass es nachts häufiger als sonst aufwacht. Diese Situation kann zu einem Teufelskreis führen, deshalb ist es klug, bei den geringsten Anzeichen dafür eine der »Überlebenstechniken« anzuwenden, die später in diesem Kapitel erklärt werden, um mehr Ruhe zu bekommen und um aus dem Kreislauf auszubrechen.

Ich möchte jedoch in keiner Mutter eines Kindes, das in der Nacht aufwacht, Schuldgefühle wecken, indem ich ihr suggeriere, sie sei eine schreckliche Mutter, nur weil es »Spannungen« im Leben ihres Kindes gibt. Ein Kind muss lernen, mit den kleinen, alltäglichen Situationen zurechtzukommen, die anstrengend sind. Im Allgemeinen gelingt ihm dies auch sehr gut, wenn es in Ihrer Nähe Trost sucht und bei Ihnen trinkt – am Tag und in der Nacht. Es lernt, Trost zu finden in der Nähe des Menschen, den es am meisten liebt. Es taucht ein in die warme, anheimelnde Atmosphäre des Stillens und lässt es sich wieder gut gehen. Sie tun wiederum das Ihre, damit es sich wohl fühlt, wenn Sie ihm dies erleichtern. Aber Sie werden zweifellos müde dabei.

Mütter, die außer Haus arbeiten, bemerken besonders, dass ihre Kinder das Stillen in der Nacht brauchen. Viele berufstätige Mütter haben mir berichtet, wie sehr sie die Nähe und angstlösende Wirkung genießen, die das nächtliche Stillen auf Mutter und Kind ausübt, obwohl sie wirklich müde sind. Häufiges Stillen in der Nacht kann unter Umständen für Kleinkinder, deren Mütter am Tag abwesend sind, das Allerwichtigste sein.

Es gibt verschiedene Gründe, dass Kinder Angst empfinden; daher ist es unmöglich, aus den Aktivitäten einer anderen Mutter mit Sicherheit abzuleiten, was genau jetzt daran schuld ist, dass das eigene Kind mehrmals in der Nacht aufwacht. Die Mutter, deren Kleines die ganze Nacht durchschläft, ist deshalb nicht automatisch eine »bessere Mutter«; sie hat vermutlich einfach nur eines der Kinder, die nachts nicht aufwachen.

Einige Kinder scheinen sich reibungslos auf neue Situationen einzustellen. Andere sind in ihren ersten Lebensjahren so labil, dass sie fast jede Minute die Liebe und Aufmerksamkeit haben müssen, die eine 24-Stunden-Mutter geben kann, und sind trotzdem noch in der Nacht unruhig. Selbst wenn Sie sich auf den Kopf stellen, werden Sie aus einem sehr angespannten Kind keinen Menschen machen, der alles locker angeht. Aber Sie können darauf einwirken, wie viele Spannungen Ihr Kind am Abend ins Bett mitnimmt, indem Sie die Tage harmonischer gestalten.

Ich möchte jeder Mutter, die sich übermüdet durch den Tag schleppt, weil sie in der Nacht so oft gestillt hat, dringend Folgendes ans Herz legen: Vereinfachen Sie Ihren Tag, in dem Sie Situationen vermeiden, die das Kind zum ängstlichen Anklammern bringen (oder hyperaktiv machen – ein Verhalten, das auf die gleichen Angstgefühle hindeuten kann wie das schüchterne Anklammern). Neue Menschen, neue Orte, neue Aktivitäten, Vorhaben, die die Aufmerksamkeit der Eltern oder sogar der Geschwister länger als gewöhnlich fesseln, Aktivitäten, die die Trennung zwischen Mutter und Kind oder Vater und Kind vergrößern – all dies sind mögliche Ursachen für Spannungen bei Ihrem Kind.

Jedes Kind verkraftet tägliche Anforderungen in seinem Leben anders, so dass es unmöglich ist, eine Liste aufzustellen, worin steht: »Tu diese Dinge jeden Tag« und »Tu diese Dinge niemals«. Sie können es am besten einschätzen, wenn Sie das Verhalten Ihres Kindes beobachten. Halten Sie Ausschau nach ungewöhnlichen Verhaltensweisen, die auf eine Überforderung hindeuten könnten (eines meiner Kinder vermied solche Situationen, indem es sich schlafen legte), und dadurch werden Sie sicher gelegentlich Situationen ausfindig machen, die zu dem derzeitigen Zeitpunkt einfach zu viel für Ihr Kind sind.

Es gibt jedoch eine Art von Spannung, die Sie gar nicht beseitigen wollen, selbst wenn Sie es könnten, und zwar resultiert sie aus dem Eifer Ihres Kindes, neue Dinge in Angriff zu nehmen. Wenn Ihr Kind laufen lernen will, mit Leuten außerhalb der eigentlichen Familie spricht, einen Käfer untersucht, seine Schuhe selbst zubindet, alleine auf die Toilette geht, die Schule besucht usw., so will es alle ehrgeizigen Ziele erreichen, die sich jedes Kind setzt. Wenn aber Ihr Kind selbst bestrebt ist, noch mehr zu leisten, dann wird die Intensität seiner Angst steigen, und es braucht mehr Bemutterung, die ihm dabei hilft, seine Gefühle zu bewältigen. Eine bekannte La-Leche-Liga-Beraterin beschrieb diesen Wechsel zwischen selbst auferlegter Spannung und der Suche nach Trost als die »Jo-Jo-Theorie«: Je weiter sich die Kinder in ihrem Streben nach Unabhängigkeit hinauswagen, desto mehr müssen sie wieder in die Babywelt zurückkehren, um sich zu vergewissern, dass alles in Ordnung ist. Sowohl das »Sichhinauswagen« als auch das Zurückkommen sind notwendig, um erwachsen zu werden und fortzugehen. Und wie bei einem Jo-Jo wird ihr Zurückkommen mit der Zeit seltener und verliert an Dringlichkeit.

Überlebensstrategien, wenn das nächtliche Stillen notwendig ist

Das Zaubermittel, um die aktiven, unberechenbaren Vorschuljahre zu überleben, ist Faulheit – jawohl, Faulheit, zusammen mit der Fähigkeit, die Müdigkeit von Zeit zu Zeit als Teil unseres Lebens anzusehen. Ich weiß sehr wohl, dass allein das, was Sie tun, um Ihr Kleinkind davon abzuhalten, Waschpulver in das Aquarium zu schütten oder Bilderbücher in den Toaster zu stecken, kaum etwas mit Faulheit zu tun hat. Aber die meisten von uns träumen von glänzenden Fußböden (ohne den »Grauschleier« aus der Werbung), Küchen, die so sauber riechen, wie sie aussehen, und einem klinisch sauberen Waschbecken im Badezimmer. Wenn wir nicht die Sauberkeitsnormen unserer Mütter (oder Schwiegermütter) und der Hausfrauen in der Fernsehwerbung erfüllen, fühlen wir uns unfähig und faul. Nun, meiner Meinung nach sind Sie alles andere als unfähig, wenn Sie die Zeit mit Ihrem Kind genießen und wenn ein glückliches Nehmen und Geben zwischen seinen und Ihren Wünschen besteht. Wenn Ihnen der Tag keine Zeit oder Energie übrig lässt, um die Betten zu machen, dann haben Sie vielleicht das Gefühl, faul gewesen zu sein. Sie sind aber überhaupt nicht faul gewesen; wenn Sie jedoch so wie ich geartet sind, sagen Sie lieber, Sie waren faul, als dass Sie erklären, was Sie tatsächlich alles gemacht haben.

Das effektivste Faulenzen bei zu kurzer Nachtruhe besteht darin, sich am Tage hinzulegen. Sie können in der Regel etwas Zeit finden, wenn Sie sich mit Ihrem Kind hinlegen und es in den Schlaf stillen. Das ist eine wunderbare Gelegenheit für Sie beide, sich auszuruhen. Wenn Sie in der Nacht geweckt worden sind, vergeuden Sie nicht die Schlafenszeit Ihres Kindes, um voller Schuldgefühle liegen gebliebene Arbeit aufzuarbeiten. Ich wiederhole mich vielleicht, aber nur, weil wir Frauen starrköpfig sind, wenn es darum geht zu lernen, wie wir uns schonen können: einfach faul sein! Legen Sie sich neben Ihr Kind und genießen Sie die warme, ruhige Zeit. Oder nicken Sie langsam ein ... Wichtige Arbeiten werden Sie mit Sicherheit noch später erledigen und Ihr Kind wird Ihnen dabei gerne helfen. Ich habe aus Erfahrung gelernt, dass es nicht schwieriger ist, einen Kühlschrank nach acht Monaten anstatt nach einem Monat sauber zu machen, ganz gleich, was »man« sagt. Machen Sie sich deswegen also keine Sorgen. Wenn es sein muss, dann können diese Dinge warten.

Wenn Sie feststellen, dass Sie häufig schon erschöpft sind, während Ihr Kind noch ganz energiegeladen ist, oder wenn Sie – nicht aber Ihr

Kind – eine Runde Schlaf brauchen, dann ist es Zeit, ein sicheres, nettes, verschließbares Zimmer einzurichten, wo Sie sich hinlegen und einnicken können, ohne Angst zu haben, dass Ihr Kind sich selbst oder Ihnen wehtut. Sie müssten ein Schloss anbringen, das Ihr Kind nicht öffnen kann – vielleicht ganz oben innen am Türrahmen. In dem Zimmer sollte es interessante Bücher und Spielzeug geben – Dinge, die Ihr Kind mag und die Sie nicht verletzen können, wenn es sie Ihnen auf den Kopf fallen lässt, während Sie schlafen. Steckdosen müssen gesichert werden, und Stecker (von Uhrenradios beispielsweise), die in den Steckdosen stecken, sollten für das Kind unerreichbar sein. Es sollten keine elektrischen Geräte in dem Zimmer herumstehen, an denen das Kind ausprobieren kann, wie sie funktionieren; auch keine Plastikbeutel, Medikamente, Putzmittel – nichts Gefährliches. Außerdem sollte auch nichts Zerbrechliches und so Wertvolles darin sein, dass Sie deswegen Angst haben müssten.

Am besten könnte das »kindersichere« Zimmer das Spiel- oder Schlafzimmer des Kindes sein oder aber Sie ziehen es vor, Ihr eigenes Schlafzimmer so herzurichten, dass es für Sie und Ihr Kind sicher ist. In diesem Zimmer können Sie sich unbesorgt hinlegen, da Sie nicht ständig die Wissbegierde Ihres Kindes mit Adleraugen überwachen müssen. Sie könnten sogar einschlafen, wenn Ihr Kleines sich mit etwas im Zimmer eine Zeit lang intensiv beschäftigt. Sich selbst einfach nur dazulegen, während es bei Ihnen trinkt, Ihre Augenlider hochschiebt, mit Ihren Fingern spielt und was die Kinder sonst noch so machen, wenn sie ihren Spaß am Körper der Mutter haben – einfach nur dazulegen ist erfrischender, als man glauben möchte. Wenn Ihre Tochter vom Stillen genug hat, rollen Sie sich auf den Bauch, und sie wird Ihnen vermutlich eine »Massage für arme Leute«, wie es eine Mutter genannt hat, verabreichen, indem sie auf Ihnen herumklettert.

Wenn Sie in der Nacht viel auf sind, kann jemand anderes Sie auch entlasten, bei dem sich Ihr Kind wohl fühlt. Vielleicht wird Papa das Kleine eine Weile am Abend unterhalten, so dass Sie ein bisschen schlafen oder ganz in Ruhe ein Bad nehmen können. Einige Mütter gehen zeitweilig mit dem Kind früh zu Bett; gewöhnlich sind sie mit ihren Partnern übereingekommen, dass diese ihre Frauen später am Abend aufwecken dürfen, um sich noch ein wenig miteinander zu unterhalten.

Eine andere große Hilfe kann ein verantwortungsvolles älteres Kind sein – Ihr eigenes oder das vom Nachbarn –, das bereit ist, mit Ihrem Kleinen zu spielen, während Sie ein Nickerchen machen. Da Sie ja auch im Haus sind, kommt sogar schon ein aufgeweckter Zehnjähriger in Frage (überdies wird ein Kind in diesem Alter vermutlich nicht den aktuellen Stundenlohn für Babysitter verlangen). Seien Sie auf alle Fälle erfindungsreich und klug. Man kann überleben, ohne dass Ihr Kind etwas entbehren müsste.

Nächtliche Stillzeiten, die man überspringen kann

Viele Kinder brauchen bis weit ins Vorschulalter hinein viel Aufmerksamkeit in der Nacht. Andere lassen während der Monate bzw. Jahre der Stillzeit erst ein, dann ein zweites nächtliches Trinken aus, indem sie immer längere Zeit an einem Stück schlafen. Manchmal ist es möglich, die Entwicklung hin zu längeren Schlafperioden ein wenig zu beschleunigen, indem man behutsam das Stillen umgeht, wenn man spürt, dass das Kind sehr schläfrig ist und nicht wirklich aufs Stillen versessen ist. Sie können sich in diesem Fall auf den Bauch rollen und beobachten, ob das halbherzige Wimmern und Getrommel allmählich übergeht in das gleichmäßige Atmen eines Schlafenden oder ob es an Intensität zunimmt. Oder Sie können den Papa oder ein älteres Geschwisterchen dazu bewegen, das Kind mit Streicheln oder Wiegen wieder zum Schlafen zu bringen. Wenn Sie sich verschätzt haben und Ihr Kind ein starkes Bedürfnis nach dem Stillen verspürt, ist das auch kein Schaden. Es ist imstande, Ihnen klarzumachen, was es braucht, und wird damit auch nicht hinter dem Berge halten.

Was ich überhaupt nicht gutheiße, um das Aufwachen und Stillen zur Nachtzeit abzustellen, ist, das Kind »einfach schreien zu lassen«. Dadurch kann es zwar sehr wirkungsvoll lernen, seine Eltern nicht aufzuwecken, aber meistens handelt man sich damit ein, dass sich das Kind in der Nacht nie mehr geborgen fühlt. Sie könnten so tun, als ob Sie auf dem Bauch liegend fest schlafen, während Sie feststellen, ob das Kind neben Ihnen wirklich wach ist und gestillt werden will. Oder Sie könnten weiterdösen, während einer Ihrer »Helfer« versucht, es wieder zum Schlafen zu bringen. In beiden Fällen lassen Sie Ihr Kind nicht allein in einem Zimmer im Stich, um »es schreien zu lassen«. Stattdessen ist jemand bei ihm, der ihm hilft, sich zu entspannen und wieder einzuschlafen, oder der es Ihnen mitteilt, falls dieses Mal das Stillen durch nichts zu ersetzen ist. Sich um ängstliche, schlaflose Kinder in der Nacht zu kümmern, kann ermüdend sein, und wir alle sind deswegen gelegentlich ärgerlich. Aber eine Mischung aus Flexibilität und kreativer Faulheit hilft uns, diese Nächte und die darauf folgenden Tage zu überleben. Wenn wir unseren Kindern in der Nacht ein Gefühl von Sicherheit und Geborgenheit geben, tragen wir dazu bei, dass sie ihr Leben lang gut schlafen; es ist ein Ziel, für das es sich lohnt, dass wir jetzt so müde sind. Halten Sie durch; diese nächtlichen Bedürfnisse werden nicht ewig so dringlich bleiben.

Die Vereinbarung »kein Stillen vor Tagesanbruch«

Es gibt einige sehr verständige Kinder, die imstande sind, mit ihrer Mutter die Vereinbarung zu treffen, dass sie erst nach dem Stillen fragen dürfen, wenn es draußen hell wird. Dann kommen sie begierig angestürzt, bereit für ein langes Schmuse- und Stillstündchen am Morgen. Die meisten Mütter, die so ein Abkommen vorschlagen, ernten entweder Protest oder verständnisloses Erstaunen von ihren Jüngsten. Aber gelegentlich findet ein Kind diesen Vorschlag akzeptabel und die Mutter kommt dabei zu etwas mehr Schlaf. Ein weiterer kleiner Nebeneffekt ist das drollige Frohlocken, mit dem es in die Arme der Mutter fliegt, in der Regel bei dem ersten hellen Schimmer am Morgen. Eine interessante Variante dieses Abkommens ist die Vereinbarung »kein Stillen bis zur Dämmerung«. Eine Mutter konnte den Druck ihrer Mitmenschen auf sie verringern, indem sie ihr Kind überzeugte, nur am Abend und in der Nacht an der Brust zu trinken. Solange sich das Kind wohl fühlt und auch sonst keine Anzeichen von Schwierigkeiten zeigt, sollte es mit solch einer Regelung keine Probleme geben. Bedenken Sie aber, dass ein Vorschulkind noch nicht reif ist, um etwas so zwingend Notwendiges wie das Stillen langfristig vorauszuplanen. Die Vereinbarung könnte eine Zeit lang in Ordnung sein; wenn das Kind aber eine neue Entwicklungsstufe erreicht oder eine schwierige Zeit durchmacht, muss das Abkommen eventuell neu verhandelt werden.

Langes Stillen im Bett

So oft nehmen wir ein ungenießbares Kind ins Bett und legen uns hin, um es zu stillen, damit es einschläft – und dann liegen wir da. Manchmal macht es uns wirklich wütend, »gefangen« zu sein, wenn wir so viel lieber das täten, was Erwachsene gerne am Abend machen. Ich möchte schnell hinzufügen, dass viele Familien natürlich auch das lange Stillen beim Ins-Bett-Bringen ihrer Kinder genießen. Es ist für Ihr Kind sicherlich eine sehr friedliche Art und Weise einzuschlafen. Manche Mutter nickt dabei selbst kurz ein und fühlt sich hinterher erfrischt für ihre eigenen Aktivitäten. Gelegentlich bringt umgekehrt sogar das Kind die

Mutter zum Schlafen. Wie in einer kleinen Familienkomödie kann es das Kind sein, das wieder im Wohnzimmer erscheint und dann mit dem Papa zusammen die Mutter damit aufzieht, wer nun eigentlich wen ins Bett gebracht hat. Spaß beiseite – wenn Sie mit dem langen Stillen im Bett glücklich sind, dann ändern Sie lieber nichts daran, da dieses Stillen Ihnen nur Vorteile bringt.

Wenn Sie jedoch nicht sonderlich begeistert davon sind, dass sich das Stillen zur Abendzeit so lange hinzieht, könnten Sie sich folgende Fragen stellen. Zunächst einmal: Ist Ihr Kind wirklich müde? Wacht Ihr Kind, das abends so schwer ins Bett zu bringen ist, morgens sehr früh auf oder wacht es häufig in der Nacht auf? Vorschulkinder brauchen viel weniger Schlaf, als die meisten Leute es gerne hätten. Quengeliges, »müdes« Verhalten am Abend kann neben der Müdigkeit viele Ursachen haben: Zunächst fällt mir dabei ein, dass wir Erwachsenen abends müde sind und uns mit unseren eigenen Dingen beschäftigen, bei denen Kinder fehl am Platz sind. Wir verhalten uns weniger unterhaltsam für das Kind als am Tag. Ihr Kind hat es vielleicht lieber, wenn Sie die Wäsche sortieren und dabei mit ihm sprechen, als wenn Sie fernsehen oder Briefe schreiben.

Es kann auch sein, dass unsere Kinder, so wie wir, eine ganze Weile vor dem Einschlafen müde und etwas gereizt werden. Manchmal saugen sie ein bisschen, nicken einmal kurz ein und sind dann (oh Schreck!) fast eine weitere Stunde wieder fit – genau wie wir Erwachsene es manchmal am Abend sind.

Eine Möglichkeit, um die Probleme am Abend anzugehen, ist es, bei Vorschulkindern nicht mehr daran zu denken, wann sie ins Bett gehen sollen. Schulkinder sind schon in einen geregelten Tagesablauf eingebunden und müssen zu einer bestimmten Zeit ins Bett gehen; außerdem scheinen sie mehr Schlaf als die Jüngeren zu brauchen. Die Kleinen aber können jederzeit eindösen – die ganz Kleinen bäuchlings auf Papas Knien, die Größeren neben dem Papa oder in Mamas Armen, nachdem sie mehr oder weniger den ganzen Abend lang gestillt worden sind, im Lehnstuhl vor dem Fernseher oder wo auch immer sie sich zusammenrollen und plötzlich eingeschlafen sind. Ganz gleich, wie heilig uns Müttern die Schlafenszeit unserer Kinder seit jeher erschienen ist, sie ist in der Praxis oftmals eine Ursache für Spannungen, die man sehr einfach abschaffen kann – auf jeden Fall bei den Kleinkindern.

Der mögliche Nachteil, wenn man die Kinder nicht zu einer bestimmten Zeit ins Bett legt, liegt darin, dass in vielen Familien die Kinder den Erwachsenen fast den ganzen Abend Gesellschaft leisten werden. Es ist aber durchaus möglich, obwohl dies kaum jemand mehr glaubt, schöne Abende zusammen mit den Kindern zu erleben. In einer Familie mit mehreren Kindern ist dies manchmal die einzige Zeit, in der sich der Papa ungestört von den älteren Kindern mit den Jüngsten vergnügen kann, nachdem die Schulkinder im Bett sind. Und manchmal ist es möglich, das Glas Wein am Abend zu zweit für ein paar Monate oder Jahre gegen ein Frühstück ohne Kinder einzutauschen.

Wenn jedoch ein Paar feststellt, dass seine gemeinsame Zeit am Abend unersetzlich ist, dann ist es in diesen Familien sicher klüger, die Kinder ins Bett zu bringen – zumindest einige Zeit, bevor die Erwachsenen zu Bett gehen. Dies könnte bedeuten, dass man lernen muss, ein langes abendliches Stillen zu genießen.

Möglicherweise entsteht in Ihnen ein Gefühl des »Eingesperrtseins«, weil Sie am Abend nicht ausgehen können, da Ihr Kind unleidlich wird und das Stillen zum Einschlafen braucht und das ganz bestimmt auch noch zu Hause im Bett. Dennoch stehen Ihnen einige gute Möglichkeiten offen. Erst einmal können Sie einfach nur abwarten. Ihr Kind wird über das Alter hinauswachsen, wo es vor dem Einschlafen gestillt werden muss, wenn Sie am Abend weg sind. Solange die Kinder zufrieden mit ihrer Betreuungsperson sind, vor allem mit dem Papa, lernen sie schon recht früh einzuschlafen, wenn sie gewiegt oder getragen werden oder einfach nur neben ihm sitzen, während er liest oder fernsieht. Ein entspannendes Bad und eine Gutenachtgeschichte können auch Wunder wirken. Viele Kinder wollen nicht ungestillt ins Bett gehen, aber die meisten schlafen ein, solange sie in der Nähe von Papa oder einem vertrauten Babysitter sein können.

Wenn sich Ihr Kind nur in Ihren Armen so geborgen fühlt, dass es einschläft, so haben Sie Geduld. Es wird sicher nicht lange dauern, bis es dies nicht mehr braucht.

Um mit dem abendlichen Stillen (oder mit dem Kleinkind, das sehr lange aufbleibt) zurechtzukommen, könnten Sie vielleicht Ihre Aktivitäten so abändern, dass sie mit dem Zeitplan Ihres Kindes zu vereinbaren sind. Es gibt viele Gelegenheiten – Freunde besuchen oder auswärts essen etwa –, zu denen Sie Ihr hellwaches Kind mitnehmen können. Wenn Ihr Kind Sie andererseits zu Hause braucht, um von Ihnen am frühen Abend vor dem Schlafen gestillt zu werden, dann könnten Sie es so einrichten, dass Sie erst weggehen oder Besuch empfangen, wenn es eingeschlafen ist. Wie auch immer die Lösung aussehen mag – sie ist gewiss nicht als Dauerzustand anzusehen. Es sind nur vorübergehende Veränderungen, um das Leben mit Freunden und Bekannten leichter zu machen. Außerdem verschaffen Ihnen diese Änderungen die Gelegenheit, mit unterschiedlichen Lebensstilen zu experimentieren. Wie läuft eine Cocktailparty mit einem Zweijährigen unter den Gästen ab? Wie wäre es mit einem gemütlichen Abendessen nach acht Uhr in einem Feinschmeckerrestaurant – oder aber in einer Pizzeria mit Kind? Es gibt unzählig viele Möglichkeiten, wenn Sie Ihre Phantasie spielen lassen; ohne die Bedürfnisse Ihres Kindes beim Schlafengehen hätten Sie nie darüber nachgedacht. Dinge, die Sie jetzt nicht tun können, werden bald wieder selbstverständlich sein. Die Zeit, in der Ihr Kleines Sie so sehr am Abend braucht, ist sehr kurz. Verglichen mit der Länge Ihres Lebens, ist es kaum ein Augenblick.

Viele Familien – auch meine eigene – haben das Problem, dass sich die Mutter beim abendlichen Stillen gefangen vorkommt, so gelöst: Der Papa bringt den Jüngsten ins Bett. Dadurch wird einmal die Mutter entlastet, die so wie ich sehr ungeduldig während des Stillens vor dem Schlafenlegen ist. Das ist jedoch nicht der einzige Grund, warum etlichen Familien dies zur Gewohnheit geworden ist. Viele Väter genießen diese besondere Stunde der Zärtlichkeit und Nähe mit ihrem Jüngsten.

Diese Art von Regelung kann bereits im Babyalter beginnen, wenn der Papa das Baby am Abend herumträgt, bis es gestillt werden möchte. Die Mama stillt es und gibt es dann dem Papa zurück, und so geht es hin und her, bis das Baby tief eingeschlafen ist. Mit der Zeit wird das Stillen immer kürzer und das Kuscheln mit dem Papa immer länger dauern, bis zu dem Tag, an dem es reibungslos einschläft, wenn Sie ganz passend gerade anderswo im Hause beschäftigt sind.

Dieses Ritual, um einem Kind das Einschlafen zu erleichtern, ist nicht so beliebt wie das des In-den-Schlaf-Stillens, aber es ist für viele Familien sicherlich eine vernünftige Alternative. Insbesondere dann, wenn Sie noch andere Kinder haben, die auch vor dem Schlafengehen Bedürfnisse anmelden, ist es besonders hilfreich, wenn der Vater das Jüngste ins Bett bringt. Es gibt eine Vielzahl von Alternativen bei dem Versuch, die Bedürfnisse der Eltern und die der Kinder so in Einklang zu bringen, dass sich jeder dabei wohl fühlt. Es gibt weder Regeln darüber, wann ein kleines Kind ins Bett muss oder wie das ablaufen sollte, noch von wem es ins Bett gebracht werden soll. Deshalb steht es Ihnen ganz frei, etwas Neues auszuprobieren. Passen Sie das Schlafengehen an die Bedürfnisse und Möglichkeiten Ihrer Familie an und nicht an das, was in der Nachbarschaft als akzeptabel gilt.

Kapitel 8

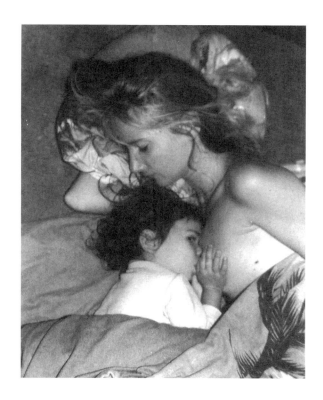

Besondere Umstände

Außer Haus arbeiten oder studieren

Wenn Sie irgendeine Verpflichtung haben (Berufstätigkeit, Ausbildung usw.), die Sie von Ihrem Baby in seinem ersten Jahr für bestimmte Zeiten trennt, gestaltet sich das Stillen möglicherweise schwierig. Eine Mutter, deren Freunde wie so viele andere Leute nicht begreifen konnten, wie sie überhaupt ein Baby stillen und gleichzeitig berufstätig sein konnte, antwortete:»Natürlich geht das nicht. Ich warte damit, bis ich wieder zu Hause bin.« Aber es geht in den ersten Monaten natürlich um mehr als nur um das Stillen und Arbeiten.

Zunächst müssen Sie die Schwierigkeit meistern, Ihre Milchproduktion während der Säuglingszeit Ihres Kindes aufrechtzuerhalten. Vielleicht haben Sie aber auch Ihre Arbeit oder die Ausbildung erst aufgenommen, als Ihr Kind kein Kleinkind mehr war. Eine dritte Möglichkeit, die den Frauen immer mehr zur Wahl steht, ist es, das Baby mit zur Arbeit oder zum Unterricht zu nehmen, bis es so neugierig und beweglich geworden ist, dass es dort nicht mehr sicher ist oder akzeptiert wird. Alle diese Umstände dürften für das Stillen nur solche Schwierigkeiten mit sich bringen, mit denen auch jede andere Mutter mit einem gleichaltrigen Kind vermutlich zu kämpfen hat. Das Muttersein an sich ist es, was nicht einfach für Sie sein wird.

Offensichtlich ist es heutzutage fast schon ein Tabu, darüber zu reden, dass Kinder besonders in den ersten drei Jahren wahrscheinlich angstfreier aufwachsen, wenn sie mit ihren Müttern zusammen sein können. Wer über die Nachteile spricht, die eine Trennung von Mutter und Säugling oder Mutter und Kleinkind mit sich bringen, weckt angeblich leicht Schuldgefühle bei den Müttern, die sich von ihren kleinen Kindern trennen müssen – so wie bis vor kurzem angenommen wurde, dass das Reden über die Nachteile von Fertigmilch bei nicht stillenden Müttern Gewissensbisse erzeugt.

Ich habe jedoch den Eindruck, dass sich nicht jene Mutter schuldig fühlt, die zu den extrem seltenen Frauen gehört, die tatsächlich nicht stillen können. Ebenso wenig wird die Mutter tiefe Schuldgefühle empfinden, die aus einer Vielzahl von anderen zwingenden Gründen nicht mit ihrem Kind zusammen sein kann – vielleicht Enttäuschung und Bedauern, aber kein Schuldgefühl. Diese Mütter müssen sich dem stellen, was wir alle irgendwann einmal bewältigen müssen, nämlich unsere Kinder unter nicht gerade idealen Umständen, so gut es geht, großzuziehen. Auch die Mutter, die regelmäßig von ihrem Kind getrennt ist, ist dennoch wie jede andere Mutter in der Lage, in dieser unvollkommenen

Welt das Allerbeste für ihr Kind zu tun, so gut es ihr die Gegebenheiten eben erlauben.

Wenn wir uns allerdings freiwillig auf einen Lebensstil einlassen, der nicht besonders gut für unsere Kinder ist, kommen – zu Recht – echte Schuldgefühle auf. Und es ist auch gut möglich, dass sich die negativen Langzeitfolgen einer verfrühten Trennung am ehesten dann zeigen, wenn sich eine Mutter dazu entschließt, ihr Kind allein zu lassen, das eigentlich noch zu jung ist, um ohne sie zurechtzukommen. Kinder spüren nämlich aufgrund des Verhaltens ihrer Mutter sehr früh, dass ein Unterschied darin besteht, aus zwingenden oder aus vorgeschobenen Gründen allein gelassen zu werden.

Natürlich gibt es zwingende Umstände, die eine im Grunde zu lange und zu frühe Trennung von der Mutter nötig werden lassen. Eine Mutter in dieser Lage versucht eben ihr Bestes. Sie sollte daher mit sich selbst im Reinen und in einer möglichst guten seelischen Verfassung sein, um gegen alle Schwierigkeiten gewappnet zu sein, die sie aufgrund der häufigen Trennung auftauchen sieht. »Deine Berufstätigkeit als solche wird deinen Kindern nicht schaden«, sagt Alice Skelsey, »aber sie ist ein zusätzlicher Faktor im Zusammenspiel aller Beziehungen innerhalb deiner Familie. Du musst die Wirkungen dieses Faktors sehr genau beobachten.«

Eine annehmbare Alternative wäre es z. B., einen Kredit aufzunehmen, sich für zu Hause eine Arbeit zu suchen oder sich mit einem niedrigeren Lebensstandard zu begnügen, usw. Auf diese Weise könnte eine Trennung vom Kind vermieden werden. Falls die Mutter sich dennoch für eine Berufstätigkeit entscheidet, wird sie möglicherweise eher von Schuldgefühlen in ihrer Mutterrolle geplagt werden. Schuldgefühle verstärken oft noch zusätzlich alle Arten von trennungsbedingten Schwierigkeiten. Vieles, was wir heutzutage über die Trennung von Müttern und sehr jungen Kindern lesen, ist sehr irreführend. In dem an sich lobenswerten Versuch, stereotype Frauenbilder zu überwinden, sind viele Autoren zu weit gegangen. Sie haben die breite Unterstützung für die Mütter untergraben, die lieber selbst die allererste Verantwortung für ihre Kinder übernehmen (Cardozo).

Schlimmer noch: Es wird heute viel zu leichtfertig behauptet, dass Familien genauso gut mit einer Mutter auf Zeit wie mit der leiblichen Mutter funktionieren – so wie man vor ein paar Jahren davon überzeugt war, dass Fertignahrung genauso gut für Babys sei wie Muttermilch. Die Wahrheit ist, dass weder die Muttermilch noch die Mutter selbst reproduziert werden können.

Zu Beginn seiner beruflichen Laufbahn stellte John Bowlby fest, »dass der Hunger eines kleinen Kindes nach der Liebe und Gegenwart seiner Mutter genauso groß ist wie sein Hunger nach Nahrung und dass folglich ihre Abwesenheit unweigerlich ein starkes Angstgefühl hervorruft«. Seine nachfolgenden Studien haben dazu beigetragen, die Gültigkeit dieser These zu untermauern.

Eine Trennung in den ersten Jahren kann eine tief greifende Bedeutung für Mutter und Kind haben und sollte nur vollzogen oder empfohlen werden, wenn die äußeren Umstände es zwingend notwendig machen. Wenn jedoch die Trennung von einem Baby oder Kleinkind nicht zu umgehen ist, dann gibt es Möglichkeiten, um die von Dr. Bowlby erwähnten Verlust- und Wutgefühle abzumildern.

Zunächst einmal sollten Sie die Trennung auf ein Minimum beschränken. Verschieben Sie die Trennung so lange wie möglich und seien Sie dann nur so wenige Stunden außer Haus, wie Sie es einrichten können. Versuchen Sie, Ihr Kind möglichst nahe bei sich zu haben, so dass Sie z. B. beim Mittagessen oder in einer Pause zusammen sein können. Wenn Sie morgens und abends einen langen Anfahrtsweg zur Arbeit haben und Ihr Kind gerne im Autositz mit Ihnen fährt, dann wird es Ihnen beiden gut tun, zu diesen Zeiten zusammen zu sein.

Eine große Schwierigkeit im Leben mit einem kleinen Kind besteht darin, dass wir versuchen, neben unserer Arbeit und der Aufgabe, sich um das Kind zu kümmern, zu viel zusätzlich zu erledigen. Dies trifft auf uns alle zu, ob wir nun von unserem Kind getrennt sind oder nicht. Ein Kind mit zwei oder drei Jahren verlangt sehr viel Aufmerksamkeit. Diese prall gefüllten Jahre des raschen Wachstums sind Zeiten, in denen wir alle anderen Aufgaben auf ein Minimum beschränken sollten, um unseren Kindern wirklich gute Eltern zu sein.

Wenn eine regelmäßige Trennung notwendig ist, dann sollte die Arbeit außer Haus wirklich die einzige andere Aufgabe sein außer der des Mutterseins. Sie werden vielleicht gelegentlich Zeit finden, um andere Dinge zu tun, aber Sie sollten klug genug sein, keine zusätzlichen Verpflichtungen einzugehen oder Zeit für andere Dinge einzuplanen.

So wird es an manchen Tagen sogar fast unmöglich sein, Zeit für sich selbst zu finden. Wenn Sie nach einem langen Tag nach Hause kommen, versuchen Sie, möglichst viel Zeit mit Ihrem Kind zu verbringen. Sie könnten sich vielleicht mit Ihrem Kind zusammen hinlegen. Oder vielleicht wird es zu Ihnen in die Wanne steigen, wenn Sie sich bei einem heißen Bad entspannen. Sie könnten sich verschiedene Dinge ausdenken, die erholsam sind und bei denen Sie von der Arbeitswelt auf

Ihr Leben als Mutter und Hausfrau umschalten können, ohne Ihr Kind auszuschließen.

Wenn wir Aufgaben außer Haus übernehmen, begehen wir Frauen oft den gravierenden Fehler zu versuchen, uns diese Aufgabe noch zusätzlich zu den häuslichen Arbeiten aufzuladen. Viele Frauen versuchen, acht Stunden am Tag zu arbeiten und dann zu Hause noch die ganze Kocherei, Putzerei und die Wäsche zu bewältigen. Wenige von uns haben so viel Energie übrig. Wenn wir zu dieser Situation noch ein Zweijähriges dazutun, wird das Ganze unmöglich.

Viele Kinder, deren Mütter mehrere Stunden täglich fort sind, wachen mehrmals in der Nacht auf, um der Mutter nahe zu sein oder um gestillt zu werden. Mütter, die zwei Berufe ausüben, den Beruf als Mutter und ihren anderen Beruf, sollten erkennen, wie wichtig dieses nächtliche Zusammensein ist. Ein Baby oder Kleinkind, das täglich von seiner Mutter getrennt ist, braucht meist die Nähe und verbringt deshalb die Nacht im Bett der Eltern. Allerdings ist es sicher belastend, nachts mit Ihrem Kind wach oder halb wach dazuliegen, es sei denn, Sie könnten früher ins Bett gehen oder sich auf andere Weise zusätzlich ausruhen. Die Tatsache, dass Sie in Ihrem Beruf als Mutter eventuell Nachtschichten einlegen müssen, ist einer der vielen Gründe, weshalb Sie sich besonders schonen sollten. Viele Dinge, die Sie früher getan haben, sind jetzt zu viel. (Eigentlich sollte keine Mutter eines Zwei- oder Dreijährigen erwarten, dass sie außer ein großartiges Kind großzuziehen, noch andere großartige Dinge vollbringt.) Es wäre gut, sich innerlich darauf einzustellen, viel Hilfe bei der Hausarbeit zu brauchen oder aber einfach so viel wie möglich davon liegen zu lassen.

Sie verfügen nur über eine begrenzte Zeit und Energie. Darum sollten Sie sich Prioritäten setzen und sie von oben nach unten abarbeiten. Selbst an Tagen, an denen Ihr Partner einen Berg Wäsche eingesammelt hat und das Abendessen, das Sie im Backofen aufwärmen, aus Resten vom Vortag besteht, brauchen Sie sich durchaus nicht als schlechte Hausfrau zu fühlen. Ihr Kind braucht Ihre Aufmerksamkeit viel mehr als ein sauberes Haus oder Feinschmeckermenüs. Es interessiert Ihr Kind auch nicht, ob seine Kleider ordentlich zusammengelegt oder aus einem Korb mit Wäsche herausgefischt sind, die vorgestern gewaschen worden ist. Aber es würde ihm viel ausmachen, wenn Sie nur noch herumschreien und völlig erschöpft sind. Deshalb halten Sie sich besser an die wichtigen Dinge.

Zweifellos wird sich das Pensum dessen, was Sie erledigen können, von Zeit zu Zeit ändern. Es gibt für eine berufstätige Mutter genau wie für jede andere auch Tage, an denen das Kind gerne im Haus mithilft, in der Nacht gut schläft und das ganze Leben einfach aussieht. Dann können die Mutter und ihr Kleines ihre Zeit damit verbringen, gemeinsam etwas zu tun, was gerade als wichtig erscheint; sei es nun, dass sie gemeinsam putzen, nähen oder einen Spaziergang machen.

Zu anderen Zeiten kann das Kind keinen Moment lang auf die Aufmerksamkeit seiner Mutter verzichten, und dann muss es die Familie so einrichten, dass sie trotzdem weiterfunktionieren kann, während die Mutter ausschließlich mit ihren zwei Berufen beschäftigt ist. Manchmal stellt sich heraus, dass aufgrund einer Krise, einer Krankheit oder der kindlichen Wesensart das Bedürfnis des Kindes nach seiner Mutter zu groß ist, als dass es auf sie verzichten könnte. Dann ist es notwendig, Mittel und Wege zu suchen, nicht nur die Hausarbeit, sondern auch die Berufstätigkeit den Bedürfnissen des Kindes anzupassen.

Ein Vorschulkind zu stillen, wenn man außer Haus arbeitet, ist nicht schwierig. Es ist vielmehr ein großes Vergnügen, denn es bedeutet z.B. eine warme und intensive Begrüßung zwischen Mutter und Kind nach der Trennung. Die Schwierigkeiten einer Mutter mit einer Berufstätigkeit kommen eher daher, dass sie sich zum einen an die starr festgelegte Welt der Erwachsenen anpassen muss, andererseits muss sie genügend Flexibilität haben, um ein schnell wachsendes und sich veränderndes kleines Kind zu versorgen.

Viele Mütter, die von ihren Kindern getrennt sind, schätzen deshalb das Stillen sehr. Sie setzen es ein, um dadurch die Intimität und enge Verbindung mit ihren Kleinen zu bewahren. So schaffen sie für die Gegenwart wie die Zukunft eine warmherzige und gesunde Familienatmosphäre.

Aber selbst das Stillen kann keine absolute Sicherheit für das Baby oder das sehr kleine Kind vor den Risiken einer Trennung von der Mutter bieten. Deshalb sollten sich stillende Mütter, wie überhaupt alle Mütter, sehr gründlich überlegen, ob sie sich für eine regelmäßige, häufige Verpflichtung entscheiden, die sie von einem sehr kleinen Kind trennt.

Zwillinge

Mütter, die Zwillinge stillen, erleben ganz ähnliche Freuden und Schwierigkeiten, wenn ihre Kleinen älter werden, wie die Mütter, die nur ein Kind stillen. Es ist manchmal zwar etwas kompliziert, wenn beide Babys gleichzeitig das Bedürfnis haben, an der Brust zu trinken, und dabei hochgehoben und angelegt werden müssen. Aber das ist vorbei, sobald sie Kleinkinder geworden sind, die auf den Schoß der Mutter klettern können und sich selbst die richtige Stillposition suchen. Für diese Kinder ist es auch deshalb so besonders wichtig, so lange gestillt zu werden, wie sie es brauchen, da Zwillinge in den Köpfen der Menschen leicht miteinander verschmelzen und oft genug als eine einzige Person behandelt werden. Das Stillen kann für jeden der Zwillinge von großer Wichtigkeit in seiner Beziehung zur Mutter sein. Natürliches Abstillen gibt jedem Kind die Möglichkeit, seine eigenen Bedürfnisse auszudrücken und sie für sich allein erfüllt zu bekommen.

Manchmal stillen sich Zwillinge etwa zur gleichen Zeit ab. Es kann sich aber auch der eine Zwilling lange vor dem anderen abstillen. Sie stillen sich nicht zwangsläufig wie eine Einheit gleichzeitig ab, genauso wenig, wie sie als eine Einheit atmen. Wie auch sonst beim Stillen von Geschwisterkindern sollten Sie Ihre Stillbeziehung mit jedem einzelnen Zwilling als einzigartig betrachten und sich dabei nicht durch das Stillen des anderen Kindes beeinflussen lassen.

Ihr Adoptivkind

Wenn es gute Gründe für das natürliche Abstillen im Zusammenleben mit »selbst gemachten« Kindern gibt, so erscheint es doppelt sinnvoll bei der Mutter, die sich häufig genug am Anfang besonders angestrengt hat, um ihr adoptiertes Baby stillen zu können. Sehr viele Mütter, die alle möglichen Schwierigkeiten überwinden mussten, um das Stillen überhaupt in Gang zu bringen, sind verständlicherweise abgeneigt, mit dem Stillen früher als notwendig aufzuhören.

Viele Adoptivmütter haben während der ersten sechs Monate genügend Milch für das Baby, bei vielen anderen reicht es nicht. Wenn Sie zu jenen zählen, die ihr Baby nicht völlig ohne zusätzliche Nahrung stillen konnten, kann die Stillzeit nach neun Monaten oder einem Jahr (vielleicht auch früher) ein besonderes Vergnügen sein, denn endlich ist das Stillen für Sie und Ihr Baby völlig natürlich. Wie andere Kinder in diesem Alter wird Ihr Kind am Tisch mitessen, was es braucht, und zu Ihnen kommen, damit Sie es trösten und stillen, wenn es gerade danach verlangt. Ihre besonderen Anstrengungen haben sich gelohnt. Selbst wenn es am Anfang nicht möglich war, so können Sie jetzt tatsächlich die Stillbedürfnisse dieses Kindes vollkommen befriedigen, das – wie es in einem Gedicht heißt – nicht unter, sondern in Ihrem Herzen wuchs.

113

Ihr letztes Kind

Es ist viel darüber geschrieben worden, dass die meisten Familien das letzte Kind gerne besonders verwöhnen, sich an seiner Kindlichkeit erfreuen und ihm erlauben, länger ein Baby zu bleiben als frühere Kinder in der Familie. Natürlich sollten Sie Ihr Kind nicht so weit verziehen, dass Sie ihm ein gutes Maß an Führung, notwendige Grenzen und die Möglichkeit zu wachsen vorenthalten. Aber abgesehen von solchen Extremen, brauchen Sie nicht zu befürchten, Ihrem Jüngsten zu schaden, wenn Sie es ganz besonders genießen.

Die meisten Autoren vermuten, dass wir uns bei unserem letzten Kind vielleicht deshalb als Eltern anders verhalten, weil wir traurig sind, dass wir niemanden mehr zum Bemuttern haben, wenn dieses Kind groß ist. Ich bin mir da jedoch nicht so sicher. Manchmal mag der Wunsch, noch ein Baby in der Familie zu haben, durchaus der Grund dafür sein, warum in vielen Familien das letzte Kind länger als die älteren Geschwister an der Brust trinkt. Es gibt aber vielleicht auch einen einfacheren und sehr nahe liegenden Grund: Viele von uns lassen das jüngste Kind viel mehr gewähren und lassen es deshalb auch länger an der Brust trinken als seine älteren Geschwister.

Es gibt schlichtweg weniger Faktoren, die sich störend auf eine unbeschwerte, entspannte Einstellung zum Leben mit dem jüngsten Kind und seinen Stillbedürfnissen auswirken.

Zu dem Zeitpunkt, an dem das Jüngste auf die Welt kommt, verfügen wir über eine Anzahl von Erfahrungen – sicher mehr als beim ersten Kind. Wir sind selbstsicherer und deshalb viel schwerer durch Fragen oder Kritik von anderen zu verunsichern. Wir wissen aus Erfahrung, dass unsere Kinder aus kindlichen Verhaltensweisen herauswachsen; deshalb erschrecken uns diese Verhaltensweisen nicht mehr. Vor allem aber werden wir nicht mehr schwanger oder müssen die Bedürfnisse eines noch kleineren Kindes erfüllen. Die Lebensumstände allein reichen aus, um zu erklären, warum wir es nicht mehr besonders eilig haben, das Jüngste groß werden zu sehen. Es wird länger gestillt, wenn dies seinem Wesen entspricht, einfach weil es weniger Bestrebungen gibt, es zum Abstillen zu drängen.

Kapitel 9

Wenn das Stillen Schwierigkeiten macht

Schmerzende Brustwarzen

Ab und zu erwähnt eine Mutter, dass sich ihre Brustwarzen beim Stillen anders anfühlen als zu der Zeit, da ihr Kind noch sehr klein war. Das Saugen eines älteren Kindes kann manchmal unangenehm sein und die Mutter nachts wach halten. Aller Wahrscheinlichkeit nach lässt sich diese gelegentlich beobachtete Veränderung dadurch erklären, dass das Milchangebot zurückgeht und gleichzeitig die Kinder die Brust sehr gründlich leer trinken.

Das Stillen ist so lange angenehm, wie die Milch zumindest ein wenig fließt. Wenn Ihr Kleines größer wird und seltener trinkt, geht die Milchproduktion schließlich sehr weit zurück. Sie erzeugen nicht mehr schnell genug so viel Milch, dass die Milchseen hinter Ihren Brustwarzen stets gefüllt sind, auch wenn Ihr Kind mehr als ein paar Minuten bei Ihnen trinkt. Ohne die »Schmierung« durch die fließende Milch empfinden einige Mütter das Stillen als etwas unangenehm.

Wenn Sie sich beim Stillen nicht wohl fühlen, weil die Milch nicht fließt, ist es hilfreich, an die andere Brust zu wechseln, falls Ihr Kind das mitmacht (im Halbschlaf geht das vielleicht nicht). In der anderen Brust wird Milch sein, oder es ist genug Zeit vergangen, um etwas mehr zu produzieren, wenn Ihr Kind schon auf dieser Seite getrunken hat. In beiden Fällen kann der Wechsel die Beschwerden zeitweilig erleichtern – vielleicht lange genug, bis Ihr Kind fertig getrunken hat.

Interessanterweise werden solche Beschwerden mit den Brustwarzen, wenn Sie sie überhaupt jemals verspüren, sicher nicht jedes Mal auftreten, wenn Ihr Kind länger als zum Entleeren der Brust nötig bei Ihnen trinkt. Sie werden höchstwahrscheinlich gerade dann leichte Schmerzen empfinden, wenn Sie aus bestimmten Gründen ungeduldig darauf warten, dass diese Stillmahlzeit zu Ende geht. Vielleicht verkrampfen Sie sich in Ihrem Eifer wegzukommen, oder vielleicht konzentrieren Sie Ihre Aufmerksamkeit auf das Stillen und seine Empfindungen. Ein andermal, wenn Sie dem Stillen keine besondere Beachtung schenken oder es genießen, haben Sie vielleicht gar keine Beschwerden.

Es ist nicht ungewöhnlich, gelegentlich dort wunde Stellen zu haben, wo die Zähne des Kindes reiben. Es gibt aber auch gesundheitliche Störungen, die sich durch Bläschen äußern und mit dem Wundsein durch bloße Reibung verwechselt werden können. Wundsein, das durch die Zähne Ihres Kindes hervorgerufen wird, dürfte sich schnell bessern, wenn Sie Ihre Brustwarzen trocken halten, gelegentlich ganz unbedeckt lassen und Ihr Kind in unterschiedlichen Stillpositionen anlegen, so dass seine Zähne nicht jedes Mal an der gleichen Stelle der Brustwarze reiben.

Gelegentlich werden bei einer Mutter, die ein Jahr oder länger gestillt hat, die Brustwarzen richtig wund, ähnlich wie bei manchen Müttern, deren Babys erst ein paar Wochen alt sind. In diesem Falle sollten Sie genau wie eine frisch gebackene Mutter alle Möglichkeiten durchgehen – die Verwendung von Seife oder Alkohol auf den Brustwarzen, Waschmittelrückstände im BH oder einem anderen Kleidungsstück, ein Deodorant, das die Haut reizt, ungenügende Luftzirkulation im Bereich der Brustwarzen, weil der BH oder die Stilleinlagen Synthetik enthalten. Im »Handbuch für die stillende Mutter« finden Sie eine ausführlichere Schilderung über die Vorbeugung und Behandlung von wunden Brustwarzen.

Wenn Ihnen jedoch keine der Maßnahmen hilft, die bei der Behandlung von roten, wunden Brustwarzen erfolgreich sind, sollten Sie eine Still- oder Laktationsberaterin zu Rate ziehen. Es gibt Pilze, unter anderem solche, die Soor verursachen, und Hauterkrankungen wie Psoriasis, die gelegentlich die Ursache für Schmerzen an den Brustwarzen sind. Eine frühe Schwangerschaft kann auch dazu führen, dass die Brustwarzen empfindlich sind.

Brustentzündung

Mastitis ist eine schmerzhafte Entzündung der Brust, die gewöhnlich mit Fieber verbunden ist. So oder ähnlich drückt es das »unterkühlte« Medizinerdeutsch aus, das die Beschreibungen solcher Zustände in Worte fasst. Eine notwendige Voraussetzung dafür, zu den »unterkühlten« Medizinern zu gehören, ist es, nie selbst diese betreffende Krankheit durchgemacht zu haben, sonst würde nämlich die Beschreibung erheblich farbiger ausfallen. Eine anschaulicher formulierte Beschreibung einer Mastitis ist eine vollkommen wunde Brust, Gliederschmerzen und Frösteln, die mit dem Fieber einhergehen, und das allumfassende Gefühl: »Warum musste das ausgerechnet mir passieren?«

Die beste Behandlung für solche Beschwerden ist die Vorsorge; deshalb haben die meisten Mütter unter uns, wenn sie ein Jahr oder mehr gestillt haben, recht gut gelernt, was man tun oder unterlassen muss, um keine Brustentzündung zu bekommen. Was genau dieses Problem auszulösen scheint, ist von Frau und Frau verschieden. Einige müssen immer sehr darauf achten, wie die Büstenhalter und andere Kleidungsstücke sitzen. Viele müssen eine zu große Anstrengung oder Erschöpfung vermeiden. Die meisten aber müssen vermeiden, zwischen den Stillzeiten zu lange Pausen zu machen.

Wenn Ihr Kind älter wird, ist es immer noch wichtig, sich an die Dinge zu erinnern (»Stilldummheiten« hat sie Dr. E. Robbins Kimball genannt), die bei Ihnen eine Brustentzündung auslösen könnten. Es mag zwar verlockend sein, diesen süßen Bikini anzuziehen, den Sie vor Ihrer Schwangerschaft getragen haben, jetzt, wo Ihre Haut wieder straff ist und Sie Ihre alte Figur wieder haben. Trotzdem müssen Sie dieses Bikinioberteil so wie jeden neuen BH behandeln – und zwar misstrauisch. Wenn er Ihnen nicht ganz genau passt, können Sie ihn möglicherweise jetzt einfach noch nicht tragen.

Besonders schwierig ist es für Mütter von Kleinkindern, Erschöpfungszustände zu vermeiden. Viele von uns verausgaben sich am stärksten, wenn unsere Kinder zwei oder drei Jahre alt sind.

Häufig steigen jetzt, da das Baby »älter« ist, unsere Erwartungen an uns selbst, und auch die Menschen um uns herum erwarten allmählich wieder mehr von uns. Tatsächlich werden Sie im ersten Lebensjahr Ihres Kindes mehr zustande bringen als in seinem zweiten. Kinder zwischen einem und zwei Jahren – oder sogar zwischen einem und drei Jahren – belasten die Mutter körperlich manchmal mehr als zu jeder anderen Zeit ihres Lebens.

Abgesehen davon, dass die Kinder aktiv sind und viel Aufmerksamkeit brauchen, trinken viele von ihnen häufig bei der Mutter, so dass diese weiterhin noch viel Milch produziert. Eine Mutter, die sich, außer ihr Kind zu stillen und zu versorgen, zu viel auflädt – das Zuviel ist natürlich individuell ganz verschieden –, liegt vielleicht plötzlich mit einer pochenden Brust und Fieber im Bett. Eine Brustentzündung bedeutet natürlich nicht das Ende der Welt, aber sie ist wirklich unangenehm und sollte Ihnen eine Warnung sein, die Dinge langsamer anzugehen und gerade jetzt nicht zu viel von sich zu verlangen.

Wenn die Kinder älter werden, wird ihr Stillrhythmus meist weniger regelmäßig, und zwischen den Stillmahlzeiten stellen sich allmählich längere Zeiträume ein. Falls die Kinder die Nacht durchschlafen, kann eine Pause von mehreren Stunden ohne Stillen entstehen. Wann auch immer sich solch ein zeitlicher Abstand abzeichnet, sollten Sie auf die Reaktion Ihres Körpers achten. Werden Ihre Brüste übervoll? Verspüren Sie erste Anzeichen von Schmerzen oder einer empfindlichen Brust?

Trifft dies zu, dann ermutigen Sie Ihr Kind liebevoll dazu, sofort und häufig bei Ihnen zu trinken, damit die entzündete Brust geleert wird, bis Sie sich wieder normal fühlt. Es kann auch hilfreich sein, die Menge der festen Mahlzeiten, die Sie Ihrem Kind anbieten, für einen oder zwei Tage zu reduzieren. Vermeiden Sie weiterhin für eine Weile die langen Pausen zwischen bestimmten Stillzeiten, und bieten Sie Ihrem Kind die Brust ein- oder zweimal zusätzlich an.

Die meisten Mütter von Kindern, die älter als zweieinhalb Jahre sind, passen sich problemlos an unregelmäßige Stillrhythmen an, wie z.B. an das Stillen nur am Tag oder nur am Abend und in der Nacht. Bei einigen jedoch geschieht das nicht. In solchen Situationen sollten wir uns bewusst machen, dass eine Stillbeziehung die Bedürfnisse von zwei Menschen erfüllt. Es ist völlig in Ordnung, Ihr Kind Stillzeiten überspringen zu lassen, aber ebenso dürfen Sie Ihr Kind bitten, öfter zu trinken, um so mitzuhelfen, dass Sie nicht krank werden.

Für die meisten Mütter genügt es, auf bequem sitzende Kleider, genügend Ruhe und nicht allzu unregelmäßige Stillrhythmen zu achten, um eine Brustentzündung zu vermeiden. Gelegentlich jedoch ist eine Mutter so anfällig für Brustentzündungen, dass ihr Körper die normale Verringerung der Stillhäufigkeit, wie es beim natürlichen Abstillen der Fall ist, nicht verkraften kann.

Wenn Sie in der Abstillzeit jedes Mal krank werden, wenn Ihr Kind eine Stillzeit ausfallen lässt, dann sollten Sie zunächst einmal Ihre Gesundheit stärken, Ihre Ernährung verbessern und alles für eine bestmögliche körperliche Verfassung tun. Nehmen Sie vor allem frisches Obst, Säfte und Gemüse zu sich. Verschieben Sie einige Vorhaben, so dass Sie Zeit für zusätzliche Ruhepausen und körperliche Bewegung haben. In dieser Zeit ganz besonders gut auf sich zu achten, zahlt sich für später aus. Im Allgemeinen kommen Sie so auch gut über die Abstillzeit.

Wenn Sie jedoch weiterhin immer wieder eine Brustentzündung bekommen, ist es notwendig, die Maßnahmen zu ergreifen, die im nächsten Abschnitt beschrieben werden.

Sobald Sie bemerken, dass Ihre Brust wieder schmerzt, ermuntern Sie Ihr Kind dazu, häufiger bei Ihnen zu trinken, bis die Entzündung wieder ganz vorbei ist. Ziehen Sie Ihren Arzt hinzu, wenn Sie es für nötig halten. Wenn er ein Antibiotikum verschreibt, dann nehmen Sie es, und stillen Sie weiter häufig. Sobald es Ihnen wieder gut geht, denken Sie über den Stillrhythmus nach, den Sie vor der Entzündung hatten. Wie oft hatte Ihr Kind bei Ihnen getrunken, bevor es eine Stillmahlzeit ausließ? Wann genau fing die Brust an zu schmerzen?

Aus der Antwort können Sie die maximale Zeitspanne zwischen zwei Stillzeiten errechnen, die Ihr Körper tolerieren kann. Wenn Sie Ihr Kind stillen, schauen Sie auf die Uhr, zählen Sie Ihre maximale Zeitspanne zu

119

der aktuellen Uhrzeit dazu, und notieren Sie sich die Uhrzeit, die Sie gerade ausgerechnet haben. Wenn Ihr Kind bis zu dieser Zeit noch nicht den Wunsch geäußert hat, gestillt zu werden, dann bitten Sie es, bei Ihnen zu trinken (oder streichen Sie etwas Milch aus). Natürlich können Sie auch häufiger stillen, aber nicht seltener.

Im Prinzip können Sie eine Brustentzündung vermeiden, wenn Sie nicht zu viel körperlich arbeiten und nicht zu lange Pausen zwischen den Stillzeiten machen. Nach einigen Wochen wird es Ihnen allmählich möglich sein, Ihr Kind den maximalen zeitlichen Abstand vergrößern zu lassen, den Sie ohne Stillen aushalten können, so dass es die Gelegenheit hat, das Abstillen in seinem eigenen Tempo voranzutreiben, jedoch nicht schneller, als es Ihr Körper schafft.

Oft möchte eine junge Mutter auch wieder einmal ausgehen. Vielleicht lässt sie dabei ihr Kind zu Hause, manchmal nimmt sie es auch mit. In der Aufregung können dabei einer oder sogar beide vergessen, dass in diese Zeit eine oder mehrere Stillzeiten fallen. Die Mutter ist dann sehr überrascht, wenn sie am nächsten Tag eine schmerzende Brust hat. Klugerweise vergessen Sie auch bei solchen Gelegenheiten nicht, dass Sie eine stillende Mutter sind. Denken Sie daran, Ihr Kind während der Zeit außer Haus ein- oder zweimal anzulegen oder Milch auszudrücken. Dadurch geht es Ihnen am nächsten Tag mit Sicherheit besser.

Beißen

Es kommt nur sehr selten vor, dass eine Mutter während ihrer ganzen Stillzeit nicht gebissen wird. Fest steht jedoch, dass nur sehr wenige Kinder oft beißen, anderenfalls wäre keine Mutter dazu bereit, ihr Kind zu stillen, und noch viel weniger, das Stillen zu genießen, so wie es die meisten tun. Die meisten Kinder erkennen schnell, dass sie nicht beißen dürfen, wenn sie weitergestillt werden wollen.

Am wahrscheinlichsten beißt ein Kind in seinem ersten Lebensjahr. Meist geschieht dies irgendwann einmal in Verbindung mit dem Zahnen. Ein solcher Vorfall kann sich jedoch auch später ereignen; manchmal spielt sogar bei einem Kleinkind das Zahnen eine Rolle. Ihr Kind experimentiert, wenn es – unpassenderweise – Ihre Brustwarzen dazu benutzt, um die Schmerzen an seinem Zahnfleisch zu lindern.

Versuchen Sie, Ihre Reaktion auf das Gebissenwerden so weit abzumildern, wie es in diesem Moment menschenmöglich ist, damit Sie Ihr Kind nicht so verschrecken, dass es nicht mehr an der Brust trinkt. Beenden Sie das Stillen für ein paar Augenblicke, wenn Sie gebissen worden sind, und sprechen Sie mit Ihrem Kind. Sagen Sie ihm, dass es Ihnen wehgetan hat und dass es zart an der Brust saugen muss. Denken Sie daran, ihm Dinge anzubieten, auf denen es herumbeißen kann, um sein Zahnfleisch zu beruhigen. Wenn Ihre Brustwarzen aufgrund eines Bisses weich geworden sind, lassen Sie sie an der Luft trocknen, so wie zu der Zeit, als Ihr Baby klein war.

Achten Sie darauf, wie streng Ihre Worte klingen, wenn Sie mit Ihrem Kind über das Beißen sprechen, je nachdem, wie sensibel Ihr Kind auf einen Tadel reagiert. Nicht selten treten Kinder in einen Stillstreik, nachdem sie für das Beißen heftiger gescholten worden sind, als sie es verkraften können (was bei einigen Kindern gar nicht sehr heftig sein muss). Einige Mütter, die an diese mögliche Folge denken, vor allem bei Kindern etwa unter zwei Jahren, versuchen, das Beißen ohne großen Aufstand zu unterbinden, indem sie das Kind einfach eine Zeit lang ruhig von der Brust entfernen.

Manche Kinder probieren spielfreudig verschiedene »Kunststückchen« aus, wie z. B. in Ihre Brustwarze zu zwicken, selbst wenn Sie ihnen irgendwann einmal beigebracht haben, Sie nicht zu beißen. Ihr Kind zieht Ihre Brustwarze vielleicht so weit heraus, wie es nur kann, beißt hinein, bläst sie an, um Sie zu kitzeln usw., bis es alle Tricks ausprobiert hat. Wenn Ihr Kind mit irgendeinem Spiel anfängt, das Ihnen wehtut, ganz gleich, wie lustig es dieses auch finden mag, hören Sie mit dem Stillen augenblicklich auf. Sagen Sie ihm, warum Sie aufhören, und stillen Sie erst dann weiter, wenn Sie sicher sind, dass es Ihre Bedingungen akzeptiert.

Ich kann Ihnen versichern, dass Ihr Kind in allen diesen Fällen mit größter Wahrscheinlichkeit sehr schnell lernt, an der Brust zu trinken, ohne Sie dabei zu verletzen, obwohl es hin und wieder notwendig ist, wochenlang mit einem Kind zu üben, bevor es das versteht. Die Tatsache, dass die große Mehrzahl der Kinder es lernt, nicht so schnell zuzubeißen, lässt sich vermutlich damit erklären, dass wir ausnahmslos sofort und entschlossen reagieren, wenn wir in die Brust gebissen worden sind. Es gibt vermutlich keine andere Situation, in der wir unser Verhalten so unmittelbar, entschlossen und konsequent ändern. Außerdem lieben uns unsere Kinder und reagieren auf die nachdrückliche und ernste Art und Weise, mit der wir darauf bestehen, dass sie uns nicht beißen sollen. Vielleicht wird ein Kind, das schon sprechen kann, mit einem aufrichtigen »Entschuldigung, Mami« und einem Kuss antworten, wenn Sie ihm sagen, dass es Sie verletzt hat.

Manch einem kleinen Racker scheint es langweilig zu werden, wenn er eine Weile an der Brust getrunken hat, und dann beißt er die Mutter. Gelegentlich beißt ein Kind auch, weil es sehr hungrig ist. Dieses Beißen kann vermieden werden, wenn Sie das Stillen beenden, sobald Ihr Kind die ersten Anzeichen von Unruhe zeigt, die darauf hinweisen, dass es eigentlich lieber etwas anderes möchte. Einige solcher Stillzeiten können Sie bewusst abkürzen und anschließend Ihrem Kind interessante Ablenkungen oder etwas zum Essen anbieten.

Hin und wieder kann das Beißen ein Hinweis darauf sein, dass sich Ihr Kind abstillen möchte. »Du musst nicht unbedingt an der Brust trinken«, sagte eine Mutter zu ihrer kleinen Tochter, die in die Brust zwickte und an ihr herumspielte.

»Bist du sicher, dass es dir nichts ausmacht, Mami?«, antwortete das Kind. Offensichtlich dachte dieses Kind aus irgendeinem Grund, es müsse vor dem Schlafengehen seiner Mutter zuliebe an der Brust trinken, obwohl es kein Interesse mehr daran hatte. Es war sicher an der Zeit, dieses Kind wissen zu lassen – so wie es die Mutter tat – dass es in Ordnung sei, sich abzustillen.

Vielleicht beißt Ihr Kind Sie wegen der stets gleichen und vorhersehbaren Reaktion, die es bei Ihnen auslöst. Gelegentlich lässt sich das Beißen am schnellsten abstellen, wenn Sie Ihre Reaktionen kontrollieren – zugegebenermaßen ein schwieriges Unterfangen! Das Spiel wird Ihrem Kind vielleicht langweilig werden, und es beginnt etwas anderes, das Ihnen beiden Spaß macht.

Es kann auch vorkommen, dass Ihr Kind Sie beißt, weil es unglücklich ist und Ihnen wehtun will. Wenn das Beißen zusammen mit Veränderungen einsetzt, die Ihr Kind möglicherweise nicht verkraften kann, überlegen Sie, ob Ihr Kind damit um Hilfe bitten will – sicherlich auf eine unreife und wenig Erfolg versprechende Art und Weise, aber trotzdem ist es ein Hilferuf.

Eine Mutter, deren zweieinhalbjähriges Kind sie unablässig biss, begann folgendes Gespräch mit ihrem Kind:

»Warum beißt du mich jetzt?« »Weiß nicht.«

»Willst du mir wehtun?« »Ja.«

»Warum?« »Weiß nicht.«

»Bist du böse auf mich?« »Ja.«

»Warum bist du denn so böse auf mich?« »Weil ... hm-hm-hm-hm.« (Übersetzt bedeutet das: Ich will nicht darüber reden.)

»Doch, wir wollen jetzt mal darüber reden. Bist du böse, weil das Baby da ist?« »Ja!!« (ein Blick der Erleichterung)

»Ich kann gut verstehen, wie du dich fühlst. Das ist schon in Ordnung.«

Es wäre zu schön jetzt zu sagen, dass nach diesem Gespräch das ganze Beißen wie durch Zauberei vorbei war. Das war natürlich nicht der Fall. Aber seit diesem Gespräch hatten sowohl die Mutter wie auch das Kind verstanden, worum es ging, und waren in der Lage, daran zu arbeiten, damit sich das Kind besser fühlte. Das Beißen wurde tatsächlich weniger und hörte bald ganz auf.

Wenn Ihr Kind sich noch nicht so gut ausdrücken kann oder sich überhaupt weigert, auf diese Art von Gespräch einzugehen, dann sollten Sie Ihren ganzen Spürsinn einsetzen, um festzustellen, ob das Beißen die Folge von unglücklichen oder wütenden Empfindungen ist, mit denen Ihr Kind nicht zurechtkommt. Vielleicht hilft es Ihrem Kind, wenn Sie ihm unaufgefordert sagen, dass es in Ordnung ist, wütend auf Sie zu sein. Es kann ja viele Gründe geben – weil Sie wieder ein Baby bekommen haben oder Sie Ihr Kind festgehalten haben, als es vom Arzt genäht werden musste – oder was es sonst noch Ihrer Meinung nach ärgern könnte. (Sie sagen damit nicht, dass Sie in diesen Situationen im Unrecht waren, sondern lassen Ihr Kind nur wissen, dass es ein Recht auf seine Empfindungen hat und Sie ihm helfen werden, mit ihnen zurechtzukommen.) Oft reicht Ihrem Kind das schon.

Manchmal dient das Beißen nur dazu, auf äußerst wirkungsvolle Art und Weise Aufmerksamkeit zu erregen. Es ist ein Mittel, mit dem Ihr Kind dagegen protestiert, wenn es beim Stillen nicht beachtet wird. Viele Kinder an der Brust wollen in die Augen der Mutter sehen. Sie nehmen es Ihnen besonders übel, wenn Sie während des Stillens mit anderen sprechen; manche Kinder ärgert es auch, wenn Sie dabei fernsehen oder lesen. Alle Ihre Probleme mit dem Beißen lösen sich möglicherweise in Luft auf, wenn Sie sich ganz bewusst auf Ihr Kind konzentrieren, solange es bei Ihnen trinkt. Das ermöglicht es Ihnen auch zu sehen, wann Ihr Kind gerade zubeißen will, so dass Sie einen Finger in seinen Mund stecken können, um den Biss zu verhindern.

Es kommt auch vor, dass das Beißen versehentlich passiert – wenn z.B. ein Kind in einer ungünstigen Stellung an der Brust trinkt und hinfällt. Ich erinnere mich lebhaft an das eine Mal, als eines meiner Kinder auf einem kleinen Hockerchen stand und bei mir trank. Es fiel um, biss dabei sehr schmerzhaft in meine Brustwarze und stieß den Hocker um, so dass dieser auf meinen Zehennagel fiel, unter dem sich später ein hässlicher Bluterguss zeigte. Ich empfand das Ganze damals als sehr schmerzhaft und lernte, in Zukunft vorsichtiger zu sein, wo und wie ich meine Kinder an der Brust trinken ließ. Der Vorfall war es mir aber fast wert beim Anblick der Gesichter, wenn die Leute mich fragten, was mit meinem Zeh geschehen sei. »Das war ein Stillunfall«, antwortete ich ihnen unverblümt.

Kinder, die beim Stillen einschlafen, beißen manchmal unabsichtlich im Schlaf zu. Nicht alle Kinder tun das und schon gar nicht in den ersten neun Monaten. Deshalb braucht man sich vorher darüber keine Sorgen zu machen. Mütter, die einmal auf diese Art gebissen worden sind, lernen schnell, nicht mehr einzuschlafen, wenn ihre Kleinen an der Brust trinken, obwohl der Schlaf beim Stillen eigentlich ein so kostbarer Luxus ist, dass man nicht auf ihn verzichten sollte. Es ist jedoch nicht angenehm, gebissen zu werden, und es ist möglich, dieses versehentliche Beißen zu vermeiden, indem man so lange wach bleibt, bis das Kind tief eingeschlafen ist und dann den Daumen oder einen Finger entschlossen zwischen seine Zähne schiebt und die Brustwarze geschickt herauszieht.

Obwohl das Beißen im Laufe der Stilljahre gelegentlich vorkommt, lernen wir unweigerlich sehr schnell die Fertigkeiten und Tricks, die eine Mutter kennen muss, damit es nur ein gelegentlich auftretendes Problem bleibt

Wenn Sie wieder schwanger werden

Es ist durchaus nicht selten, dass eine Mutter schwanger wird, bevor ihr kleines Kind bereit ist, mit dem Stillen aufzuhören. Man kann schon im ersten Jahr des Stillens schwanger werden, obwohl sehr häufiges Stillen und/oder Methoden der Familienplanung solch eine frühe Empfängnis eher unwahrscheinlich machen. Im zweiten oder dritten Jahr des Stillens geschieht es häufiger. Wenn Sie tatsächlich schwanger werden, während Sie noch stillen, stehen Sie vor der Entscheidung, ob Sie aufgrund Ihrer Schwangerschaft abstillen – sei es Ihrer selbst, Ihres Kindes oder des winzigen Menschen in Ihrem Körper wegen. Es gibt keinerlei Beweise dafür, dass das Weiterstillen einem von Ihnen in irgendeiner Weise schaden würde. Weltweit ist jedoch der Druck abzustillen weit verbreitet.

Das allgemeine Tabu gegen das Stillen in der Schwangerschaft ist wahrscheinlich »natürlich« in der streng biologischen Bedeutung des Wortes. Zu diesem Zeitpunkt konzentriert sich Ihr Körper auf die Bedürfnisse des neuen Babys – ganz gleich, was Sie vom Verstand her darüber denken mögen.

Von der Natur her scheint es so vorgesehen zu sein, dass in dem Augenblick, in dem eine Mutter wieder schwanger wird, das ältere Kind im Allgemeinen reif genug ist, so dass andere Menschen als nur seine Mutter und andere Nahrungsmittel als ihre Milch seine Bedürfnisse erfüllen können. Wenn das Stillen und die Schwangerschaft normal verlaufen, ist in der Regel diese Reife auch vorhanden. Dann wird die Mutter ihr Kind sanft dazu bewegen, sich abzustillen, und weil das Kind innerlich dazu bereit ist, wird das Abstillen auch leicht verlaufen.

Niles Newton und Marilyn Theotokatos berichten in ihrer Studie mit 503 Mitgliedern von La Leche Liga, die schwanger wurden, während sie noch stillten, dass 69 Prozent zu irgendeinem Zeitpunkt ihrer Schwangerschaft abgestillt haben. Wie viele von ihnen auch dann abgestillt hätten, wenn sie nicht schwanger gewesen wären, ist nicht bekannt, da es keine nicht schwangere Kontrollgruppe gab. Da die Kinder schon älter waren, hätte wahrscheinlich ein hoher Prozentsatz von Müttern auch ohne eine weitere Schwangerschaft abgestillt.

Kinder werden jedoch in einem unterschiedlichen Tempo reif. Außerdem können die unterschiedlichsten Faktoren Einfluss darauf haben, wie schnell eine Mutter wieder schwanger wird. Viele Mütter, die schwanger werden, wenn sie noch ein Stillkind haben, entscheiden sich für einen Fortgang der Stillbeziehung oder versuchen es zumindest.

Für viele Mütter erscheint dies als die naheliegendste Lösung und für sie das Natürliche. Mit dem Weiterstillen antworten sie auf die Unreife des Kindes in ihren Armen. Sie haben das starke Gefühl, dass durch eine Beendigung der Stillbeziehung dem Kind zu viele wünschenswerte Vorteile vorenthalten würden.

»Ich stand vor dem Problem, mich zu entscheiden: Will ich abstillen oder nicht«, sagte eine Mutter. »Ich kannte eine oder zwei Mütter, die Geschwister gestillt hatten, und glaubte eigentlich, dass ich selbst dazu nie bereit wäre. Aber ich hatte nicht mit einer ungeplanten Schwangerschaft gerechnet, auch nicht mit Babys, die so kurz hintereinander auf die Welt kamen. Schließlich entschied ich mich dazu, meinen Sohn gerne weiterzustillen, wenn er sich nicht von selbst abstillte. Ich hatte Angst, ihn schon so früh aus seiner Babyrolle herauszudrängen. Das Stillen erschien mir als ein gutes Mittel, um ihm meine Liebe zu ihm zu zeigen.«

Für viele Mütter ist es eine ganz einfache Entscheidung, in der Schwangerschaft ihr Kleinkind weiterzustillen. »Als ich schwanger war«, schreibt eine Mutter, »und Ruhe brauchte, war das Stillen die einzige Möglichkeit, mein Baby dazu zu bewegen, sich mit mir hinzulegen.«

Da das Abstillen die Art und Weise, in der sich diese Mütter um ihre Kinder kümmern, zwangsläufig sehr verändern würde, erscheint es als die viel größere Hürde im Vergleich zu irgendwelchen Schwierigkeiten, die auftreten könnten, wenn die Mütter schwanger sind und stillen.

Selbstverständlich kann es beim Stillen während der Schwangerschaft sowohl besonders schwierige als auch glückliche Stunden geben, wenn z. B. Ihr Kind an Ihrer Brust trinkt und dabei die Bewegungen des neuen Geschwisterchens genießt. Manchmal ist das einzig Negative beim Stillen in der Schwangerschaft die Überraschung oder die Missbilligung von anderen Leuten. Insbesondere die medizinischen Fachkräfte haben die Vorstellung, dass kein vernünftiger Mensch so etwas tun würde. Einige Leute behaupten sogar, die Milch einer schwangeren Mutter vergifte auf irgendeine Weise das Kind, was natürlich nicht stimmt.

Für manche Mütter ist jedoch das Stillen in der Schwangerschaft keine einfache, spontane Sache. Newton und Theotokatos zufolge hatten 74 Prozent der von ihnen in ihrer Studie beobachteten Mütter Schmerzen oder Beschwerden mit den Brustwarzen. Dies ist zum Teil die Folge der Anpassung des Körpers an die Schwangerschaft; deshalb sprechen diese Beschwerden auch nicht auf die üblichen Behandlungsmethoden bei wunden Brustwarzen an. Dieses unangenehme Gefühl ist jedoch oft vorübergehend – nur einige Tage oder Wochen irgendwann in der Schwangerschaft –, es kann aber auch ab der dritten oder vierten Woche nach der Empfängnis bis zur Geburt des neuen Babys andauern. Eine kleinere Anzahl von Müttern fühlt sich auch sehr unruhig, wenn sie in der Schwangerschaft stillen – was von einigen als ein »heftiges Empfinden von Ruhelosigkeit« beschrieben wird.

Manchmal verursacht das Stillen auch Kontraktionen der Gebärmutter. Es liegen jedoch keine Studien vor, die beweisen, dass Stillen eine vorzeitige Geburt auslöst.

Wenn Sie feststellen, dass Sie schwanger sind, sich beim Stillen aber unwohl fühlen, erzählen Sie auf jeden Fall Ihrem Kind von Ihrem Unbehagen, wenn es verständig genug ist; aber benehmen Sie sich nicht wie ein Märtyrer. Ihr Kind sollte sich nicht schuldig fühlen, weil es das Bedürfnis hat, bei Ihnen zu trinken. Schließlich will Ihnen Ihr Kind nicht absichtlich wehtun, und es ist vielleicht ziemlich betroffen, wie jene Dreijährige, die zu ihrer Mutter sagte: »Es tut mir Leid, wenn ich dir beim Trinken wehtue, Mami; aber meine Zähne machen keine Löcher.«

Dieses Kind, wie vielleicht auch Ihres, brauchte die Versicherung seiner Mutter, dass es nicht an ihren Beschwerden schuld ist. Zugleich wollen Sie sicher auch Ihr Kind um seine Hilfe und Zusammenarbeit bitten.

Oft kann man auf eine Übereinkunft hinarbeiten, die für Mutter und Kind annehmbar ist. Vergessen Sie nicht, Ihrem Kind neben dem Stillen auch sonst viel Aufmerksamkeit zu schenken und ihm Essen und gute Getränke hinzustellen. Diese vielen kleinen Veränderungen können natürlich allmählich dazu führen, dass sich Ihr Kind vollkommen abstillt. Wenn Ihr Kind Ihnen jedoch deutlich zeigt, dass es noch immer ein großes Bedürfnis hat, an der Brust zu trinken, wird sich Ihr Verhältnis nicht ändern.

Viele Mütter berichteten mir, dass die Atem- und Entspannungstechniken, die sie in ihren Geburtsvorbereitungskursen gelernt haben, es ihnen leichter gemacht haben, mit Beschwerden beim Stillen fertig zu werden. Andere lenken sich von ihrer Unruhe und Rastlosigkeit ab, indem sie lesen, fernsehen, etwas essen oder trinken oder einfach bewusst an etwas anderes denken, während das kleine Kind an der Brust trinkt.

Obwohl es keine unfehlbare Behandlung von empfindlichen Brustwarzen in der Schwangerschaft gibt, ist es möglicherweise erleichternd für Sie, wenn Sie vor dem Stillen etwas Milch mit der Hand ausstreichen, um die Milch ein wenig zum Fließen zu bringen, so dass Sie mehr als nur ein paar Tropfen Milch produzieren. Selbst wenn nur sehr wenig Milch kommt, wird das Stillen manchmal als weniger unangenehm empfunden, wenn Sie jede Brustwarze vor dem Stillen zart herausziehen, um sie aufzurichten und um die Reibung zu verringern, wenn Ihr Kind anfängt zu saugen. Bei manchen Müttern jedoch wird erst die nächste Veränderung in ihrem Körper die »Heilung« für die empfindlichen Brustwarzen mit sich bringen, die in manchen Schwangerschaften vorkommen. Diese kann nach einer Woche oder erst nach der Geburt des Babys eintreten.

Übelkeit in der Schwangerschaft trübt bei manchen Müttern die Freude am Stillen. Es ist wirklich schwierig, das hüpfende kleine Menschlein zu bändigen, wenn Sie gerade das Gefühl haben, Ihr Magen drehe sich bei der kleinsten Bewegung um. Natürlich ist hier nicht eigentlich das Stillen das Problem; Ihr Kind zu halten ist die Schwierigkeit, die auftritt, ob Sie nun stillen oder nicht. Eine bessere Ernährung, zusätzliche Vitamine, besonders Vitamin B6, Ruhe und kleine, häufige Zwischenmahlzeiten können dazu beitragen, eine mögliche Übelkeit in der Schwangerschaft zu überwinden.

Wenn Sie von Übelkeit geplagt sind, kann das Stillen manchmal geradezu »lebensrettend« sein, denn dann können Sie sich neben Ihr Kind legen. Es ist gewöhnlich viel weniger aufregend für Ihren Magen, wenn Sie sich in dieser Weise um Ihr Kind kümmern, als nicht mehr zu stillen, da Sie Ihr Kind dann herumtragen und ihm Essen vorbereiten müssen und Ähnliches mehr. Auch bei solchen Schwierigkeiten wie Übelkeit oder empfindlichen Brustwarzen entnehmen viele Mütter genügend Motivation zum Weiterstillen aus den eindeutigen Bedürfnissen ihrer Kinder und deren so offensichtlicher Dankbarkeit für die Gegenwart und Fürsorge der Mutter.

Wenn Sie feststellen, dass Sie schwanger sind, und die Notwendigkeit sehen, Ihr Kind weiterhin zu stillen, ist es besser, sich keine festen Vorstellungen davon zu machen, wie sich die Stillbeziehung in den nächsten Monaten entwickeln sollte. Wie ich bereits betont habe, sind Ihre Gefühle und Ihre Toleranzschwelle in der Schwangerschaft nicht vorhersehbar. Auch reagieren Kinder auf eine Schwangerschaft und ein neues Baby äußerst unterschiedlich.

Während bei einigen nichts darauf hindeutet, dass sie wegen der Schwangerschaft ihrer Mutter irgendwelche Veränderungen wahrnehmen, neigen andere dazu, sich am Anfang der Schwangerschaft abzustillen, vermutlich weil sich der Geschmack der Milch ändert oder weil die Mutter weniger Milch hat. Wieder andere reagieren auf geringe Veränderungen der Milch in einem späteren Stadium der Schwangerschaft; manchmal stillen sie sich dann ab. Andere wiederum, wie ein kleiner Kerl in meiner Bekanntschaft – ein Kind, das liebend gerne an der Brust trank –, beschweren sich über den seltsamen Geschmack der Milch, trinken aber weiter. Es kommt auch vor, dass es für Ihr Kind im letzten Stadium Ihrer Schwangerschaft zu umständlich wird, an die Brustwarzen zu kommen.

Und um das Ganze noch mehr zu verwirren: Es gibt auch keine Möglichkeit vorherzusagen, ob ein Kind, das sich in der Schwangerschaft abgestillt hat, dabei bleibt, sobald das Baby auf die Welt kommt und Sie wieder viel Milch haben, die auch dem größeren Kind gut schmeckt.

Was ich gar nicht gerne anspreche, ist die Tatsache, dass eine Schwangerschaft auch einmal in einer Fehlgeburt enden kann. Etliche Mütter haben mir von ihrer Enttäuschung darüber berichtet, ihr Kind abgestillt zu haben, weil sie schwanger waren, und später endete diese Schwangerschaft mit einer Fehlgeburt.

Auf der anderen Seite haben mir aber auch Mütter, die ihre Babys zu den verschiedensten Entwicklungsstadien verloren hatten, erzählt, wie tröstlich ihr Stillkind für sie war, als sie mit ihrer Enttäuschung und ihrem Kummer fertig werden mussten. Wenn das neue Baby zu früh auf die Welt kam oder zu krank war, um an der Brust zu trinken, war das Stillen des älteren Kindes eine große Hilfe, um die Milchproduktion in

Gang zu bringen und aufrechtzuerhalten – ein Segen auch für das kleine Baby, das diese Milch so dringend brauchte.

Natürlich streichen Sie für Ihr Baby möglichst viel Kolostrum und erste Milch mit der Hand aus oder pumpen ab, bevor Ihr größeres Kind bei Ihnen trinkt. Das Kleinkind wird zwar etwas von der Milch wegtrinken, aber das ist sicherlich ein angemessener Lohn dafür, dass es die Milchproduktion in Gang setzt und die Milch so zum Fließen bringt, wie es keine Pumpe könnte.

Manche Leute fragen sich verständlicherweise, ob die Kontraktionen der Gebärmutter, die durch das Stillen ausgelöst werden, tatsächlich der Grund für frühzeitige Wehen sind. Ich kenne keine einzige Studie zu diesem Thema. Wir verfügen über jahrelange Erfahrungen mit Müttern, die während der Schwangerschaft gestillt haben, sogar mit solchen, die eine Fehl- oder Frühgeburt erlebt haben. Statistisch gesehen gibt es keinen Anstieg von Fehl- oder Frühgeburten, die offensichtlich auf das Stillen zurückzuführen sind. Jede Mutter muss in dieser Sache ihre eigene Entscheidung treffen.

Gelegentlich wird auch die Befürchtung geäußert, die Hormone in der Schwangerschaft könnten dem Stillkind schaden. In der Muttermilch sind immer Hormone in kleinen Spuren vorhanden, deshalb braucht man sich kaum Gedanken darüber zu machen. Außerdem ist der wachsende Fötus in viel höherem Maße den gleichen Hormonen ausgesetzt. Ich bezweifle, ob es mehr Grund gibt, sich über das natürliche Progesteron in der Milch während der Schwangerschaft Gedanken zu machen, als über das natürliche Östrogen, das in der Milch vorkommt, sobald die Menstruation wieder eingesetzt hat.

Zwei Kinder stillen

Wenn Ihr Kind während Ihrer ganzen Schwangerschaft weiter bei Ihnen trinkt, können Sie die einmalige Erfahrung machen, zwei Kinder gleichzeitig zu stillen.

Die meisten Mütter, die tandemgestillt haben, waren sehr zufrieden mit ihrer Entscheidung; nur sechs Prozent dieser Mütter berichteten, dass sie nicht wieder zwei Kinder stillen würden, wenn sich die Gelegenheit ergäbe (Newton und Theotokatos).

Ich musste lachen, als ich las, was mir eine Mutter schrieb: »Offenbar werden wir das Tandemstillen versuchen, da mein Sohn an der Brust trank, als ich bereits in den ersten Wehen lag.« Aber selbst zu diesem

Zeitpunkt können Sie noch nicht unbedingt den Verlauf sicher vorhersehen, weil Kinder ganz unterschiedlich auf die Wiederkehr der vollen Milchmenge reagieren. Kaum hat sich Mama an die Vorstellung gewöhnt, zwei Stillkinder zu haben, lehnt das Kind die überströmende Milch ab, die kurz nach der Geburt des neuen Babys auftritt. In diesem Fall wird das Kind nicht an der Brust trinken, selbst wenn die Mutter dies möchte.

Andere Kinder wiederum sind überglücklich über all die gute Milch, während wieder andere sich nicht anmerken lassen, dass sie irgendeine Veränderung bemerken – obwohl sie es natürlich doch tun. Für manche Kinder kann es ungemein tröstlich sein, wenn sie nach der Geburt dieses neuen Babys – das sie zugleich wunderbar, aber vielleicht auch ein wenig bedrohlich finden – von ihrer Mutter in den Arm genommen werden. Diese alte, vertraute Art des Liebhabens ist nach wie vor wichtig. Ihr Kind kann dann besonders dankbar sein, wenn Sie eine Zeit lang im Krankenhaus gewesen waren. »Wir waren etwas besorgt«, schrieb eine Mutter, »wie unser Sohn darauf reagieren würde, wenn das neue Baby gerade dann gestillt werden würde, wenn es Zeit für sein Zu-Bett-gehen-Ritual war. Papa, Mama und das Baby krabbeln also ins Bett, Baby wird gerade gestillt. Unser Sohn steht neben dem Bett und tritt von einem Fuß auf den anderen. Ich sage: ›Na, dann komm mal her zu mir.‹ Er stößt aus tiefster Brust einen Seufzer aus, sein Gesicht erhellt sich; er hüpft ins Bett und fängt auch an, bei mir zu trinken. Dies ist und bleibt eine meiner kostbarsten Erinnerungen.«

Ihr Kind weiterzustillen, ist eine Möglichkeit, ihm zu zeigen, dass Sie es noch in seiner ganzen Kindlichkeit lieben. Ein Baby sein zu dürfen – wenn es das ist, was es braucht –, wird ihm helfen, leichter in seine Rolle als großer Bruder bzw. große Schwester hineinzuwachsen. Das Kind braucht nicht immer »der Große« zu sein, bevor es dazu innerlich auch bereit ist, und es braucht Sie nicht völlig an das neue Baby abzutreten.

Wir können aber auch in vielen Fällen unseren Kindern dabei helfen, aus dem Baby der Familie zu einem älteren Geschwisterchen zu werden, ohne das Neugeborene und das ältere Kind gleichzeitig zu stillen. Die Philosophie von Dr. Herbert Ratner, wonach das Baby in dem groß werdenden Kind ernst genommen wird, ist der entscheidende Gedanke dabei; das Stillen ist eines der Mittel, die Sie verwenden können – wenn es Ihnen möglich ist und wenn Sie es wollen.

Wenn eine Mutter das Stillen von zwei Kindern aus solchen wohlmeinenden Beweggründen angeht, kann es für sie ein ziemlicher Schock sein, wenn sie unerwartet Empfindungen wie Ärger und Ablehnung beim Stillen des plötzlich großen Kindes bei sich feststellt. Eigentlich erleben Mütter auch bei anderen Wünschen ihrer Kinder oft die gleiche Art von Gefühlen, wenn ein neues Baby da ist, selbst wenn ihre Kinder nicht an der Brust trinken. Wenn aber auch das größere Kind gestillt wird, wird das Stillen schnell als Ursache für die negativen Gefühle verantwortlich gemacht.

In Wirklichkeit sind diese Empfindungen in uns Bestandteil eines Prozesses, in dessen Verlauf wir unsere Mutterrolle neu gestalten und definieren, jetzt, da ein neues Baby ein Teil unseres Lebens ist. Während der Schwangerschaft befürchten wir oft, das neue Kind dem älteren vorzuziehen und dadurch das ältere Kind um etwas zu »betrügen«. Andererseits haben wir aber auch Angst, dass wir niemals das Baby in unserem Bauch so lieben können wie das Kind in unseren Armen.

Sobald das Baby aber auf der Welt ist, stellen wir fest, dass sich die Natur eindeutig auf die Seite des winzigen Babys stellt, besonders wenn wir einen guten Anfang mit unserem Neugeborenen in den ersten Stunden und Tagen erleben dürfen. Die meisten von uns spüren, wie wir uns innerhalb weniger Stunden völlig verwandeln: erst wild entschlossen, niemals irgendjemandem auch nur die kleinste Veränderung unserer Beziehung zu unserem Kind zu gestatten, dann plötzlich wie eine Löwenmutter die Vorrechte des Neugeborenen um jeden Preis zu verteidigen.

Nicht alle Mütter erleben solch einen dramatischen Umschwung ihrer Gefühle, aber vielen geht es so, und sie fühlen sich unnötig alarmiert und schuldig. Sobald unsere Gefühle wie eine große Schaukel von einer Seite auf die andere geschwungen sind, pendeln sie sich auf einen gemäßigten Platz in der Mitte ein. Unsere Liebe entwickelt sich allmählich für jedes Kind – in unterschiedlicher Weise, bereichernd und aufregend. Wir geben unsere Liebe weiter wie eine Kerze ihre Flamme an die andere. Obwohl wir unsere ganze Liebe einem Kind schenken, haben wir wie durch ein Wunder dennoch genug Liebe, die wir dem nächsten und übernächsten geben (Zilberg).

Wenn Sie feststellen, dass Sie wegen Ihres Babys eine innere Abneigung dagegen spüren, auch Ihr älteres Kind zu stillen, dann können Sie sicher sein, dass Mütter überall in der Welt jetzt im Augenblick genauso fühlen wie Sie. Diese augenblickliche Empfindung bedeutet nicht, dass Sie es nie wieder genießen werden, Ihr Kind zu stillen.

Wahrscheinlich ist Ihr Kind jetzt ebenfalls einer Menge höchst widerstreitender Gefühle ausgesetzt, so dass dies nicht der richtige Zeitpunkt sein dürfte, um mit ihm ausführlich über Ihre negativen Gefühle zu reden. Sie und Ihr Kind sollten einige Wochen des Stillens möglichst

131

konfliktfrei genießen können, während Sie sich an die neue Zusammensetzung Ihrer Familie gewöhnen.

Vielleicht machen Sie sich besonders viele Gedanken darüber, ob Ihr neues Baby genug Milch bekommen wird. Vielleicht wollen Sie am liebsten das Stillen Ihres Kleinkindes auf bestimmte Zeiten am Tage beschränken oder es nur stillen, wenn das Baby fertig getrunken hat. Wenn sich solche Beschränkungen problemlos bei Ihrem Kind durchsetzen lassen, ist es in Ordnung, solange sie mit Vorsicht angewandt werden. Das Stillen des Kleinkindes einzuschränken, ist gelegentlich notwendig, wenn es immer vor dem Baby gestillt werden möchte. Schließlich muss das Baby die Milch bekommen und nicht das Kleinkind. Aber solche Situationen sind eher ungewöhnlich. Die meisten Mütter, die zwei Kinder stillen, stellen fest, dass sie genug Milch produzieren, um das Baby und das Kleinkind zu stillen, wann immer eines von beiden dies möchte. Einfacher ist es, gar nicht über die Milchproduktion nachzudenken und sich darauf zu konzentrieren, diesen kleinen Menschen Ihre mütterliche Zuwendung zu geben. Schließlich könnten Sie ja auch notfalls Zwillinge nach Bedarf stillen.

Ein Vorteil des Stillens von Geschwistern besteht darin, dass Sie damit die Rivalität zwischen den Geschwistern verringern können. Wenn das Stillen zu etwas wird, um das Ihre Kinder wetteifern müssen (z. B. sich immer abwechseln), dann kann es zum Teil ihres Kampfes untereinander um Ihre Zuneigung werden. »Oje, dann ist doch nichts mehr da«, nörgelte ein Zweijähriger, der gebeten wurde zu warten, bis das Baby fertig war. In Familien, in denen beide Kinder nach Bedarf an der Brust trinken dürfen, ist das niedrige Konfliktpotential zwischen den Kindern sehr eindrucksvoll.

Auch vom ernährungsmäßigen Standpunkt aus scheint es am besten zu sein, keine stets gleich bleibende Reihenfolge beim Stillen einzuhalten, d. h. immer das gleiche Kind zuerst zu stillen. Ihre Milch verändert sich nämlich während einer Stillmahlzeit. Wenn Ihr Kleinkind häufig bei Ihnen trinkt und immer als Letzter, dann bekommt möglicherweise das Baby nicht seinen Anteil an der fettreichen Hintermilch. Das Baby braucht sowohl die Flüssigkeit und die wasserlöslichen Nährstoffe am Anfang jeder Stillmahlzeit als auch die Fette und die fettlöslichen Nährstoffe gegen Ende. Wenn Sie die Kinder in einem flexibleren Rhythmus stillen, dann wird das Baby die richtige Verteilung der Nährstoffe im Laufe des Tages bekommen. Da das Baby häufiger an der Brust trinkt, sollte es häufiger zuerst drankommen, aber es muss auch gelegentlich die Brust leer trinken können. Wenn Sie sich entspannen und nicht ver-

132

suchen, den Stillrhythmus Ihrer Kinder festzulegen, dann werden sie ihren eigenen Rhythmus entwickeln und zwar ohne die Probleme, die wir verursachen könnten, wenn wir uns einmischen.

Es ist jedoch ratsam, um unserer selbst willen ein wenig darauf zu achten, wie häufig unser Kleinkind trinkt. Wir sollten es lieber nicht erlauben, von einem Tag auf den anderen die Anzahl der Stillmahlzeiten so zu ändern, dass die Brüste übervoll werden, besonders wenn Sie ohnehin zu Brustentzündungen neigen. Diese enorme Schwankung in der Häufigkeit der Stillmahlzeiten, die bei Stillkindern üblich ist, bedeutet normalerweise kein großes Problem, wenn Ihre Milchmenge sich langsam verringert. Wenn Sie aber ein Baby voll stillen, müssen Sie vielleicht Ihrem größeren Stillkind zureden, sich nicht ablenken zu lassen, damit Ihre Brüste nicht zu voll werden. Vielleicht macht es Ihnen auch nichts aus, wenn Ihr Kind an einem Tag mehrmals trinkt und am nächsten überhaupt nicht. Sollten Sie aber Schwierigkeiten haben, dann zögern Sie nicht, Ihr Kind zu ermuntern, bei Ihnen zu trinken, wenn es zu lange vergessen hat, danach zu fragen.

Babytragetücher sind eine große Hilfe, wenn Sie ein kleines Kind versorgen. Wenn Sie zwei haben, die Ihre Zeit und Aufmerksamkeit brauchen, ist ein Tragesack oder -tuch fast unerlässlich. Das Baby kann sich an Sie kuscheln, während Sie sich um das Größere (und dabei doch noch so kleine!) kümmern. Ihr Kind wird es vielleicht besonders schätzen, wenn Sie es lernen, Ihr Baby zeitweise mehr auf dem Rücken als vorne zu tragen, so dass Sie nicht über und um das Baby herum arbeiten müssen. Solange Ihr Kleinkind viel sonstige Aufmerksamkeit von Ihnen bekommt, braucht es wahrscheinlich weniger Aufmerksamkeit durch das Stillen.

Es können immer mit einem der beiden Stillkinder Schwierigkeiten auftreten, die auch da sein könnten, wenn Sie nur ein Kind stillen würden. Jedenfalls müssen Sie besonders erfindungsreich im Umgang mit den Bedürfnissen beider Kinder sein und dazu auch sich selbst nicht vergessen. Wir machen häufig den Fehler, die Stillbeziehungen mit den gleichzeitig von uns gestillten Geschwistern als eine einzige Beziehung anzusehen, während es sich in Wirklichkeit um zwei getrennte Stillbeziehungen handelt. Sicherlich, Sie sind dieselbe Mutter, und die kleinen Leute gehören zusammen. Aber jede Stillbeziehung mit einem Kind ist einzigartig.

Es ist nicht wahrscheinlich, dass das Baby Koliken hat, weil seine große Schwester noch bei der Mama trinkt. Ebenso wenig wird die große Schwester nur deswegen so übermäßig viel an der Brust trinken, weil

133

das Baby gestillt wird; sie drückt damit vermutlich ihr Bedürfnis nach anderen Formen der Aufmerksamkeit und vielleicht auch nach fester Kost aus sowie ihren Kummer darüber, wie viel mütterliche Zeit und Energie das neue Baby braucht. Da uns das Tandemstillen wenig vertraut ist – weniger noch als das Stillen von Kleinkindern –, ist es recht einfach zu behaupten, dieses oder jenes passiere, nur weil beide gestillt werden. In Wahrheit jedoch hat das Baby aus denselben Gründen Koliken, aufgrund derer eben viele Babys Koliken haben, und die große Schwester will nur deshalb ständig an der Brust trinken, weil eben andere Kinder in ihrem Alter auch manchmal die ganze Zeit gestillt werden möchten. Wir müssen trotz allem jedes Kind als ein eigenständiges Wesen ansehen und unser Bestes tun, um bei Bedarf jedem Einzelnen zu helfen.

Wie irgendein anderes Erlebnis im Leben Ihres Kindes kann die Ankunft eines neuen Babys dazu führen, dass es zusätzliche Zeit an Ihrer Brust braucht. Zeitweise ist es sicher ziemlich anstrengend für Sie, sich um Ihr Kleinkind so ausgiebig wie nur möglich zu kümmern – besonders mit dem neuen Baby, das Sie ja auch versorgen müssen –, aber langfristig ist es sicher das Einfachste. Natürlich wird eine Portion Extraliebe vom Papa eine große Hilfe sein, um die Bedürfnisse Ihrer Kinder, besonders des Kleinkindes, zu erfüllen. Seine liebevolle Zuwendung kann er den Kindern direkt schenken und auch indirekt durch seine Liebe und Unterstützung in einer so anstrengenden Zeit wie dieser.

Es ist meist nicht nötig, zwei Kinder in Gegenwart von anderen Leuten zu stillen, da das ältere Kind meistens beschäftigt ist und sich ablenken lässt, wenn man unterwegs ist. Es gibt aber Situationen, in denen sich das Stillen nicht vermeiden lässt, weil keines der Kinder warten kann, und es gibt keine ruhige Ecke zum Stillen. Solche Situationen meistern Sie am besten mit viel Selbstbewusstsein und Humor. Die Mutter eines drei Monate alten Babys und eines zweieinhalbjährigen Kindes beschrieb einen solchen Zwischenfall:

> »Im Flugzeug wollten beide gleichzeitig gestillt werden, aber der Zweieinhalbjährige musste im Stehen trinken – nichts anderes kam in Frage – sehr zum Erstaunen der zwei alten Damen neben uns! Wir konnten uns gerade noch verkneifen, laut loszulachen, und mein Mann tat so, als kenne er uns nicht. Aber beide Kinder waren glücklich!«

Manch eine Mutter hat sich Sorgen darüber gemacht, wie sie sich fühlen würde, wenn sie ihre zwei kleinen Kinder außer Haus stillen müsste;

ganz erleichtert fand sie dann doch einen Platz, wo sie in Ruhe stillen konnte, und war dankbar, dass ihre Kleinen so wunderbar mitmachten und überraschend diskret waren. Geschwister in der Öffentlichkeit zu stillen, ist ein Problem, das gewöhnlich mehr im Voraus befürchtet wird und in Wirklichkeit gar nicht so schlimm ist.

Manchmal befürchten Mütter, dass sich Kinder beim Tandemstillen gegenseitig mit etwas anstecken – genau so, als wenn sie die gleiche Zahnbürste benutzen würden. Tatsächlich leben unsere Kinder in der gleichen Umgebung so eng zusammen, dass es fast unmöglich ist, eine Übertragung von Infektionen zu vermeiden. Außerdem bewirken vermutlich oft die antibakteriellen Eigenschaften der Milch, dass es zu keiner Ansteckung kommt.

Sollte eines der Kinder Soor haben, so ist dies die einzige gängige Krankheit, bei der es ratsam wäre, den Kindern nur jeweils eine Brust anzubieten. Im Falle von Soor müssen Ihre Brustwarzen sowie beide Kinder behandelt werden, um die Infektion unter Kontrolle zu bringen. Falls Sie zusätzlich eine Scheidenentzündung haben und die Kinder unter Wundsein leiden, muss auch dies behandelt werden.

Im Allgemeinen lassen sich Ansteckungen jedoch nur vermeiden, wenn die Menschen davon abgehalten werden, in etwas so »Unhygienischem« wie einer Familie zusammenzuleben und zusammen essen und atmen. Ich glaube nicht, dass die Infektionsrate bei Kindern steigt, die zusammen an der Brust trinken.

Wie eines von diesen beiden Kerlchen sich jemals abstillen wird, wenn es sieht, wie das andere an der Brust trinkt, ist eine sehr verbreitete und verständliche Sorge. Wir sind dazu erzogen, das Stillen als schlechte Gewohnheit anzusehen, die immer weiterbestehen wird, wenn wir nicht die Gelegenheiten für das Stillen gezielt einschränken und das Kind dazu bringen, das Ganze zu vergessen. Aber das Stillen ist keine raffinierte List, mit der die kleinen Menschen die Erwachsenen tyrannisieren. Es ist vielmehr ein Ausdruck der kindlichen Bedürfnisse, in dem größer werdenden Kind. Wenn sich die Kinder von selbst abstillen, dann nicht deshalb, weil sie es vergessen haben, sondern weil sie diesem Bedürfnis entwachsen sind.

Wir müssen uns wie gesagt daran erinnern, dass wir eigenständige Kinder stillen, auch wenn zwei an unserer Brust trinken. Rivalitäten zwischen den Geschwistern wegen des Stillens und der Wunsch nach dem Gestilltwerden, nur weil der andere an der Brust trinkt, sind ungewöhnlich, solange beide in der Mehrzahl der Fälle zu Ihnen kommen können, wann immer sie das Bedürfnis verspüren, an Ihrer Brust zu trinken.

Wann Kinder sich von selbst abstillen, hängt von ihrer eigenen Entwicklung ab und wird nicht sehr – wenn überhaupt – dadurch beeinflusst, dass sie das andere Geschwisterchen an der Brust trinken sehen. Wahrscheinlich kommt es durch die Schwangerschaft und die Gewöhnung an das Leben mit dem neuen Baby zu Veränderungen und Anpassungen. Aber sobald diese Hürden überwunden sind, sollte jedes Kind seinen Stillrhythmus finden, den es auch hätte, wenn es alleine gestillt würde. In der Regel wird das ältere Kind wieder seinen früheren Stillrhythmus aufnehmen und über die Monate oder Jahre allmählich das Interesse verlieren, bis es einfach nicht mehr danach verlangt. In der Zwischenzeit trinkt das Baby in seinem eigenen Rhythmus bei der Mutter weiter.

Es ist gar nicht ungewöhnlich für Mütter, plötzlich festzustellen, dass sie zwei Kleinkinder stillen. Es ist schon vorgekommen, dass sich beide Kinder ungefähr zur gleichen Zeit abgestillt haben oder dass sich das jüngere zuerst abgestillt hat, aber diese beiden Fälle sind eher die Ausnahme.

In einigen Familien, in denen das ältere Kind über mehrere Jahre ab und zu das Bedürfnis hatte, gestillt zu werden, wurde ein zweites jüngeres Geschwisterchen geboren, während die zwei Älteren noch immer an der Brust tranken. Zweifellos hat jemand auch schon vier Kinder liebevoll umsorgt, die sich eben noch nicht vollständig abgestillt hatten.

Auf gar keinen Fall möchte ich womöglich durch das Erwähnen dieser ungewöhnlichen Situationen zu einer Art Rivalität zwischen den Müttern beitragen, wer die meisten Kinder zur gleichen Zeit stillen kann. Solch ein Wettstreit wäre Unsinn, und außerdem ist es unwahrscheinlich, dass die Kinder beim Stillen mitmachen, wenn sie ohnehin diesem Bedürfnis entwachsen sind.

Ich möchte jedoch den Müttern vermitteln, dass sie die Bedürfnisse eines jeden Kindes sowohl als eines eigenständigen Wesens als auch als eines Mitglieds einer Familie sehen. Es kann für ein Kind sehr schön sein, wenn es Babygewohnheiten in seinem eigenen Tempo ablegen darf, selbst wenn später kleine Brüder und Schwestern mit zu der Familie gehören. Unsere Kinder werden nicht plötzlich größer, wenn ein neues Baby auf die Welt kommt; sie kommen uns nur größer vor!

Kapitel 10

Für Väter –
auch Sie sind Eltern

Als Vater sind Sie daran interessiert, alles daranzusetzen, möglichst wohlgeratene Kinder großzuziehen, die gesund und selbstständig sind. Außerdem möchten Sie Kinder, die Sie lieben und die froh sind, Sie als Vater zu haben. Was Ihnen die Zuneigung Ihrer Kinder sichert – nämlich Güte und Zärtlichkeit –, hilft gleichzeitig Ihren Kindern, stark zu werden. Das sichere Fundament Ihrer Liebe befähigt Ihre Kinder, sich jeder Herausforderung zu stellen.

Solange Ihre Kinder sehr klein sind, ist es schwer festzustellen, worin sich ihre Liebe zu Ihnen zeigt. Natürlich gibt es viele Kinder, die von Anfang an ihre Zuneigung zu ihrem Papa deutlich zeigen. Solche winzigen Babys machen viel Freude. Aber andere schenken fast ihre ganze Aufmerksamkeit lange Zeit ihrer Mutter – was der Vater oft als schmerzlich empfindet. Dadurch kann man sich als Vater zurückgewiesen und ausgeschlossen fühlen, wenn man nichts dagegen tut, vor allem beim ersten Kind.

Versuchen Sie, diese unglücklichen Gefühle nicht stärker werden zu lassen, denn sie rühren aus einem Problem her (falls Sie es denn ein Problem nennen wollen), das ständig kleiner wird.

Väter haben viele Möglichkeiten, eine Beziehung zu ihrem Kind aufzubauen

Denken Sie daran, wie klein Ihr Kind noch ist und wie viel es lernen muss. Es muss zunächst herausfinden, wie man einem einzigen Menschen Liebe und Vertrauen schenkt. Erst dann kann es dieses Vertrauen auch auf andere Menschen übertragen. Wenn Sie derjenige sind, der außer seiner Mutter am häufigsten bei ihm ist und in einer freundlichen, nicht überfordernden Art mit ihm umgeht, dann werden Sie vermutlich der Nächste sein, dem sich Ihr Kind zuwendet, sobald es dazu in der Lage ist.

Wenn Sie möchten, dass Ihnen Ihr Kind schneller vertraut und gerne mit Ihnen spielt, könnten Sie versuchen, sich Ihrem Kind auf eine etwas ungewöhnliche Art und Weise zu nähern. Der Psychiater und Vater Hugh Riordan, der häufig vor Elterngruppen spricht, schlägt den Vätern vor, sich einfach auf den Boden zu legen, wenn sie mit ihren schüchternen Kindern Kontakt aufnehmen wollen. Er hat beobachtet, dass die Kinder, sobald sie sich fortbewegen können, genau wie junge Welpen in der Regel dem Drang nicht widerstehen können, ganz auf dem Vater herumzukriechen, solange dieser so ruhig bleibt, dass er sie nicht verschreckt.

Wenn Ihr Kind älter wird, kann dieses Spiel natürlich so turbulent werden, wie Sie und Ihr Kind es möchten. Es sollte aber sehr ruhig beginnen. Eine andere Möglichkeit, um von Ihrem Kind beachtet zu werden, ist es, sich auf den Boden zu setzen und mit seinem Spielzeug zu spielen – natürlich nicht mit den Sachen, mit denen es gerade selbst spielt. Auf diese Weise wird es vielleicht neben Ihnen weiterspielen, mit Ihnen zusammen spielen oder Ihnen die Spielsachen wegnehmen – auf jeden Fall können Sie beide Freude daran haben. Manche Väter gewinnen das Vertrauen ihrer Babys sogar noch früher, indem sie sich dem Kind nähern, wenn es bei der Mutter trinkt. Wenn der Vater es dazu bringt, ihm dann ein winziges Händchen oder Füßchen entgegenzustrecken, kann er mit Küssen oder ein bisschen Kitzeln die liebevollen Spielereien beginnen, die er in den kommenden Monaten und Jahren immer öfter spielen wird.

Die urspünglichste und auf die Dauer wirkungsvollste Methode, um die Zeit zu verkürzen, bis Ihr Kind zu dem Spielgefährten wird, den Sie sich wohl erträumt haben, ist möglicherweise das Gegenteil von dem, was Sie sich vielleicht zunächst gedacht haben. Tun Sie alles in Ihrer Macht Stehende, um Ihre Frau zu unterstützen und ihr dabei zu helfen, Ihrem Kind eine gute Mutter zu sein. Ermutigen Sie sie zu stillen, und helfen Sie ihr, Ihr Baby so lange zu bemuttern, wie es das braucht. Ihre Frau wird über Ihre Unterstützung hocherfreut sein.

»Ich erinnere mich, wie stolz mein Mann darauf war, dass ich stillte«, schrieb eine Mutter. Zweifellos profitierte die ganze Familie durch die Wärme und Unterstützung dieses Vaters. Sie können dazu beitragen, dass es Ihre Frau leichter hat, Ihrem Kind die mütterliche Zuwendung zu schenken, die es braucht. Sie können es ihr aber auch fast unmöglich machen. Wenn Sie die nötige Unterstützung geben, schaffen Sie für Ihr Kind die besten Grundvoraussetzungen, und es wird eine wunderbare und fruchtbare Bereicherung Ihres Lebens.

Reden Sie mit Ihrer Frau auch über Ihre Erziehungsziele, nicht nur einmal, sondern regelmäßig. Sie werden nicht immer in allen Einzelheiten einer Meinung sein, aber Sie machen sich das Leben sehr viel einfacher, wenn Sie im Wesentlichen die gleichen Ziele verfolgen und sich gegenseitig unterstützen. Wenn Sie nicht einer Meinung sind, könnten Sie zumindest versuchen, den Standpunkt des anderen zu begreifen und sich nicht gegenseitig herabzusetzen.

Das Ziel Ihrer Gespräche braucht noch nicht einmal zu sein, eine hundertprozentige Übereinstimmung in allem zu finden, was Ihre Kinder (oder irgendetwas anderes) betrifft. Zu den Vorteilen, die Kinder durch ein Zuhause mit zwei Elternteilen haben, gehört die Fähigkeit, mit unterschiedlichen Standpunkten und Widersprüchen zu leben, die im täglichen Leben unvermeidbar sind. Ihre Gespräche werden Ihnen helfen, Ihre Aufmerksamkeit immer wieder auf die übergeordneten Ziele zu richten, so dass Sie in der Lage sind zu wissen, wie Sie sich im Falle von Schwierigkeiten gegenseitig helfen können.

Helfen Sie Ihrer Frau (so wie sie Ihnen helfen wird), auf dem Weg zu bleiben, den Sie gewählt haben, besonders wenn Sie sich anders verhalten als die Menschen Ihrer Umgebung. Sie können entscheidend dazu beitragen, dass sich Ihr Kind gut entwickelt, wenn Sie Ihre Frau in Fragen der Sauberkeitserziehung oder der Schlafenszeiten unterstützen, und insbesondere dann, wenn auch das Stillen dazugehört.

Ihre Rückendeckung, Ermutigung und gut durchdachten Entscheidungen sind die Hauptquelle der Kraft, die Ihre Frau jetzt benötigt. Nur so ermöglichen Sie ihr, Ihr Kind so lange zu stillen, wie es dies braucht. Viele Mütter sagen, dass ihnen die Kritik von anderen Menschen – Familienmitgliedern, Freunden, Ärzten oder Gesundheitspersonal – die größten Probleme bereitet, wenn sie ihre Kinder über die Babyzeit hinaus stillen. Dieser Druck kommt fast immer von Leuten, die es zwar gut meinen, aber falsch informiert sind. Er kann manchmal so stark sein, dass er den Entschluss einer Mutter zu Fall bringt, dem Kind durch das Stillen die bestmöglichen Startbedingungen fürs Leben zu geben. Sie können Ihre Frau und damit auch die Rechte Ihres Kindes schützen, indem Sie ihr immer wieder versichern, dass Sie sie beim Stillen unterstützen.

Sie können auch gelegentlich ihr unangenehme Gespräche mit anderen beenden, indem Sie ihr Verhalten erklären. In der Regel aber brauchen Sie Ihre Mitmenschen nicht zu Ihrem Erziehungsstil zu bekehren; es ist meistens wirkungsvoller, das Gesprächsthema bestimmt und konsequent zu wechseln. Einige Eltern, die feststellen, dass bestimmte Zeit-

140

genossen weiterhin ihre elterlichen Entscheidungen heftig kritisieren, suchen sich allmählich einfach neue Freunde, die ähnlichere Auffassungen oder zumindest bessere Manieren haben.

Ihre Frau wird vermutlich Ihre Hilfe am meisten im Umgang mit dem Druck brauchen, der möglicherweise von Mitgliedern Ihrer Familie ausgeübt wird. Während sie heranwuchs, hat sie wahrscheinlich Wege gefunden, um mit ihren eigenen Verwandten auszukommen. Aber sie könnte durchaus unsicher sein, wie sie mit Ihrer Familie reden soll, und außerdem möchte sie Sie nicht in Verlegenheit bringen oder verletzen. Jede Hilfe, die Sie ihr geben, damit sie sich in den Augen Ihrer Familie als gute und fähige Mutter darstellen kann, wird ihr sicherlich gut tun.

Manchmal werden Sie vielleicht eine Entscheidung treffen müssen, um Ihrer Frau und Ihrem Kind in besonderen Situationen zu helfen. Die meisten von uns sind bestimmten Dingen stark verhaftet, wie Traditionen (z.B. riesigen Festessen an Feiertagen) oder Familienangelegenheiten (wie z.B. Freunde oder Verwandte beherbergen, die auf der Durchreise sind) oder dem beruflichen Fortkommen (das z.B. verbunden ist mit weiten Umzügen). Dies alles ist nur dann schön und befriedigend, wenn wir unsere Energie ganz dafür einsetzen können, ohne das Gefühl zu haben, innerlich in zwei Teile gerissen zu sein, weil auch andere Bedürfnisse an uns zerren.

In den Medien wird auch gerne verbreitet, dass eine Ehe nur dann gedeihen kann, wenn das Ehepaar regelmäßig ein Wochenende, besser noch eine ganze Woche, für sich allein ohne sein Kleinkind verbringt. In Wahrheit ist Ihr Kind ja gerade aufgrund Ihrer gegenseitigen Liebe entstanden. Sie sind daher vermutlich ganz gut in der Lage, sich viele Möglichkeiten auszudenken, wie Sie Freude aneinander haben können, ohne Ihr Kind zu verlassen, das noch zu unreif ist, um ohne Ihre Liebe und Ihren Schutz auszukommen.

Wahrscheinlich kommen Sie ganz gut mit gesellschaftlichen und finanziellen Verpflichtungen zurecht, ohne dass Sie und Ihre Familie die Intimität und Geborgenheit eines Familienlebens entbehren müssen, das Sie alle in dieser Zeit brauchen. Sie werden vielleicht manche Aktivitäten wie z.B. das Ausgehen am Abend ohne Ihr Kind mit einem kühlen Kopf und viel Phantasie überdenken müssen. Es mag Zeiten geben, in denen Sie Ihr Kind besser mitnehmen, oder Zeiten, in denen es besser ist, erst auszugehen, nachdem es eingeschlafen ist, oder Zeiten, in denen Sie Möglichkeiten finden, um sich auch zu Hause gut zu unterhalten.

Seien Sie einfach nur flexibel und einfallsreich, wenn die früheren Verhaltensweisen derzeit nicht gerade im Interesse Ihrer Familie sind. Sie machen sich das Leben viel einfacher, wenn Sie etwas Zeit opfern, das zu überdenken, was Sie und Ihre Frau »immer getan« haben, oder die Dinge, die Sie »immer mal tun wollten«.

Es lohnt sich, Zeit in die Familie zu investieren

Wenn ein Baby oder Kleinkind da ist, ist es manchmal gut für Ihre größer werdende Familie, einige der Familientraditionen oder lang gehegten Träume für ein oder zwei Jahre aufzuschieben. Wahrscheinlich wird Ihnen dadurch nur wenig entgehen, was nicht später nachholbar ist. Es lohnt sich, viel in Ihre Familie zu investieren, denn Sie möchten ja, dass dies für den Rest Ihres Lebens auch Ihre Familie bleiben soll.

Eine weitere gute Möglichkeit bietet sich Ihnen dann, wenn sich Ihre Frau einmal völlig überfordert fühlt. Sie wird zweifellos das Gleiche für Sie tun, wenn Sie sich in der gleichen Lage befinden. Viele Mütter, darunter auch ich, sind manchmal verärgert über die Hartnäckigkeit, mit der ihr Kind gestillt werden möchte, und ihrer überdrüssig. Wie dankbar sind wir dann für unsere Ehemänner, die uns beruhigen und sich freundlich für unsere Kinder einsetzen, wenn wir nicht in bester Verfassung sind. An wie vielen Abenden wurde ich durch den sanften Tadel meines Mannes (»Sie braucht dich jetzt!«) wieder auf den rechten Weg gebracht! Wenn sich Ihre Frau über das Stillen beschwert – was sie mit Sicherheit gelegentlich tut –, braucht sie Sie, um sie zu beruhigen oder eine ihrer vielen anderen Aufgaben zu übernehmen. Ist sie plötzlich auf den Gedanken gekommen, dass diese Woche alle Schränke aufgeräumt werden müssen? Hat sie angefangen, ein Buch zu schreiben? Oder macht sie Ferienpläne? Erinnern Sie sie daran, wie nach Ihrer beider Meinung das Leben in Ihrer Familie aussehen soll und warum Sie beide finden, dass die Bedürfnisse Ihres Kindes so weit wie möglich erfüllt werden sollten.

Helfen Sie ihr dabei, ihre Prioritäten wieder richtig zu setzen. Wenn Mütter sich über das Stillen beschweren, verspürt man oft die Regung, das Stillen als »deren eigene Angelegenheit« abzutun; man drängt sie eher noch, mit dem Stillen aufzuhören und wieder so wie früher zu leben.

Wenn Sie jedoch diese Regung kritisch betrachten, werden Sie feststellen, dass dies ein zwar verständlicher, aber kindlicher Gedanke ist, der uns allen kommt, sobald etwas schwierig erscheint. In Ihrer jetzigen Situation ist er auch völlig unpassend. Ihr Kind ist Teil Ihres Lebens geworden, Sie können die Uhren nicht mehr zurückdrehen. Im Grunde wollen Sie das auch gar nicht.

Das Stillen ist nicht allein »Sache Ihrer Frau«, sondern gehört zum gesamten Leben der Familie.

Ihre Frau stillt Ihr Kind aus einer Vielzahl von Gründen und nicht einfach nur zu ihrem Vergnügen. Deshalb würde sie es Ihnen verständlicherweise ziemlich übel nehmen, wenn Sie auf ihre Klagen antworten, sie solle eben abstillen.

Wahrscheinlich braucht sie Hilfe bei der Versorgung des Kindes oder dabei, bestimmte Bereiche im Haushalt einfacher zu gestalten. Eines ist sicher: Ihre Klagen sind fast immer eine eindringliche Bitte, ihr Stärkung und Unterstützung zukommen zu lassen.

Das Abstillen ist ohnehin keine »einfache« Lösung für die Schwierigkeiten, die zu dem Leben mit einem kleinen Kind gehören können. Tatsächlich ist es weder einfach noch eine Lösung. Ob gestillt wird oder nicht: Ein kleines Kind braucht ungemein viel Zeit und Aufmerksamkeit seiner Mutter, und Mütter haben nun einmal irgendwann genug davon, »ewig« eine Schaukel anzustoßen, Fingermalereien abzuwischen oder eben »ewig« zu stillen.

Ein Kind abzustillen, das nicht abgestillt werden möchte, ist zudem meist ein äußerst mühsames Unterfangen. Es ist manchmal für beide Elternteile sehr anstrengend, und oftmals geht es nicht ohne emotionale Verletzungen des Kindes wie auch der Eltern ab.

Auf den ersten Blick mag es sonderbar erscheinen: Die Beziehung zu Ihrer Frau wird umso enger werden, je mehr Sie die enge Beziehung zwischen Mutter und Kind stärken. Wenn Sie anfangen, mit ihm um ihre Aufmerksamkeit zu wetteifern, dann errichten Sie eine Mauer zwischen Ihnen beiden, die nur schwer einzureißen ist.

Anstatt Beachtung zu suchen, indem Sie sich zwischen Ihre Frau und Ihr Kind drängen, stehen Sie ihr besser zur Seite und sorgen dafür, dass ihre Beziehung zueinander wachsen kann.

143

Geradezu vorbildlich verhält sich der Vater, über den eine Frau schrieb: »Mein Mann verstand, welche Bedürfnisse ich hatte und welche unser Baby hatte, und verzichtete um des Babys willen gerne auf den Großteil meiner Aufmerksamkeit. Dabei entdeckte er, dass seine Großmut ihm eine umso engere Beziehung zu uns beiden beschert hatte. Er ist der Mittelpunkt unseres Lebens.«

Wenn Sie die Nähe der einzelnen Familienmitglieder zueinander fördern, werden Sie wahrscheinlich mit stärkerer Liebe und Zuneigung Ihrer Frau belohnt und mit einem emotional gesunden Kind – einem Kind, das in der Lage ist, Ihnen sein Leben lang zu zeigen, welche Bedeutung Sie für es haben.

Teil III
Kleinkinder stillen – ein Jahr nach dem anderen

Kapitel 11
Stillen im zweiten Jahr

Das gestillte Kleinkind –
ein Baby auf Rädern

Irgendwann in der Geschichte unserer Gesellschaft tauchte die merkwürdige Vorstellung auf, die Babyzeit ende dann, wenn das Kind zu laufen und zu sprechen beginnt. Bei der richtigen Leitung durch die Eltern könne das Babyalter mit dem ersten Geburtstag des Kindes völlig beendet werden.

Anstatt eine tiefe Achtung vor den Leistungen zu haben, die die Babys etwa mit Beginn des zweiten Lebensjahres vollbringen, wurden immer neue Leistungen gefordert. Unsere Kinder sollten nicht nur den unglaublichen Übergang vom Kriechen zum Laufen und von der Körpersprache und dem Schreien zum Sprechen vollbringen. Obendrein bestanden wir auch noch darauf, dass sie auf die Toilette gehen, die ganze Nacht alleine schlafen und nichts in unserer Wohnung anfassen.

Wenn wir einmal ein einjähriges Kind genau beobachten, wird der Unsinn dieser Anforderungen offensichtlich. Jemand hat sie als »Babys auf Rädern« beschrieben; zwar noch Babys, aber schon recht beweglich und daher sehr verletzlich. Ihre kleine Stirn ist noch immer so hoch und breit wie beim Baby; ihre Beine sind kurz und oft noch gekrümmt, und sie haben auch noch die runden kleinen Babybäuche. Die Windeln oder Höschen, die in der Bauchlage ziemlich gut gesessen haben, rutschen jetzt in der Senkrechten in Folge der Schwerkraft leicht herunter. Sie sehen immer noch wie Babys aus und verhalten sich auch so. Erst mit drei oder vier Jahren wird sich ihr Körper und Gesicht gestreckt und die geraden Formen und Proportionen von Kindern angenommen haben. Das Aussehen dieser gelenkigen kleinen Menschen weckt in uns weiterhin das Gefühl, dass wir es mit Babys zu tun haben. Deshalb reagieren wir auf sie auch so (sofern »Fachleute« uns dies nicht ausreden), wie es Babys gegenüber angemessen ist und solange sie wie Babys aussehen und sich auch so verhalten.

Ein Kind in seinem zweiten Lebensjahr zu stillen, ist offensichtlich ein vernünftiger Weg, um einige seiner weiterhin bestehenden Bedürfnisse zu erfüllen. Wie lange oder wie oft es an der Brust trinken wird, ist völlig unvorhersehbar. Einige kleine Kinder in diesem Alter sind zu beschäftigt, ihre Umwelt zu erforschen, als dass sie sich viel um ihr Bedürfnis, gestillt zu werden, Gedanken machen. Manche sind glücklicher, wenn sie am Familientisch mitessen, und trinken nur an der Brust, bevor sie einschlafen oder wenn sie sich verletzt haben. Wieder andere stillen sich sogar schon im zweiten Lebensjahr ab.

In den allermeisten Fällen aber trinken die Kinder im zweiten Lebensjahr sehr viel an der Brust. In Neuguinea, wo das Langzeitstillen die Regel war, ergab eine Studie folgendes Ergebnis: Die Kinder wurden im zweiten Lebensjahr noch so häufig gestillt, dass die Mütter bis ins dritte Jahr hinein weiter ca. 570 Gramm Milch pro Tag produzierten (Becroft).

Ein Kind, das gegen Ende seines ersten Lebensjahres immer seltener an der Brust getrunken hat, saugt im zweiten Lebensjahr plötzlich – zum Erstaunen seiner Mutter – zeitweise so oft wie ein Neugeborenes an der Brust. Wir sollten uns alle darüber im Klaren sein, wie verbreitet und normal das häufige Stillen in diesem Alter ist. Ich bin sicher, dass Mütter weniger besorgt über das scheinbar ständige Bedürfnis ihrer Babys nach dem Stillen wären, wenn sie auf dieses Bedürfnis vorbereitet wären und wüssten, dass es normal und vorübergehend ist.

Wenn die Kinder anfangen zu laufen und ihre Umwelt zu erforschen, geraten sie in alle möglichen neuen und unbekannten Situationen. Sie bekommen Angst vor – für sie – neuen Dingen, von denen wir uns nie träumen lassen, dass sie Furcht erregend sein könnten. Sie übernehmen sich in ihren Bemühungen, neue Fähigkeiten zu beherrschen, und uns Erwachsenen ist vielleicht nicht bewusst, dass sie dabei »arbeiten«. All ihr Plappern, Patschen, Graben oder Herumsausen ist ein wesentlicher Bestandteil des Heranwachsens.

Einige Kinder bewältigen diese Arbeit von Anfang an mit Leichtigkeit, legen das richtige Tempo vor und kommen gut zurecht mit den unweigerlich auftretenden Frustrationen. Die meisten jedoch sind sehr schnell entmutigt und verwirrt, besonders wenn sie vor einer neuen Aufgabe wie z. B. dem Laufen stehen, wagen sich leicht zu weit vor und verletzen sich oft. Diese ereignisreiche Zeit im Leben ist sowohl für die Mütter als auch für die Kinder anstrengend. Eine Mutter drückte mit den folgenden Worten aus, wie sehr sie die Zeit ihres Kindes an der Brust schätzte: »Das Stillen verschafft mir eine Pause beim ständigen Überwachen seiner neuesten Unternehmungen, die meistens viel gewagter sind, als er sich das klarmacht.« Kleinkinder, die rasch lernen, haben gewöhnlich ein starkes und häufiges Bedürfnis danach, in dem Gefühl bestärkt und ermutigt zu werden, dass sie gute Fortschritte machen und dass es sicher und lohnenswert ist, es nochmals zu versuchen.

Ein Kind, das oft gestillt werden möchte, wird sich vermutlich als genauso emotional stabil und leistungsfähig erweisen wie ein Kind, das weniger Hilfe braucht, um sich in der Welt zurechtzufinden. Die gefühlsmäßige Entwicklung, ebenso wie die körperliche und geistige, verläuft bei jedem Kind in seinem eigenen Tempo.

Auch wir Eltern haben kaum einen Einfluss darauf, wie sich unser Kind in diesem Alter verhalten wird. Wir können den Grad seiner Ängstlichkeit verringern, indem wir seine Bedürfnisse von Geburt an so weit wie möglich erfüllen. Aber wie viel elterliche Zuwendung – wozu möglicherweise auch das häufige Stillen gehört – es im zweiten Lebensjahr braucht, hängt zum größten Teil von dem ihm angeborenen Tempo seiner emotionalen Entwicklung ab. Als Eltern können wir zwar die Entfaltung seiner Gefühle verlangsamen, indem wir seine Bedürfnisse nicht erfüllen. Wir können jedoch nichts Zusätzliches tun, um diese Entwicklung zu beschleunigen.

Es ist sicher schwierig, die Bedürfnisse eines Kleinkindes zu erfüllen, das leicht die Fassung verliert. Dennoch müssen wir ihm dabei helfen, sich zu einem Kind zu entwickeln, das die nötige Gelassenheit und das Selbstvertrauen hat, um der Welt der Schulkinder und des Lernens gewachsen zu sein, der es mit sechs oder sieben Jahren begegnet. Unsere Kinder brauchen diese Art von Selbstvertrauen nicht mit einem Jahr, nicht einmal mit drei oder vier Jahren. Wir haben mehrere Jahre Zeit, um ihnen beim Großwerden zu helfen. Es gibt keine Eile, und Ihr Einsatz für Ihr Kleinkind, das scheinbar »immer an Ihrem Rockzipfel hängt«, wird sich bezahlt machen, wenn die Zeit für die Unabhängigkeit kommt.

Der »Geheimcode«

Das zweite Jahr ist gewöhnlich die Zeit, in der man anfangen sollte, über ein geheimes Codewort für das Stillen nachzudenken, wenn man eines benutzen will. Welches Wort Sie sich auch immer ausdenken, Sie sollten es regelmäßig Ihrem Kind gegenüber in diesem oder dem nächsten Jahr verwenden, wenn es anfängt zu sprechen. Dadurch können Sie mitbestimmen, wie das Stillen in Ihrer Familie genannt wird, anstatt es im Laufe der Zeit der Wahl Ihres Kindes zu überlassen. Außerdem wird einer für Ihr Kind so wichtigen Sache wie dem Stillen ein Name gegeben.

Die freie Hand beim Stillen

Die meisten Kinder finden – wenn nicht im ersten Jahr, dann sicherlich im zweiten – eine Lieblingsbeschäftigung für ihre »obere« Hand beim Stillen. (Bevor sie mit dem »akrobatischen Stillen« beginnen, liegen sie gewöhnlich auf der anderen Hand.) Mit der »oberen« Hand streicheln sie das Gesicht ihrer Mutter, bohren einen Finger in ihren Mund, wühlen in ihrem Haar, liebkosen ihren Nacken, drehen oder kneifen die andere Brustwarze, spielen mit dem Nabel der Mutter oder trommeln mit ihrer kleinen Faust auf ihr herum. Vor allem im ersten und zweiten Lebensjahr sollten Sie beobachten, was Ihr Kind mit dieser freien Hand anstellt, und sich Gedanken darüber machen, wie Sie sich dabei fühlen. Was es mit dieser freien Hand tut, wird wahrscheinlich im Laufe der Zeit zum festen Bestandteil des Stillens werden, und es kann ziemlich schwierig – manchmal auch unmöglich – werden, Ihr Kind dazu zu bringen, sein Verhalten zu ändern. Manchmal haben die Kinder sogar noch weiter Spaß an ihrem eigenen Spiel mit der freien Hand, jedes Mal wenn sie auf dem Schoß der Mutter sitzen, selbst wenn sie sich schon lange abgestillt haben.

»Akrobatisches Stillen« im zweiten Lebensjahr

Bei weitem der häufigste Zeitvertreib für diese freie Hand besteht darin, mit der anderen Brustwarze zu spielen. Viele Mütter empfinden die Reizung der Brustwarze als sehr störend, besonders wenn das Kind älter wird; außerdem zwicken manche Babys so, dass es wehtut.

Wenn Sie wissen, dass sein derzeitiges Ausprobieren unter Umständen zu einem ständigen Bestandteil des Stillens wird, fällt es Ihnen sicher nicht schwer, Ihr Baby von einem Ihnen unangenehmen Spiel abzulenken. Nachdem ich mich darüber geärgert hatte, wie mein erstes gestilltes Kleinkind mit meiner anderen Brustwarze spielte und dann mit seinen kleinen Fingernägeln meinen Nabel zerkratzte, war ich bei meinen späteren Babys schnell dabei, winzige Hände (und Füße!) von dort wegzubringen, wo ich sie die nächsten Jahre nicht haben wollte. Bei meiner Tochter, bei der ich zu spät die Notwendigkeit des »Umlenkens« erkannte, musste ich auf solche Kleidung zurückgreifen, die den größten Teil meines Körpers für ihre kleinen Finger und Fingernägel unzugänglich machten. Dies war am Tage nicht schwierig, aber ich brauchte länger, um eine Lösung für die Nacht zu finden. Schließlich kam ich auf ein Nachthemd mit einem Gummiband im Ausschnitt, das gerade so straff war, dass sie es mit beiden Händen halten musste, damit ihr das Nachthemd beim Stillen nicht im Wege war. Welche Erleichterung!

Manche Kinder beschränken ihre Aktivität nicht nur auf eine Hand. Sie bewegen ihren ganzen Körper, ohne die Brustwarze loszulassen. »Er benahm sich wie ein kleiner Affe«, sagte eine Mutter über ihren Sohn. »Er probierte Stillpositionen aus und erfand vermutlich noch weitere zwanzig neue.« Gelegentlich werden Sie vielleicht auch Ihr Kind von einigen allzu akrobatischen Stellungen abhalten wollen, wenn sie Ihnen zu gefährlich erscheinen sollten oder wenn sie Ihnen unangenehm werden.

Anstatt jedoch den Aktivitäten Ihres Kindes beim Stillen gegenüber negativ eingestellt zu sein, könnten Sie Ihr Kind beobachten und es zu solchen Gewohnheiten ermutigen, an denen Sie beide Spaß haben. Viele Mütter mögen es z. B., wenn ihr Kind die andere Brust oder die Wangen der Mutter streichelt.

Sie sollten auch in Betracht ziehen, ob das, was sich Ihr Kind ausgesucht hat, auch dann annehmbar ist, wenn andere Menschen dabei sind, denn oftmals ist es das Spiel beim Stillen und nicht so sehr das Stillen selbst, das die Mütter in Gegenwart anderer als peinlich empfinden.

Natürlich gibt es auch Mütter, die es gerne mögen, wenn das Baby beim Stillen z. B. mit der anderen Brustwarze spielt. Wenn Sie zu diesen gehören, genießen Sie die Berührung voll und ganz! Es muss irgendeinen natürlichen Grund dafür geben, weshalb so viele Babys dies gerne tun. Die Ursache liegt zweifellos darin, dass sich sowohl die Mutter als auch das Baby dabei wohl fühlen.

Das Gleiche gilt für die regelmäßige Überprüfung der mütterlichen Zähne, die viele Kleinkinder beim Stillen vornehmen. Manche Mütter können es nicht ausstehen, während andere es gerne mögen. Wichtig ist nur, dass Sie Ihrem Kind beibringen, welche Aktivitäten mit seiner freien Hand für Sie angenehm sind, sobald es damit auf Entdeckungsreise geht.

Das Bedürfnis, gestillt zu werden, ist immer noch stark – ganz gleich wo und wann

Die heiße Phase der Kritik überstehen

Das zweite Lebensjahr ist die Zeit, in der Sie mit großer Sicherheit Fragen und Kritik zu hören bekommen, weil Sie Ihr Kleinkind weiterhin stillen. Es ist, wie gesagt, immer noch ein Baby und hat immer noch, gleich wo und wann, das Bedürfnis, gestillt zu werden, ohne Rücksicht darauf, wie Sie sich in Gegenwart anderer Menschen dabei fühlen.

Dies trifft zwar nicht auf alle Stillkinder in diesem Alter zu, aber doch auf die meisten. Wenige Einjährige haben Verständnis für das, was Sie sagen oder was gesellschaftlich toleriert wird, und sind daher nicht in der Lage, verlässlich auf Erklärungen und einen Aufschub der Stillmahlzeit zu reagieren. Bei Babys im zweiten Lebensjahr ist es häufig einfacher und friedlicher – obendrein sicherlich auch rücksichtsvoller dem Kind gegenüber –, es zu stillen, wann und wo immer es das Bedürfnis danach hat. Versuchen Sie, freundlich mit möglichen Fragen oder Kritik fertig zu werden, denen Sie bei solchen Gelegenheiten ausgesetzt sind, in denen Sie sich nicht einfach mit Ihrem Kind zurückziehen können.

Es ist schlimm genug, dass wir mit etwas so Unnatürlichem fertig werden müssen, wie dem weit verbreiteten Glauben, dass wir unsere Babys nicht stillen sollten und dass unsere Einjährigen ohnehin keine Babys mehr seien. Dabei machen Kleinkinder in ihrem zweiten Lebensjahr ihren Eltern mit ihrem treuherzigen Vertrauen und ihrer Ausgelassenheit so viel Freude. Wenn wir es schaffen, über möglicher Kritik zu stehen, können wir unsere Babys als Babys viel länger genießen, als es viele Leute für möglich oder ratsam halten. Es ist so beglückend für die Babys – und für die Eltern –, nicht gezwungen zu sein, das Babyalter möglichst rasch hinter sich zu lassen – ganz gleich, wer das von uns fordert.

Kapitel 12

Stillen im »schrecklichen« dritten Jahr

Das »schreckliche« dritte Jahr ist nicht mehr schrecklich

Seit einiger Zeit kann man eine sehr positive Entwicklung beobachten: Die »schrecklichen Zweijährigen« werden derzeit umbenannt – »die aufregenden Zweijährigen« nennen einige Eltern jetzt ihre kleinen Kinder in ihrem dritten Lebensjahr. Auch wird inzwischen eine ganze Reihe dieser Zweijährigen, die ihre Eltern dazu veranlasst haben, ihr Entwicklungsstadium umzubenennen, noch gestillt.

Zweijährige haben den Ruf, fast jede Minute, die sie wach sind, unabhängig zu denken und ihre Umwelt zu erforschen. Dabei übertrifft ihr Ehrgeiz bei weitem ihre Fähigkeiten. Außerdem sind sie dafür bekannt, ihren Frustrationen in Wutanfällen durch Treten oder Brüllen Luft zu verschaffen. Selbst wenn man noch so gut auf sie aufpasst – was schließlich für ihre Sicherheit notwendig ist –, verletzen sie sich oft und präsentieren ihrer Mutter Finger und Knie, die geküsst und feierlich verbunden werden müssen. Sie können mit Zeiteinteilungen und dem Tempo der Erwachsenen nichts anfangen. Ihr Forscherdrang ist ständig aktiv, und sie protestieren energisch, wenn man sie an etwas vorbeilotsen will, das ihnen ins Auge fällt – sei es der Hund des Nachbarn oder einer dieser ärgerlichen Süßigkeitenstände an den Kassen der Supermärkte.

Alle diese Verhaltensweisen im dritten Jahr sind normal und spiegeln die aufregende geistige Entwicklung vom Baby zum Kleinkind wider. Wir erweisen einem Zweijährigen einen schlechten Dienst, wenn wir uns durch sein Verhalten in diesem Alter aus der Fassung bringen lassen und versuchen, ihm ein anderes Verhalten beizubringen. Ein Kind in diesem Alter muss wissbegierig sein und voller Eifer, neue Dinge auszuprobieren – neue Dinge, die es sich selbst aussucht und nicht wir, obwohl wir dies uns an manchen besonders turbulenten Tage wünschen mögen. Es muss anfangen, sich selbst zu behaupten und seine Wünsche und Meinungen zu äußern. Mit zunehmender Reife wird das Kind allmählich lernen, dass, selbst wenn es jetzt im Augenblick seinen Willen nicht durchsetzen kann, dies nicht unbedingt bedeutet, dass es niemals wieder seinen Willen bekommen wird. Aber im Moment bedeutet ihm seine neu entdeckte Macht, eigene Entscheidungen zu treffen, so viel, dass es gegen alles und jedes ankämpft, sobald es befürchtet, diese Macht zu verlieren.

Kluge Mütter lernen, mit diesem neuen Selbstbewusstsein zu leben und nicht dagegen anzukämpfen. Dies ist kein Verhalten, das Ihr Kind möglicherweise sein Leben lang an den Tag legen wird und das deshalb bereits im Keime erstickt werden muss. Es ist vielmehr ein wichtiger Schritt in der Entwicklung hin zu einem starken und gesunden Selbstbewusstsein. Das Verhalten Ihres Kindes wird in den nächsten Jahren immer vernünftiger und überlegter werden.

Während des faszinierenden, frustrierenden und immer wechselhaften dritten Lebensjahres empfinden Mütter wie Kinder das Stillen als wohltuenden Ausgleich. Die Kinder trinken an der Brust, um sich selbst zu beruhigen, wenn zunehmende Spannungen sowohl durch aufregende Erfahrungen aber auch durch Erfolgserlebnisse allmählich zu stark und daher unbehaglich werden. Viele Mütter benutzen das Stillen, um ihre Kinder in einer solchen Situation zu beruhigen.

Viele Kinder in diesem Alter haben sich abgestillt und sind ganz zufrieden. Andere trinken nur an der Brust, damit sie besser einschlafen oder aufwachen. Wieder andere benutzen das Stillen, um besser über manches unerfreuliche Erlebnis im Laufe des Tages hinwegzukommen. Eine ganze Reihe von Kindern in diesem Alter hat noch immer das Bedürfnis danach, ziemlich oft gestillt zu werden. Mütter mit noch gestillten Zweijährigen sprechen manchmal davon, wie anstrengend es für sie ist, dass ihre Kinder sie noch so sehr brauchen. Andere berichten, wie sehr sie die Stillzeiten genießen. »Nur beim Stillen gelingt es mir, mit meiner Tochter zu schmusen oder sie einmal still sitzen zu sehen«, ist eine typische Aussage.

Wutanfälle

Das Stillen ist ein besonders wirkungsvolles Mittel, um mögliche Wutanfälle eines Zweijährigen (aber auch in jedem anderen Alter) zu vermeiden. Sie oder Ihr Kind können gewöhnlich erkennen, wann eine Situation für das Kind so spannungsgeladen wird, dass es damit nicht mehr zurechtkommt, und mit dem Stillen beginnen.

Wenn Sie es aber doch mit einem ausgewachsenen Wutanfall zu tun haben, dann wird das Stillen Ihnen und Ihrem Kind wahrscheinlich helfen, ihn zu verkürzen. Man kann viel unnötige Aufregung dadurch vermeiden.

Wenn Sie sehen, dass Ihr Kind zwar schon anfängt zu weinen, aber noch ansprechbar ist, können Sie es vielleicht noch einmal ablenken, indem Sie lustige Gesichter schneiden, Witze machen, es kitzeln oder es zum Stillen hochnehmen. Wenn sich Ihr Kind aber richtig in den Wutanfall hineingesteigert hat, wird es sich möglicherweise nicht von Ihnen berühren lassen wollen und schon gar nicht bei Ihnen trinken (wobei mir allerdings einige stillende Mütter sagen, dass sie so etwas nie erlebt haben).

In diesem Falle setzen Sie sich so nahe zu Ihrem Kind, wie es das zulässt. Sagen Sie ihm, dass es jederzeit an Ihrer Brust trinken darf. Vielleicht erlaubt es Ihnen, sein Bein oder seinen Rücken zu streicheln; wenn ja, können Sie es auf diese Weise wahrscheinlich beruhigen.

Wenn nicht, dann suchen Sie sich eine Beschäftigung, damit Sie in der Nähe Ihres inzwischen sehr verängstigten und unglücklichen Kindes bleiben können. (Ja, ich weiß, der Wutanfall wurde durch eine lächerliche Kleinigkeit ausgelöst – die Katze bleibt nicht auf der Couch liegen, oder das Kind darf nicht mit Papa zur Arbeit gehen – aber diese Dinge können in einem kleinen Köpfchen riesengroß und überwältigend werden.)

Nehmen Sie sich ein Buch, Ihr Strickzeug oder den Zeitungsartikel, an dem Sie gerade geschrieben haben – ganz gleich, was es ist. Sie können ganz ruhig einer Beschäftigung nachgehen, solange Sie im Raum bleiben und Ihr Kind nicht anrühren. Die meisten Kinder in einem voll entbrannten Wutanfall schämen sich ihrer überreizten Gefühle, und es ist ihnen lieber, wenn man sie nicht dabei ansieht.

Nach einer Weile wird Ihr Kind vermutlich verschämt zu Ihnen kommen. Das fällt ihm schwer, weswegen es Ihre offenen Arme und sofortigen Trost braucht und keine Diskussion über den Wutanfall und warum es dazu gekommen ist. Wenn Ihr Kind noch an der Brust trinkt, halten Sie es einfach fest und lassen es bei sich trinken.

Bald darauf tut ihm wahrscheinlich ein wenig Lachen und Kitzeln gut. Sollte Ihr Kind nicht zu Ihnen kommen, um an der Brust zu trinken und mit Ihnen zu kuscheln, sondern dort einschlafen, wo es gerade liegt, dann können Sie davon ausgehen, dass Müdigkeit einer der Gründe für seinen Ausbruch war. Lassen Sie es schlafen, und gehen Sie Ihrer Arbeit nach. Nehmen Sie es in den Arm, und stillen Sie es nach dem Aufwachen, falls es das dann gerne möchte.

Natürlich kommen Wutanfälle gerne zu turbulenten, hektischen und oftmals »hungrigen« Zeiten am Tag vor, wenn es für Sie schwierig ist, Ihre Arbeit einzustellen und sich um das unglückliche kleine Kind zu kümmern. Dies ist vermutlich überhaupt der Grund, warum die Situation außer Kontrolle geraten ist. Wenn das Abendessen gerade auf dem Herd anbrennt oder Sie die älteren Kinder von der Schule abholen müssen, dann befinden Sie sich in einer dieser so typischen Situationen im Leben einer Mutter, in der die unterschiedlichen Bedürfnisse Ihrer Familie Sie in alle Himmelsrichtungen ziehen.

Sie können die Situation nur so gut bewältigen, wie es Ihnen an diesem Tage eben möglich ist (ziehen Sie die Töpfe von der Herdplatte herunter, bevor Sie sich neben Ihrem Kind niederlassen, oder tragen Sie Ihr schreiendes Kind zum Auto und versuchen, es so gut es geht in seinem Kindersitz zu trösten). Diese unterschiedlichen Bedürfnisse sind für uns alle von Zeit zu Zeit eine Herausforderung, die ja offensichtlich doch jeder überlebt.

Wenn Sie aber herausfinden, dass die Wutanfälle ziemlich regelmäßig zu einer bestimmten Tageszeit oder in bestimmten Situationen vorkommen, sollten Sie sich sehr genau anschauen, was da abläuft, und mit Hilfe Ihres mütterlichen Scharfsinnes das Leben Ihres Kindes an genau diesem Punkt leichter machen. Muss diese bestimmte Arbeit wirklich getan werden, oder kann sie auf einen anderen Zeitpunkt oder Ort verlegt werden? Wie wäre es, wenn Sie versuchen würden, Ihrem Kind vorher eine Geschichte vorzulesen oder es anzulegen? Wie lange ist es her, dass es etwas gegessen hat? Vielleicht wird ein kleiner Imbiss und/oder zusätzliche Aufmerksamkeit Ihr Kind so stärken, dass es mit dieser Situation besser fertig wird.

Über das Stillen sprechen

Zu den besonderen Freuden beim Stillen von Zweijährigen gehört es zu hören, was sie selbst zu dem Thema zu sagen haben. Einige von ihnen sagen Ihnen nicht nur, wann sie gestillt werden wollen, sondern auch genau, wo und wie: »Nicht im Bett, auf der Couch!« »Schieb nicht das Hemd hoch; mach die Knöpfe auf.« Ein kleines Mädchen öffnete lieber selbst Mamas BH und rief immer: »Selbst! Selbst!«, wenn die Mutter anfing, den Verschluss zu öffnen. Bei einem La-Leche-Liga-Treffen, bei dem Mütter ihre Babys stillten, rannte ein Kleinkind zu seiner Mutter und sagte freudestrahlend: »Oh, Mama. Viele Babys ham-ham; ich auch!« Hin und wieder kommt ein Zweijähriger zu einer so tiefsinnigen Schlussfolgerung wie: »Milch in der Mama!« Wie hinreißend sind doch diese ersten intellektuellen Entwicklungsschritte der Kinder, wenn sie erstmals etwas von den grundlegenden Vorgängen im menschlichen Körper zu verstehen beginnen.

Im dritten Lebensjahr ist die Auffassungsgabe der meisten Kinder so weit entwickelt, dass sie durchaus begreifen können, was die Mutter zum Stillen zu sagen hat. Auch können sie allmählich ihre Bitten nach dem Stillen zeitlich und räumlich so anpassen, wie es für die ganze Familie am angenehmsten ist. Damit soll nicht gesagt werden, dass es keinen Sinn hätte, mit dem Kind vor seinem zweiten Geburtstag über das Stillen zu sprechen oder dass Sie alle Details bis zu seinem dritten Geburtstag vollständig geregelt haben müssen. Ganz grob gefasst lässt sich sagen, dass wir im dritten Lebensjahr bei unseren Versuchen, Grenzen zu ziehen, gelegentlich Ergebnisse feststellen können.

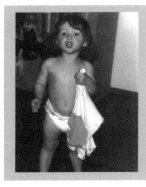

Ein aufgewecktes, aktives Zweijähriges

Eine Mutter, deren Kind ungefähr in diesem Alter war, erzählte: »Ich bestand darauf, dass das Zeitunglesen auf dem Boden nicht bedeutete, dass ich sie stillen wollte.« Eine andere Mutter, deren Sohn den zweiten Geburtstag hinter sich hatte, war nicht länger bereit, ihn anstelle des Abendessens zu stillen. Sie setzte diese Veränderung hauptsächlich durch, indem sie sich erst dann hinsetzte, wenn er mit dem Essen angefangen hatte. Wenn er trotzdem die Mahlzeit seiner Mutter unterbrechen wollte, bestand sie gewöhnlich sanft auf ihrem Recht, erst fertig essen zu dürfen. Wir verändern die »Stillregeln« genau so, wie wir andere Dinge verändern. Wir erklären z. B. einem Zweijährigen, warum er in der Haustür stehen bleiben muss, anstatt auf die Straße zu rennen. Aber erst wenn unser Kind wenigstens drei oder vier Jahre alt ist, werden wir von ihm erwarten können, dass es sich immer an diese Regel hält. Das zweite Lebensjahr ist die Zeit der Anfänge und nicht die Zeit, in der wir alles ein für alle Mal regeln.

Bei einem Zweijährigen können Sie allmählich Erfolge sehen, wenn Sie Situationen beschreiben, in denen Ihnen das Stillen unangenehm ist – aber nicht bei allen auf einmal und nicht mit hundertprozentiger Sicherheit. Am besten versuchen Sie nicht, das Kind dazu zu bringen, alle angestrebten Veränderungen sofort zu verstehen. Auch ist es nicht sinnvoll, plötzlich auf Stillbeschränkungen zu bestehen, wenn Sie bisher keine aufgestellt haben.

Im Laufe der Zeit wird Ihr Kind so weit sein, dass Sie sagen können: »Ich stille dich nicht gerne in Omas Haus. Warte, bis wir im Auto sind«, und Ihr Kind wird Ihrem Plan mit einem verschwörerischen Grinsen zustimmen oder Ihnen zumindest erlauben, es leicht mit einem Spielzeug oder einem Glas Saft abzulenken. Wenn Sie Ihr Kind abends stillen, können Sie ihm zu verstehen geben, dass es fertig werden soll, weil die Mama schläfrig ist. Oder Ihr Kind möchte z.B. unmittelbar nach dem Abendessen gestillt werden, während Sie sich so gerne ein paar Minuten mit Ihrem Kaffee und Ihrem Strickzeug hinsetzen möchten. Dann können Sie ihm sagen: »Erst wird Papa ein bisschen mit dir spielen; danach stille ich dich.« Diese Vorschläge werden nicht von vornherein auf fruchtbaren Boden fallen. Aber irgendwann werden Sie einen Erfolg sehen.

Wenn Ihr Kind wirklich auf eine Bitte von Ihnen in Bezug auf das Stillen reagiert, denken Sie daran, es dafür zu loben und ihm zu danken. Es lernt in diesem wichtigen Schritt, seine Bedürfnisse an die seiner Umwelt anzupassen. Sein ganzes Leben lang wird es dafür brauchen, um die Kunst zu erlernen, seine eigenen Bedürfnisse zu befriedigen, ohne die Bedürfnisse anderer zu verletzen. Jetzt fängt es gerade damit an, deshalb verdient dieses Ereignis so viel positive Aufmerksamkeit.

Gelegentlich werden Sie es vielleicht für nötig halten, Stillbeschränkungen einzuführen, ohne auf die Zustimmung Ihres Kindes zu warten. Wenn Sie sich z.B. für eine Weile von Ihrem Kind trennen müssen, dann wird es nicht die Möglichkeit haben, mehrmals am Tag bei Ihnen zu trinken, ganz gleich, wie seine Bedürfnisse aussehen mögen. Oder Sie stellen fest, dass Sie sich um ein anderes Familienmitglied kümmern müssen und Ihr Kind zum selben Zeitpunkt unbedingt gestillt werden will. In solchen Fällen müssen Sie nun einmal das tun, was getan werden muss, und dies Ihrem Kind auch möglichst verständlich erklären. Sie werden vermutlich überrascht sein, wie gut solche kleinen Kinder oft warten können, wenn Sie wirklich etwas anderes zu tun haben. Sie scheinen eine Notwendigkeit überraschend gut zu verstehen, wenn Sie in diesem Punkt absolut ehrlich zu ihnen sind. Natürlich sollten Sie alles tun, damit die Bedürfnisse Ihres Kindes erfüllt werden – vielleicht zu einer anderen Zeit oder auch durch andere Personen, einschließlich des Vaters und der Geschwister, aber sie müssen ganz und gar erfüllt werden.

Um festzustellen, ob Ihr Kind auch wirklich nicht zu kurz kommt, müssen Sie es genau beobachten und ihm die Gelegenheit geben zu zeigen, wie es sich augenblicklich fühlt. Solange es sich weiter gut entwickelt und im Allgemeinen fröhlich ist, können Sie ganz beruhigt sein in Bezug auf die Grenzen, die Sie gezogen haben.

Wenn es jedoch unglücklich wirkt oder sich manchmal wieder wie ein Baby verhält, sollten Sie Ihr Kind gelegentlich wieder ganz besonders bemuttern oder zusätzliche Anstrengungen unternehmen, um für eine Weile zu den alten Gewohnheiten zurückzukehren, wenn dies irgendwie möglich ist.

Jedes Mal, wenn Sie eine neue Regel einführen – entweder durch Überredung oder durch einen einseitigen Beschluss – sollte Ihnen klar sein, dass es vielleicht noch zu früh dafür ist. Verzweifeln Sie nicht, wenn Sie herausfinden, dass Ihr Kind mit den neuen Grenzen, die Sie ihm vorgeschlagen oder auferlegt haben, nicht zurechtkommt. Sie müssen das Gesetz nicht insgesamt aufheben. Verschieben Sie einfach den Zeitpunkt seines In-Kraft-Tretens um ein paar Wochen, und versuchen Sie es dann nochmals. Ihr Kind entwickelt sich immer weiter, und nach einer Weile wird es tatsächlich die Reife besitzen, um zufrieden mit den Regeln Ihrer Familie zu leben.

Häufiges Stillen eines Zweijährigen

Das dritte Jahr ist gewöhnlich die Zeit, in der die Kinder außer dem Stillen noch viele andere Beschäftigungen entdecken, selbst solche Kinder, die in ihrem zweiten Lebensjahr so oft wie Neugeborene bei der Mutter trinken. Einige hören mit dem Stillen ganz auf. Ihr Bedürfnis, gestillt zu werden, ist oft zwar noch genauso stark, aber dieses Bedürfnis überkommt sie seltener.

Hin und wieder fragt eine Mutter wegen eines Zweijährigen nach, der anscheinend ständig gestillt werden möchte. Bei einem Kind in diesem Alter, das noch immer so oft gestillt werden möchte, ist mein erster Gedanke, dass die Mutter wahrscheinlich neue Maßstäbe für sein Entwicklungstempo aufgestellt hat, die diesem Kind nicht entsprechen.

Außerdem muss man sich in Erinnerung rufen, dass Zweijährige sehr anspruchsvoll sind. Sie brauchen viel Aufmerksamkeit der Mutter, und das Stillen ist eine Möglichkeit, diese Aufmerksamkeit zu bekommen. Das Bedürfnis des Kindes nach Ihrer Aufmerksamkeit ist auch kein boshafter Anschlag auf Sie – es braucht sie einfach jetzt in erhöhtem Maße.

Kinder dieses Alters können auch aus Langeweile ein Bedürfnis nach zusätzlichen Stillzeiten haben. Andere Kinder wiederum brauchen häufiges Stillen, weil zu viele Reize auf sie einwirken oder weil sie Situationen ausgesetzt sind, mit denen sie noch nicht fertig werden.

Wenn Sie einen Zweijährigen haben, der deutlich häufiger als andere gestillt werden will, sollten Sie sich vielleicht einmal genau ansehen, was bei Ihnen zu Hause los ist. Welche Art von Aufmerksamkeit bekommt Ihr Kind von Ihnen? (Normalerweise trinkt ein Kind in diesem Alter beim Aufwachen, vor dem Einschlafen, ein- oder zweimal in der Nacht, vor oder nach einem Nickerchen und jedes Mal, wenn Sie sich hinsetzen oder -legen.) Eine Mutter zu haben, die dem Kind viel Nähe und Zärtlichkeit gibt, ist nach wie vor sehr schön – so wie früher zu Babyzeiten. Aber jetzt braucht Ihr angehendes Genie mehr. Es verkündet seine neuen ehrgeizigen Ziele unmissverständlich: »Ich, ich will!«

Sein wissbegieriger kleiner Geist würde sich auf die Aktivitäten und die Materialien, die ihm in einer guten Vorschule angeboten werden, nur so stürzen – leider fühlen sich aber nur wenige kleine Kinder in diesem Alter ohne ihre Mutter wohl genug, um die wunderbarsten Einrichtungen und Programme zu nutzen.

Deshalb wird für eine Weile die Familie die »Vorschule« sein müssen. Vielleicht schöpfen Sie alle raffinierten Möglichkeiten aus, um Ihr Zweijähriges zu unterhalten, so wie es Mütter schon immer getan haben – größtenteils, indem Sie nur das tun, was im und ums Haus getan werden muss, aber langsam und indem Sie gleichzeitig Ihrem Kind beibringen, wie es Ihnen helfen kann. Einige Kinder brauchen viel Farbe und Kreide; andere sind ganz versessen darauf, mit Autos und Bällen zu spielen. Ich erinnere mich, dass ich viel mit meiner kleinen Ballerina getanzt habe, als sie noch Windeln trug. Puzzles legen und zählen zu lernen, fesselt einige Zweijährige, während andere noch längst nicht so weit sind. Zweijährige haben gewöhnlich keine Freude daran, der Mama zuzuhören, wenn sie am Telefon mit jemand anderem spricht, oder von der Leiter wegzubleiben, wenn der Papa das Haus anstreicht.

Bei der Betreuung eines Zweijährigen ist es recht hilfreich, eine andere Familie mit Kindern zu besuchen. In Parks zu spielen und Sportarten wie Schwimmen und Eislaufen zu betreiben, kann Eltern und Kleinkindern gleichermaßen Freude machen. Eltern, für die es schwierig ist, ihren quirligen kleinen Kindern genügend interessante Beschäftigungsmöglichkeiten in ihren vier Wänden anzubieten, tun sich zusammen und gründen Krabbelgruppen oder Spielzentren, wohin die Erwachsenen mit ihren kleinen Kindern zum Spaß und der Geselligkeit wegen hingehen können. Andere Eltern übernehmen Aufgaben – bezahlt oder ehrenamtlich – in Vorschulen oder Kinderhorten, so dass das Kind die anderen Kinder und die Angebote der Einrichtungen genießen kann, gleichzeitig aber die Sicherheit hat, dass Mama oder Papa dabei sind. Die Eltern profitieren auch von der Gesellschaft anderer Erwachsener, während sie sich um ihre Kinder kümmern.

Natürlich ist ein solches Engagement außer Haus mit Ihrem Jüngsten ein ziemliches Unternehmen, und ich möchte nicht den Eindruck erwecken, als ob solche umständlichen Maßnahmen für alle Kinder oder für die Mehrheit von ihnen notwendig wären. Der größte Teil der Kinder wird zumeist ausreichend gefordert, wenn sie der Mutter bei deren Arbeiten zuschauen und mit gewöhnlichen Haushaltsgegenständen herumexperimentieren. Eigentlich brauchen Sie gar nicht die Aktivitäten Ihres Kindes zu planen, sondern eher seine Umgebung.

Viele von uns machen sich Sorgen wegen der sozusagen »geistesabwesenden« Betreuung von kleinen Kindern. Wir erledigen unsere Aufgaben, so gut es geht, und legen ganz automatisch unser Kind an, wenn es deswegen zu uns kommt. Hauptsache, es gibt in unserer Umgebung viele Menschen (wie z.B. Nachbarn und Verwandte) und Gegenstände wie z.B. Pfannen, Haferflockendosen, Lockenwickler, Wasserfarben und Papier bis hin zu »pädagogischem« Spielzeug. Dann kann nämlich die »geistesabwesende Betreuung im Hintergrund«, worunter ich im Grunde eine »nicht eingreifende« Betreuung verstehe, die allerbeste sein, die es gibt. Mary White beschreibt sie als »gute, gesunde Vernachlässigung«. Kinder lernen viel, wenn sie den Erwachsenen bei ihren interessanten Beschäftigungen zusehen, und die Mütter sind am glücklichsten, wenn sie einigen ihrer eigenen Interessen weiter nachgehen können.

Das Geheimnis einer guten »geistesabwesenden« Betreuung ist es, dass wir unsere Umgebung ständig ändern (was überhaupt nicht geistesabwesend ist, sondern eher raffiniert und phantasievoll) und in unseren eigenen Aktivitäten sehr anpassungsfähig sind. Die Beschäftigung, die wir uns aussuchen, muss man leicht zur Seite legen und wieder aufnehmen können. Ohne große Schwierigkeit sollten Sie Ihre Arbeit jederzeit unterbrechen können (wichtig ist vor allem, gar nicht einzuplanen, dass Sie damit fertig werden). Auf diese Weise können Sie entweder Ihr Kind stillen, ihm bei seiner Beschäftigung helfen oder einfach nur herumgehen und eine Weile mit ihm reden.

Solange Sie ihm viele und unterschiedliche Möglichkeiten anbieten, können Sie sich darauf verlassen, dass Ihr Kind Ihnen signalisiert, welche Art der Zuwendung im Augenblick die richtige ist.

Mütter, die im Hintergrund bleiben, lernen ihren Kindern zuzuhören, helfen ihnen, wenn ihnen langweilig ist oder wenn sie unruhig sind, und greifen nicht ein, wenn die Kinder beschäftigt sind.

Schüchternheit - ganz gleich, in welcher Ausprägung - ist typisch für einige Zweijährige und kann für Eltern eine besondere Herausforderung darstellen. Viele Kinder in diesem Alter sind noch nicht in der Lage, mit allen Kindern und Erwachsenen in einer Spielgruppe zurechtzukommen; manchmal schaffen sie es noch nicht einmal, eine andere Familie zu besuchen. Schüchterne Kinder suchen nach zu vielem Kontakt mit anderen Menschen oft Trost, indem sie dann häufiger gestillt werden möchten. Diese Kinder brauchen das gleiche körperliche und geistige Training wie Kinder, die in ihrem sozialen Verhalten weiter sind, aber sie benötigen dafür eine vertraute familiäre Umgebung.

Die Schaukeln und der Sandkasten im Park unten an der Straße mögen wohl dem kleinen Mädchen nebenan viel Spaß machen. Aber Sie werden vielleicht eine Weile lang in Ihrem Garten oder in der Küche schaukeln und spielen müssen, bis Ihr kleiner Mann bereit ist, sich in die große Welt hinauszuwagen. Er ist vielleicht noch nicht so weit, sich auf das Schaukelpferd zu setzen oder auf die riesigen Blöcke in der Spielgruppe oder der Vorschule zu klettern, aber Sie können den gleichen Spaß haben, wenn Sie mit ihm von der Veranda hinunterspringen oder eine immer größere Sammlung von Kartons aufeinander stapeln.

Um es noch einmal zu wiederholen: Ihr schüchternes Kind wird nicht zwangsläufig immer schüchtern bleiben, und Unsicherheit in neuen Situationen ist typisch für die meisten Zweijährigen. Wenn Sie Ihr Kind jedoch zwingen, Situationen zu meistern, denen es aufgrund seiner sozialen Unreife noch nicht gewachsen ist, können Sie damit die Weichen für eine lebenslange Schüchternheit stellen.

Es gibt natürlich Zeiten, in denen Sie von vornherein schon mit einem gesteigerten Bedürfnis Ihres Kindes nach dem Stillen rechnen – bei Krankheiten, wenn Sie umziehen, wenn ein Elternteil oder ein Geschwisterchen mehr abwesend ist als sonst, in ereignisreichen Zeiten wie den Ferien usw. – immer dann, wenn sich Ihr Kind unter Druck gesetzt fühlt.

Manchmal treten Situationen auf, in denen Mutter und Kind aus dem einen oder anderen Grund getrennt werden müssen; oder aber das Kleinkind muss mit mehr Leuten zusammen sein, als es problemlos verkraftet. Etwas Anstrengung, die von solchen oder anderen Situationen ausgeht, ist nicht von vornherein schädlich für die gesunde Entwicklung der kindlichen Seele. Nur wenn das Kind gezwungen ist, über einen sehr lange Zeitraum mit großen Belastungen ohne Geborgenheit und Sicherheit zu leben, wird es seelische Wunden davontragen.

Sie können Ihr Kind beobachten und es, so gut es Ihnen möglich ist, auch unterstützen. Wenn Ihr Kind durch häufigeres Stillen Belastungen ausgleichen will – wunderbar! Das Stillen ist zweifellos ein geeignetes und gesundes Mittel, um einem kleinen Kerlchen zu helfen, schwierige

Zeiten zu überbrücken. Wird das Kind nicht gestillt, dann achtet eine kluge und aufmerksame Mutter auf die Signale des Kindes und findet andere Möglichkeiten, um dem Kind Geborgenheit und Sicherheit in Zeiten zu vermitteln, die es als anstrengend empfindet.

Wenn Sie das Leben Ihres Zweijährigen in allen Einzelheiten überprüft und erkannt haben, dass es ihm weder an Anregungen noch an Sicherheit mangelt, es sich bester Gesundheit erfreut und gut ernährt wird, aber trotzdem »ständig« gestillt werden möchte, dann würde ich Ihnen vorschlagen, sich ab sofort keine Sorgen mehr zu machen. Einige Kinder brauchen ziemlich lange, um sich mit dieser Welt anzufreunden, und sie müssen länger bemuttert werden, als was gemeinhin als Norm angesehen wird.

Ich weiß, dass diese kleinen Kinder, die »ständig an der Brust hängen«, sehr anstrengend für ihre Mütter sind; sie erinnern mich an kleine Rotkehlchen, die größer sind als ihre Mütter, aber noch immer mit ihren Flügeln schlagen und piepsen, weil sie gefüttert werden möchten. Die Rotkehlchenmütter werden so wie wir ausgesprochen überbelastet, weil die Versorgung ihrer großen, schon flüggen Vogelkinder so anstrengend ist. Aber sie scheinen besser als wir zu wissen, dass sie ihre Kleinen nicht verlassen dürfen, bevor diese in der Lage sind, selbst zurechtzukommen. Sie können sicher sein, dass Ihr Kind wie das kleine Rotkehlchen so bald, wie es ihm möglich ist, von solchen häufigen und dringlichen Forderungen an Sie ablässt – vorausgesetzt, Sie bieten Ihrem Kind Gelegenheit zur Entwicklung und interessanten »großen« Beschäftigungen. Hamburger zu essen und mit anderen Kindern zu spielen, ist viel lustiger, als gestillt zu werden, so dass es nicht lange dauern wird, bis sich Ihr Kind die Gesellschaft anderer Kinder und seinen eigenen Platz am Esstisch sucht, anstatt auf Ihrem Schoß zu sitzen. Wie die Rotkehlchenmutter werden auch Sie dann Ihr »Gefieder putzen« und wieder in Ordnung bringen können.

Widerwillen gegen das Stillen

In der Zeit, in der wir uns so sehr intensiv mit unseren kleinen Kindern beschäftigen, wozu auch das Stillen gehört, haben viele von uns Müttern das Gefühl, unser ganzes Leben werde ausschließlich von den Bedürfnissen unserer Kinder beherrscht. Kleine Kinder erscheinen manchmal so unvernünftig; sie weigern sich zu verstehen, dass das Abendessen vorbereitet, unsere Haare gewaschen oder wir vielleicht einfach nur eine Weile allein sein müssen. Dass Kinder in diesem Alter gar nicht dazu in der Lage sind, Verständnis aufzubringen, sehen wir nicht ein, wenn wir ganz niedergeschlagen sind. Die Mutter eines Zweijährigen formulierte anschaulich, was vermutlich unsere größte Schwierigkeit ist, wenn wir lernen, Mutter zu sein: »Ich habe das Gefühl, dass das Baby zu abhängig von mir ist.« Eine andere Mutter klagte: »Jedes Mal wenn ich mich hinsetze, ist meine Tochter da. Ich fühle mich wie eine Hundemutter mit einem Wurf Welpen, die nur darauf warten, dass die Mama in die Knie geht, so dass sie sich an ihr festsaugen können.«

Zweifelsohne fühlt sich auch eine Hundemutter, die keine andere Möglichkeit hat, als ihre Kinder auf Hundeart mütterlich zu umsorgen, gelegentlich überwältigt von den Bedürfnissen ihrer kleinen Welpen. Sie kann ja auch nicht in Betracht ziehen, auf Flasche oder Schnuller zurückzugreifen, um sich ihr Leben mit späteren Welpen leichter zu machen. Sie kann sich auch nicht dadurch trösten, dass sie ihren Blick in die Zukunft richtet, wo ihr Leben wieder mehr ihr selbst gehören wird. Menschenmütter dagegen haben da viel mehr Möglichkeiten.

Wenige von uns hatten in ihrer Kinderzeit die Gelegenheit, eine ganz natürliche Erziehung zu beobachten oder zu lernen, wie sie gehandhabt wird, besonders im zweiten oder dritten Lebensjahr. Die Familien um uns herum hatten in der Regel Mütter, die der festen Überzeugung waren, es sei falsch, sich persönlich intensiv um seine kleinen Kinder zu kümmern.

Ohne Vorbilder aus unserer Kinderzeit, an die wir uns halten könnten, haben wir eine doppelte Aufgabe zu erfüllen: erstens, die Bedürfnisse unserer Kinder und unsere eigenen zu erfüllen, und zweitens herauszufinden, wie das geschehen soll. Sich um einen Zweijährigen zu kümmern, ist schon an sich eine sehr anstrengende Aufgabe; gleichzeitig noch unseren eigenen Weg festzulegen und gangbar zu machen, lässt das zweite und dritte Lebensjahr manchmal so ungewöhnlich schwierig für uns werden. Hoffentlich werden wir für unsere Töchter den Weg geebnet haben, wenn sie unsere Enkel umsorgen.

Wenn wir sorgfältig unsere Gefühle zum Stillen betrachten, werden wir gewöhnlich feststellen, dass wir nicht ständig von den Bedürfnissen unserer Kinder überwältigt sind – nur gelegentlich. Wie ich schon des Öfteren gesagt habe, geht es uns meist dann am schlechtesten, wenn unsere Prioritäten durcheinander geraten sind. Manchmal sind es aber auch körperliche Ursachen, weshalb wir keine Geduld fürs Stillen haben. Unmittelbar vor der Periode reagieren wir oft widerwillig auf den Wunsch unserer Kinder, gestillt zu werden – eigentlich auf jede Forderung. Empfindliche Brustwarzen zum Zeitpunkt des Eisprungs oder vor

165

der Periode verstärken das Gefühl von Widerwillen gegen das Stillen. Viele Mütter ertragen solche negativen Empfindungen vor der Periode oder in der Mitte des Zyklus viel besser, wenn sie einfach nur den Grund erkennen und wissen, dass sie sich in ein paar Tagen wieder besser fühlen werden. Weniger Salz zu verwenden und mehr zu trinken, kann auch dazu beitragen, die Gereiztheit vor der Periode zu verringern.

Während der Zeit, in der wir lernen, Mutter zu sein – insbesondere beim ersten Kind –, geht nicht immer alles nach unseren Vorstellungen, denn wir wachsen ja auch selbst noch. »An manchen Tagen sind wir beide beim Abendessen zur gleichen Zeit nervös«, schreibt eine Mutter, »und ich will mich dann auch nicht hinsetzen, um meinen Sohn anzulegen. Dann gibt es noch diese einfach nur schrecklichen Tage, an denen ich feststelle, dass ich ohne Grund herumschreie. Gott sei Dank können wir uns hinsetzen, und ich kann ihn stillen und lieb haben, nachdem ich mich wieder gefangen habe, denn das Stillen beruhigt uns beide.« Es gibt kein verlässlicheres Mittel als das Stillen, um uns und unseren Kindern zu helfen, dem anderen gegenüber wieder positive Gefühle zu empfinden, wenn wir vorher etwas aus der Fassung geraten sind.

Es liegt nicht immer nur an uns, wenn das Stillen in diesen anstrengenden Jahren schwierig ist. Mit einigen Kindern kommt man einfach schwerer zurecht als mit anderen. Eine Mutter beschrieb eines ihrer Kinder als »sehr anstrengend«, »egoistisch«, ungerührt von den Gefühlen seiner Mutter. »Er stieß mich ab«, sagte seine Mutter, und das machte ihr Kummer. Wir können nur wünschen, dass diese anspruchsvollen kleinen Kinder alle so glücklich sind, eine solche Mutter zu haben, wie jene, die mir geschrieben hatte – Mütter, die ihrem Drang nicht folgen, diese Kinder abzulehnen, wenn sie sich von ihrer schlechtesten Seite zeigen, und die von sich fordern, offen zu bleiben, so dass sie sich an ihren Kindern erfreuen können, wenn sich diese von der besten Seite zeigen. Das Stillen ist besonders wertvoll, um die unvermeidlichen negativen Gefühle zu glätten, die täglich bei einigen Kindern – und deren Müttern – zutage treten.

Wahrscheinlich ist für die meisten von uns die Unzufriedenheit darüber, wie sehr uns unser kleines Kind braucht, ein Teil unseres Lebens. Man muss sich dessen nicht schämen, und wir Mütter können dieses Gefühl am besten verkraften, wenn wir einander unsere Gefühle mitteilen.

Kapitel 13

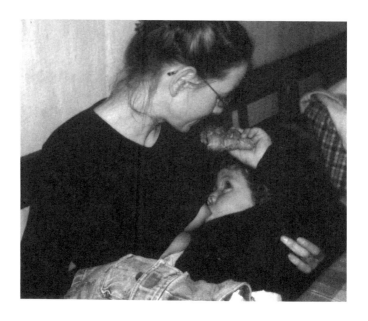

Über das Stillen
von Dreijährigen

Die letzten Spuren des Babyalters

Die meisten Stillkinder sind heutzutage bis zu ihrem dritten Geburtstag abgestillt. Ich bin sicher, dass sich in allen Kulturkreisen viele Kinder bis zu diesem Alter spontan abstillen. Die vorherrschende Meinung in unserer Gesellschaft, selbst unter den Befürwortern des Langzeitstillens, ist, dass Kinder in diesem Alter nicht mehr gestillt werden sollten – und dies verleitet uns dazu, unsere Kinder bis zum dritten Geburtstag oder noch früher abzustillen. Deshalb lässt sich so schwer mit Sicherheit sagen, ob es ein natürliches Abstillalter für die Mehrheit der Kinder gibt oder ob der dritte Geburtstag – wie der erste – nur ein weiterer, von der Gesellschaft vorgegebener Wendepunkt ist. Die Wahrheit liegt zweifellos irgendwo dazwischen. Es gibt keine »natürliche« Altersgrenze, ab der die Babyzeit und das Stillen exakt aufhören müssen. Gleichzeitig gibt es im vierten Jahr sowohl im Verhalten wie auch im Aussehen genügend Veränderungen, die uns das Gefühl vermitteln, dass das Babyalter langsam ausklingt und die Kindheit irgendwann um den dritten Geburtstag allmählich beginnt.

Mit jedem Tag im Leben Ihres Kindes rückt der Tag näher, an dem das Abstillen ohne Schwierigkeiten verläuft – vielleicht mit zweieinhalb oder vielleicht erst mit viereinhalb – irgendwann während dieser Zeit wird es möglich sein, dass Sie ohne Tränen abstillen können. Je weniger erdrückend aber der Gedanke an das Abstillen für Ihr Kind wird, desto einfacher wird gewöhnlich das Stillen für die Mutter. Ein Dreijähriger, mit dem Sie seit der frühen Kindheit über das Stillen geredet haben, wird gewöhnlich Ihre Vorlieben und Regeln beim Stillen zum größten Teil respektieren. Ihr »großes« Kind wird selten gerade dann um das Stillen bitten, wenn Sie es eigentlich als peinlich empfinden. Sie dürften auch kaum mehr das unangenehme Gefühl haben, Ihr Kind unbedingt zu jeder Zeit und an jedem Ort stillen zu müssen.

Ein dreijähriges Kind ist wahrscheinlich noch nicht so weit, Ihre Empfindungen in Bezug auf das Stillen (oder das Bemalen von Wänden) in vollem Umfang verstehen zu können, aber die meisten sind bereit, sich an einige vernünftige Grenzen auch zu halten, die Ihnen wichtig sind. Natürlich wird Ihr Kind den Sinn dieser Grenzen noch nicht ganz begreifen. Ihr Kind versteht nicht automatisch, warum Sie es z.B. nicht so gerne während eines Konzerts im Park stillen. Es wird Ihnen ja auch nicht zwangsläufig beipflichten, dass Ihre Tapete vor der Verschönerung mit Wachsmalstiften besser ausgesehen hat. Aber es lernt schon etwas über das Geben und Nehmen – sich im Zusammenleben mit Ihnen in manchen Dingen anzupassen, so wie Sie es auch im Zusammenleben mit ihm tun.

Da sich das soziale Verhalten der Dreijährigen langsam immer mehr entwickelt, empfinden die Mütter gewöhnlich ein Stillkind in diesem Alter oft als reines Vergnügen. Das Stillen bedeutet fast immer eine sehr ungestörte Zweisamkeit, innig und erfreulich, oft gewürzt mit lebhaften und tiefsinnigen Gesprächen. Dreijährige sind ohnehin meistens angenehme Familienmitglieder, deshalb verwundert es auch kaum, dass das Stillen, wenn es noch zum Leben des Kindes dazugehört, ebenfalls sehr angenehm ist.

Ungestörte Zweisamkeit

Es gibt äußere Situationen, die das Stillen eines Dreijährigen beeinflussen können. Die auffälligsten Ereignisse, die eine Mutter dazu bewegen, sich gegen eine Fortführung der Stillbeziehung zu entscheiden, sind eine Schwangerschaft oder die Geburt eines jüngeren Geschwisterchens. Ein Kind muss natürlich nicht zwangsläufig wegen des jüngeren Kindes abgestillt werden; aber in vielen Familien fühlt sich die Mutter körperlich oder gefühlsmäßig unwohl, wenn sie das ältere Kind weiterstillt. Deshalb beginnt sie mit dem Abstillen.

Vermutlich ist der häufigste Grund für das Abstillen eines Dreijährigen das dominierende Gefühl bei einem oder beiden Elternteilen, dass mehr als drei Jahre einfach eine zu lange Zeit sind, um weiterzustillen. Die Dreijährigen laufen, reden und brauchen fast überhaupt keine Windeln mehr. Sie sehen nicht mehr wie Babys aus und benehmen sich auch nicht mehr so. Selbst Befürworter des Langzeitstillens verbreiten die Ansicht, dass es ziemlich einfach sein dürfte, Dreijährige abzustillen.

Natürlich lutschen noch viele dieser Kinder am Daumen, schlafen mit ihren Teddybären im Bett, bekommen ab und zu einen Wutanfall oder benehmen sich auf andere Weise wieder wie ein Baby. Glücklicherweise lernen wir Eltern es allmählich, diese Reste frühkindlichen Verhaltens nicht allzu ernst zu nehmen und vielmehr auf die Vielfalt der sich entwickelnden Persönlichkeitsmerkmale unserer Kinder zu achten. So wie sich das Keimblatt in einer jungen Bohnenpflanze bildet, wird Ihr Kind wachsen und sich entfalten, bis kaum noch eine Spur seines frühkindlichen Wesens mit all seinen Ausprägungen übrig bleibt. Allerdings können wir nicht genau vorhersagen, welches babyhafte Verhalten zuletzt verschwinden wird.

Wenn Fachleute auf dem Gebiet der Kindererziehung bei etwas beunruhigenden frühkindlichen Verhaltensweisen wie dem Daumenlutschen und Bettnässen bei Kindern über drei Jahren zur Geduld raten (was auch mit Sicherheit richtig ist), dann ist dies meiner Auffassung nach Grund genug, umso mehr Verständnis für ein derartig gesundes Verhalten wie Stillen aufzubringen. Niemand hat bewiesen, dass das Weiterstillen irgendwie schädlich sein könnte. Viele Familien empfinden dagegen, dass es viel Gutes mit sich bringt.

Gemeinsame Gespräche über das Stillen und Abstillen

Wenn die Kinder größer werden und sich selbst und ihre Umwelt etwas besser verstehen, dann wollen ihnen die meisten Mütter nahe bringen, dass sie dem Stillen mit der Zeit entwachsen werden. Wenn Sie nun aber Ihrem Kind gegenüber diese Tatsache erwähnen, wird Ihr Dreijähriges, das jetzt noch sehr gerne gestillt wird, vermutlich recht ungläubig dreinschauen. Wahrscheinlich ist es für Ihr Kind genauso schwer zu glauben, dass es eines Tages ohne diese geliebte Nähe glücklich sein wird, wie auch Sie es sich manchmal kaum vorstellen können, dass es auf seinem Nachhauseweg vom Spielen nicht von Ihnen gestillt wird. Ein Kind, das schon allein den Begriff des Abstillens noch nicht erfassen kann, wird gewöhnlich alle Ihre Versuche ignorieren, ein Gespräch in dieser Sache in Gang zu bringen – oder es wird demonstrativ das Thema wechseln. Der Grund wird in der Regel noch nicht einmal so sehr sein, dass dieser Gesprächsgegenstand bedrohlich ist, sondern dass das Thema für das Kind völlig unbegreiflich und unwirklich ist, so dass es sich nicht lohnt, darüber zu reden. Wenn sich Ihr Kind tatsächlich dadurch bedroht fühlt, wird es vermutlich in der Weise darauf reagie-

```
dm-drogerie ... GmbH + Co. KG
... ...heim
... ... ...08
Ostern ...

... ... ...    9587    4312

                                  EUR
Pampers Ak Active DP Fit Mini    8,95 1
... ... Mikrofaser Wischt.      1,75 1
Pampers Ak Active DP Fit Maxi    8,95 1
... (3,00)
... ... Feuchttücher            4,95 1
...                             24,60

...                             -3,00
...                             21,60

... ... EUP                    -20,00
Ba...                            2,10
... ... EUP                     ...

...                             20,67

...                              3,93

... ... ... ...  4230003367...

... ... Punkte ...
... ... Jahr: 24



30,01... 15:38  0439/...  9587     2
```

Ich willige ein, dass diese Daten an die dem Verfahren angeschlossenen Unternehmen zu dem im Aushang erläuterten Zweck und Umfang übermittelt und von den Unternehmen gespeichert werden dürfen.

....
Unterschrift   (Betrag siehe Vorderseite)

Eine von vielen dm-Qualitätsmarken.
Vielen Dank für Ihren Einkauf.

dm-drogerie markt
Carl-Metz-Str. 1
76185 Karlsruhe

📞 dm-ServiceCenter: 0800-365 86 33
@ ServiceCenter@dm-drogeriemarkt.de
🌐 www.dm-drogeriemarkt.de

Official Partner

Hiermit ermächtige ich dm-drogerie markt, den angegebenen Betrag von meinem genannten Konto durch Lastschrift einzuziehen. Für den Fall einer Nichteinlösung oder eines Widerspruchs bevollmächtige ich meine Bank, dem Unternehmen dm-drogerie markt oder einem beauftragten Dritten auf Anforderung meinen Namen und meine Anschrift mitzuteilen.

Wichtig! Bei Nichteinlösung des Kaufbetrages erfolgt der Forderungseinzug durch ein Inkassobüro. Die anfallenden Bankgebühren sowie die Kosten des Inkassobüros sind von mir zu tragen.

Ich stimme ausdrücklich zu, dass meine Kontonummer, die Bankleitzahl meines Kreditinstituts sowie der von mir zu zahlende Betrag bei Nichteinlösung von Lastschriften aufgrund fehlender Kontodeckung oder bei Widerspruch an eine Sperrdatei übermittelt und dort gespeichert werden.

Ich willige ein, dass diese Daten an die dem Verfahren angeschlossenen Unternehmen zu dem im Aushang erläuterten Zweck und Umfang übermittelt und von den Unternehmen gespeichert werden dürfen.

....
Unterschrift   (Betrag siehe Vorderseite)

ren, dass es für einige Tage häufiger das Bedürfnis zeigt, gestillt zu werden.

Eine Mutter schrieb über ihren Dreijährigen: »Er hatte mitbekommen, dass ich verschiedentlich erwähnt hatte, ich würde es ihm überlassen, sich abzustillen. Eines Tages sagte er plötzlich: ›Warum willst du, dass ich mich selbst abstille? Ich will mich nicht selbst abstillen!‹ Es dauerte eine Weile, bis er verstanden hatte, was ich meinte.« Die Art des Abstillens, bei der die Kinder den Zeitpunkt selbst bestimmen, ergab für diesen kleinen Kerl genauso wenig Sinn wie jede andere Form des Abstillens.

Wenn Ihr Kind nicht mit Ihnen über das Abstillen reden möchte, dann erwähnen Sie das Thema am besten überhaupt nicht mehr. Lassen Sie ein paar Wochen verstreichen. Bis dahin hat sich Ihr Kind möglicherweise von selbst abgestillt, ohne je ein Wort zu diesem Thema verloren zu haben, oder es ist vielleicht bereit, über das Abstillen immerhin zu reden. Möglicherweise wird es aber auch Ihr Angebot zu einem Gespräch ablehnen.

Es gibt ernste und belanglose Gründe, mit dem Kind über das Stillen und Abstillen zu sprechen. Eine Mutter sagte: »Ich denke, zu den schönsten Dingen beim Stillen eines älteren Kindes gehört die Möglichkeit, miteinander darüber zu sprechen. Der Stillbeziehung wird sozusagen eine zusätzliche Dimension verliehen.«

Oft sind die Bemerkungen der Kinder über das Stillen und Abstillen wie kleine Schätze, die Ihr Leben bereichern; deshalb sollten Sie solche kostbaren Momente ganz bewusst auskosten.

Ein Dreijähriger z.B. teilt seinen Tagesablauf wie ein viel beschäftigter Geschäftsmann ein. »Geh nicht weg«, sagte er, »weil ich bei Dir trinken möchte, wenn ich das Schloss fertig gebaut habe.« Als ein Vater seinem fast dreijährigen Sohn erzählte: »Große Jungs brauchen keine Mamamilch«, entgegnete dieser: »Doch! Manchmal vorm Schlafengehen!« Als die Milch nicht schnell genug bei einer Mutter einschoss, sagte ein kleines Kerlchen ungeduldig: »Dreh den Hahn auf, Mama.« Und als eine Mutter ihre kleine Tochter fragte: »Willst du jetzt gestillt werden?«, verkündete ihre Tochter voller Entzücken: »Du hast die gutesten Ideen!« Später konstatierte sie: »Die ist leer – jetzt die andere Seite«, und am Schluss stellt sie höflich fest: »Alles raus. Bitte mach die Tür zu.«

Nüchterner betrachtet, sehen die Mütter das Stillen nicht als das gleiche frühkindliche Verhalten an wie das Bedürfnis nach einem Teddybären oder dem Daumenlutschen. Das Stillen ist weniger beunruhigend, denn dabei ist die Wahrscheinlichkeit nicht besonders groß, dass irgendein Bedürfnis nach mütterlicher Zuwendung nicht erfüllt worden ist. Der Teddybär ist für Ihr Kind seine Privatsache. Auch das Daumenlutschen ist hauptsächlich seine eigene Angelegenheit – es sei denn, Sie denken an zukünftige Rechnungen Ihres Kieferorthopäden, sollte das Daumenlutschen bis in die Schulzeit weitergehen. Beim Stillen dagegen sind immer zwei beteiligt, und die Mütter sind nicht begeistert, wenn sie allmählich das unbegründete Gefühl haben, dass das Stillen noch genauso lange dauern könnte, wie ein paar Kinder am Daumen lutschen oder ihre Kuscheltiere mit ins Bett nehmen. Einige Kinder stellen ab und zu fest, dass sie diese Tröster für Einsame noch in ihren Betten im Studentenwohnheim brauchen.

Sobald Ihr Kind fähig ist, sich mit dem Begriff des Abstillens verstandesmäßig auseinander zu setzen, können Sie ihm durchaus um Ihres inneren Friedens willen zu verstehen geben, dass die Stillbeziehung irgendwann ein Ende haben wird. Sie sollten aber auch klar ausdrücken, dass Sie es weiterhin lieben und ihm nahe sein werden, auch wenn es kein Bedürfnis mehr danach hat, bei Ihnen zu trinken. Sie können auch auf andere Kinder hinweisen, besonders ältere Geschwister, die nicht mehr gestillt werden, aber bitte nicht als leuchtende Vorbilder! (»Schau mal, Julia wird nicht mehr gestillt, und sie ist erst zwei Jahre alt.«) Vielmehr sollten Sie Kinder, die nicht mehr gestillt werden, nur als Beispiele dafür anführen, dass das Leben auch ohne das Stillen geborgen und glücklich sein kann. (»Julia wurde früher so wie du gestillt. Sie und ihre Mutter finden das Geschichtenvorlesen jetzt aber schöner. Eines Tages wird das auch für uns so sein.«) Auf diese Weise geben Sie Ihrem Kind Information, die es in seinen eigenen Zeitplan einfügen kann – in wenigen Wochen oder erst in etlichen Monaten, je nach seinen Bedürfnissen und seinem individuellen Entwicklungsverlauf.

Das vierte Lebensjahr ist nämlich eine Zeit, in der das unglaublich rasante Wachstum der ersten Jahre seinen Höhepunkt zu erreichen scheint. Aus diesem Grund sehen viele, die die kindliche Entwicklung erforschen, diese Zeit als das Ende des Babyalters an. Außerdem sind Kinder in diesem Alter, selbst wenn sie noch nicht bereit sind, alle Gewohnheiten und Verhaltensweisen eines Babys abzulegen, gewöhnlich voller Neugierde auf die vor ihnen liegende Kindheit.

Kapitel 14

**Das Stillen von Kindern
über vier Jahren**

Das Schreckgespenst vom Stillen ohne Ende

Bei Kindern, die sich nicht bereits bis zum vierten Geburtstag von der Brust entwöhnt haben, gibt es fast immer Anzeichen fürs Abstillen, oder aber sie zeigen zumindest in den nächsten Monaten eine gewisse Bereitschaft dazu. Es lässt sich nicht vorhersagen, wie lange es wohl dauern könnte, bis Ihr Kind ganz und gar mit dem Stillen aufhört.

Wenn Sie jedoch schon den Verdacht hegten, dass dieses Kind nicht auf die Universität gehen kann, weil die Telefongesellschaft erst eine Fernleitung für die Beförderung von Muttermilch erfinden muss, werden Sie erleichtert bemerken, dass Ihr Kind über andere Möglichkeiten nachdenkt, wie seine Beziehung zu Ihnen auch noch aussehen und wie es sich trotzdem noch geliebt und geborgen fühlen könnte.

Sofern Sie ein Kind nicht vier Jahre oder länger gestillt haben, erscheint Ihnen diese Vorstellung zweifellos entsetzlich – so ein großes Kind! Natürlich empfanden die meisten von uns Ähnliches, als wir das erste Mal beobachtet haben, wie Zweijährige gestillt wurden. Wenn Sie ein Kind in dem besonders anstrengenden zweiten oder dritten Lebensjahr stillen, möchten Sie wahrscheinlich bei der bloßen Vorstellung daran, dass sich diese Stillbeziehung vielleicht noch über den vierten Geburtstag Ihres Kindes hinaus erstrecken soll, am liebsten von zu Hause weglaufen. Sie haben natürlich Recht, denn der Gedanke, dieses Zweijährige jahrelang ohne Unterbrechung zu betreuen (nicht nur zu stillen), muss Ihnen sehr strapaziös erscheinen. Aber genau wie sich die ganze Art der mütterlichen Zuwendung zwischen dem zweiten und vierten Lebensjahr verändert, so verändert sich auch das Stillen.

Diese »großen« gestillten Kinder verstehen inzwischen sehr gut, was Sie zu ihnen sagen. Die meisten Kinder in diesem Alter, die noch an der Brust trinken, könnten viel leichter abgestillt werden als mit zwei oder drei Jahren. Gleichzeitig aber sind die Gründe für das Abstillen sicherlich alle weggefallen. Ein Vorschulkind zu stillen, das diese besondere Form der mütterlichen Zuwendung noch braucht, ist eine große Freude. Das Kind hat gelernt, Sie nicht in Verlegenheit zu bringen. Es trinkt viel seltener oder kürzer an der Brust – oder beides. Die Stillbeziehung mit den Kindern über vier Jahren belastet eine Mutter bis auf wenige Ausnahmen kaum – wenn überhaupt. Vielleicht werden Sie ab und zu auf die ironische Bemerkung reagieren müssen, dass Ihr Kind noch an der Brust trinken wird, wenn es in die Schule kommt. »Warum haben die Kinder Ihrer Meinung nach Pausen?«, wäre in diesem Fall eine gute Antwort. Wenn wir einmal genau nachforschen würden, käme heraus, dass etliche sehr bekannte Menschen in den ersten Schulklassen noch ein bisschen das Stillen genossen haben und dass es ganz normale Schulkinder gibt, die noch nicht ganz abgestillt sind.

Ein Kindergartenkind fragte regelmäßig vor dem Zu-Bett-Gehen bescheiden: »S-T-I-L-L-S-T du mich bitte?« Seine Mutter schrieb mir: »Ich musste lachen beim Gedanken daran, was bestimmte Leute sagen würden, wenn sie wüssten, dass ein Kind, das das Wort ›stillen‹ buchstabieren kann, noch an der Brust trinkt.«

Abgesehen von der Zurückhaltung, die aufgrund unserer gesellschaftlichen Normen allen zu empfehlen ist, die Kinder über vier Jahren stillen, sehen nur wenige Mütter irgendeine Veranlassung, das Stillen zwangsweise zu beenden. Auch das Stillen von Kindern über vier Jahren kann natürlich aufgrund von äußeren Faktoren etwas problematisch werden. Die Stillbeziehung an sich ist selten der Grund für Schwierigkeiten und wird eher wie eine wohlige Liebkosung empfunden.

Stillen nur zu Hause – Vierjährige verstehen das

Erinnerungen werden geformt

Mädchen fangen an, sich bewusst an ihr Leben zurückzuerinnern, wenn sie etwas älter als drei oder vier Jahre sind, bei Jungen ist es gewöhnlich etwas später. Dabei ist das Stillen eines der vielen Dinge, an die sie sich vielleicht erinnern. Möglicherweise empfinden Sie den Gedanken als unangenehm, Ihr Kind könne sich vielleicht an das Stillen erinnern, wenn es erwachsen und beispielsweise ein Verwaltungsbeamter in Frankfurt ist. Würde es Sie später einmal in Verlegenheit bringen, solche intimen Momente mit Ihrem Sohn oder Ihrer Tochter zu teilen? Wahrscheinlich nicht.

Druck von den Gleichaltrigen

Lange bevor Ihr Kind vier Jahre alt wird, werden Sie sicherlich allerhand Strategien, als Schutz vor Bemerkungen oder Druck von anderen Erwachsenen ausgearbeitet haben. Ältere Geschwister davon abzuhalten, Ihr »Codewort« den Uneingeweihten zu übersetzen, könnte das einzige Problem in dieser Richtung sein. Wenn Ihr Kind aber älter wird – vielleicht sogar vor dem vierten Geburtstag, aber sicherlich um dieses Alter herum –, müssen Sie sich darüber klar werden, was sich unter seinen Geschwistern oder Freunden abspielt. Es gibt sehr wahrscheinlich Gespräche über das Stillen – so sollte es auch sein. Vielleicht wird Ihr Kind aber auch wegen des Stillens aufgezogen, und dies gilt es, im Auge zu behalten.

Ich würde Ihnen nicht raten, den Versuch zu unternehmen, jegliches Aufziehen hierzu oder wegen irgendeiner anderen Sache zwischen Gleichaltrigen ganz zu unterbinden. Dies wäre unmöglich und wahrscheinlich auch nicht das Beste für die Beziehung der Kinder untereinander, selbst wenn es Ihnen gelänge. Das Aufziehen ist ein wichtiger Bestandteil des kindlichen Zusammenlebens und des menschlichen Spieltriebs, selbst unter Erwachsenen. Sie sollten aber Ihr Stillkind beobachten, um festzustellen, wie es damit zurechtkommt.

Wenn ältere Kinder jedoch Jüngere aufziehen, kann es sich etwas anders verhalten, da die Meinung der großen Kinder gewichtiger ist als die von Gleichaltrigen. Wenn ein Kind, besonders wenn es drei oder vier Jahre älter ist, ein kleines Kind aufzieht, sollten wir versuchen, ihm beizubringen, seine Hänseleien auf Dinge zu beschränken, die witzig sind, und dabei so behutsam vorzugehen, dass es nicht verletzend wird. Ältere Kinder muss man mit den Spielregeln für das Necken von kleinen Kindern vertraut machen, nicht nur, damit ihr Verhältnis mit dem kleinen Geschwisterchen oder Freund keinen Knacks bekommt, sondern auch, um sie dadurch auf ihr späteres Verhalten vorzubereiten.

Wenn sich bei Ihrem Stillkind die ersten Anzeichen zeigen, dass es aufgrund des Drucks oder der Hänseleien von anderen Kindern unglücklich ist, sollten Sie energisch eingreifen. Seine Niedergeschlagenheit kann sich in häufigerem Trinken an der Brust, Aggressionen oder einem Rückzug in seiner Beziehung zu Ihnen oder zu anderen Kindern zeigen. Es kann sogar zu vermehrten Schlafproblemen, häufigerem Bettnässen oder Daumenlutschen kommen – alles Zeichen, mit denen uns Kinder signalisieren, dass bei ihnen etwas nicht stimmt.

Sie können es Ihrem Kind leichter machen, wenn Sie mit den Kindern, die Ihr Kind aufziehen, über das Stillen sprechen, so dass es in ihren Wortgeplänkeln an Reiz verliert. Sie und Ihr Stillkind können auch Pläne dafür entwickeln, dass das Stillen stärker eine Privatangelegenheit bleibt. Ein Vorschulkind ist sicherlich alt genug, um seine Stillzeiten in etwa im Voraus zu planen, besonders zu seinem eigenen Schutz.

Falls Ihr Kleinkind unter dem Necken durch die anderen Kinder leidet, wird allein das Sprechen darüber schon eine gewisse Erleichterung bedeuten. Zu wissen, dass Sie das Problem kennen und ihm helfen wollen, nimmt schon viel von dem Druck weg.

Allgemein gehaltenes Necken sollte, wie schon gesagt, jedoch nicht unterbunden werden. Vorausgesetzt, dass das Aufziehen noch im Rahmen des Witzigen bleibt und den anderen nicht lächerlich macht, ist es eine Art der Unterhaltung; die Menschen brauchen viel Übung, um darin gut zu sein – sei es beim Austeilen oder Einstecken. Beim Necken lernen die Kinder etwas darüber, wie man sich in einer bestimmten Gesellschaft zu verhalten hat. Die Kinder lernen eine Reihe gesellschaftlicher Normen, und zwar nicht von den Erwachsenen, die die Regeln aufstellen, sondern von anderen Menschen ihres eigenen Alters, die sich mit ähnlichen Dingen beschäftigen wie sie selbst.

Die Erwachsenen in diesem Prozess haben die schwierige Aufgabe sicherzustellen, daß die Spielregeln immer fair und relativ schmerzlos sind, denn die Kinder wissen nicht, wie weit sie beim Thema Stillen oder einem anderen Gesprächsgegenstand gehen können, ohne ihre Kameraden zu verletzen. Es ist unsere Pflicht, ihnen beizubringen, was »Fairplay« ist und was nicht. Dieser Teil unserer Aufgaben als Eltern beginnt, wenn unsere Kinder anfangen, mit anderen Kindern in Kontakt zu treten, und geht weiter, bis sie erwachsen sind. Die Aufgabe hört sich an, als sei sie riesig – und das ist sie tatsächlich. Aber es lohnt sich. Wenn wir nämlich unseren Kindern beibringen, andere auf eine faire Art und Weise zu necken und es zu genießen, fair geneckt zu werden, dann werden sie sich dank unserer Hilfe für den Rest ihres Lebens damit gut vergnügen können.

Ein Kind, das bis zum vierten Lebensjahr und darüber hinaus an der Brust trinkt, hat die Möglichkeit, mit seinem Verstand seine Beziehung zu seiner Mutter zu betrachten und herauszufinden, wie das Stillen sein Verhältnis zu gleichaltrigen Spielgefährten und Geschwistern beeinflusst, die es damit aufziehen. Es wird unmittelbar konfrontiert mit allerlei wechselnden und widersprüchlichen Empfindungen – seinen eigenen, denen seiner Mutter und anderer Menschen in seiner Umgebung. Aufmerksame Eltern werden genau beobachten, wie ihre Kinder die verschiedenen Einflüsse während ihrer Baby- und Kinderzeit verarbeiten.

177

Das Stillkind hat das große Glück, eine sichere Rückzugsmöglichkeit zu haben, wenn der Weg aus der Kleinkinderzeit zu kompliziert und unsicher wird. Manche ältere Kinder trinken an der Brust, um etwas von dem gefühlsmäßigen Druck loszuwerden, den eigenen Weg durch das ganze Durcheinander zu finden.

Aus einem Gefühl der Entspannung und der Geborgenheit heraus gelingt ihnen die schwierige Aufgabe, sich selbst als eigenständige Persönlichkeiten und Mitglieder der Gesellschaft zu sehen und zu akzeptieren. Kinder, die über das vierten Lebensjahr hinaus an der Brust trinken, werden durch das Stillen in ihrer weiteren Entwicklung nicht gehindert. Sie profitieren vielmehr vom Stillen, da der erste Ablösungsprozess von den Eltern sanfter verläuft, als es auf jede andere Art und Weise möglich wäre.

Teil IV
Das Abstillen

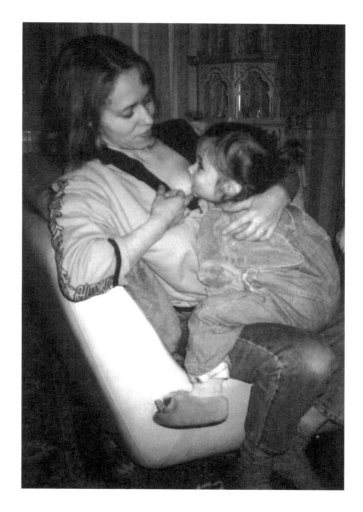

Kapitel 15
Natürliches Abstillen

Bei Kindern unter zwei Jahren

Zunehmend freunden sich Eltern mit der Idee an, die Stillbeziehung nicht zu stören und abzuwarten, bis sich ihr Kind selbst abstillt, weil sie die positiven Auswirkungen sowohl auf ihre Kinder wie auch auf sich selbst beobachtet haben. Einige wählen ein solches Vorgehen, weil es ihnen am sinnvollsten erscheint, wie z.B. die Mutter, die Folgendes schreibt: »Bei meiner Tochter gibt es noch keine Anzeichen fürs Abstillen, und ich werde es nicht vorantreiben. Warum sollte ich eine bislang für sie so unbeschwerte Erfahrung belasten? Ich glaube, es sollte so enden, wie es begonnen hat – auf natürliche Weise.«

Für andere, wie für eine Mutter von sechs Kindern, gibt es praktischere Gründe. »Meine Tochter muss sich alleine abstillen«, schreibt sie, »denn ich habe keine Zeit, mir darüber Gedanken zu machen und außerdem spielt es gar keine Rolle.« Aus diesen und anderen Gründen haben immer mehr Kinder das Glück, in Familien hineingeboren worden zu sein, in denen nicht andere, sondern sie selbst den Zeitpunkt bestimmen, an dem sie mit dem Stillen aufhören.

Natürlich gibt es auch Kinder, bei denen das Stillen ganz natürlich vor ihrem zweiten Geburtstag zu Ende geht. Bei den wenigen jedoch, die diesen Teil ihres Babyalters sehr früh hinter sich lassen, erkennen wir wahrscheinlich in einigen anderen Verhaltensweisen noch eine Weile Anzeichen für ihre mangelnde Reife. Obwohl sie noch weiterhin das Bedürfnis haben, von der Mutter liebevoll bemuttert zu werden, brauchen sie die mütterliche Zuwendung jetzt auf andere Weise.

Allerdings (für die Eltern oft unerwartet) stillt sich eine Reihe von Kindern in ihrem ersten oder zweiten Lebensjahr ab, obwohl sich die Eltern nicht bewusst darum bemühen, das Abstillen voranzutreiben. Eine Mutter, die enttäuscht war, als sich ihr 14 Monate altes Kind abstillte, begriff erst später, dass das Abstillen eine Folge ihrer Einstellung zum Stillen gewesen war. Sie hatte zwar nicht systematisch auf das Abstillen hingearbeitet, räumte aber der festen Kost einen wichtigen Platz ein. Sie bot ihrem Kind vor den Stillmahlzeiten etwas zu essen an, sobald es begonnen hatte, feste Nahrung zu essen, und stillte ihr Kind nicht einfach nur zum Trost. Die Mutter verstand im Nachhinein, dass andere Nahrungsmittel oder Getränke, die Kinder zu sich nehmen, bevor sie vier bis sechs Monate alt sind, in der zweiten Hälfte ihres ersten Lebensjahres dann zu einem Hauptbestandteil ihrer Ernährung werden können – in einer Zeit, in der die meisten Stillkinder noch zum größten Teil allein durch die Muttermilch wachsen und gedeihen. Oftmals verlieren Kinder, die mit sechs oder zwölf Monaten reichlich andere Nahrungsmittel oder Getränke zu sich nehmen, früher das Interesse am Stillen, als es sonst der Fall wäre. Häufig stillen sie sich ab und klammern sich monate- oder jahrelang an andere Tröster.

Einige Kinder neigen dazu, irgendwann zwischen dem neunten und 14. Monat das Interesse am Stillen bis zu einem gewissen Grad zu verlieren und sich leicht ablenken zu lassen. Sie werden es wahrscheinlich einfacher finden, für Ihr Kind zu sorgen, wenn es weiter bei Ihnen trinkt; erinnern Sie es deshalb ruhig daran, ein paar Mal täglich an der Brust zu trinken, bis es diesen möglichen Tiefpunkt in seinem Stillbedürfnis überwunden hat.

In diesem Fall werden Sie als Mutter häufig den Rat zu hören bekommen, dass Sie das gesunkene Interesse Ihres Kindes unbedingt ausnutzen sollten, um mit dem Abstillen zu beginnen. Wenn Sie aber noch gar nicht abstillen wollen, kann diese Zeit etwas problematisch sein, in der Sie sicherstellen möchten, dass Ihre Stillbeziehung nicht unterbrochen oder gestört wird. Die meisten Kinder trinken während dieser Zeit ohne Schwierigkeiten weiter an der Brust; einige wenige werden sich jedoch trotz aller gegenteiliger Bemühungen abstillen. Sie können aber ziemlich sicher verhindern, dass sich Ihr Kind vielleicht zu früh abstillt, indem Sie einfach am Ende seines ersten Lebensjahres auf der Hut sind und dafür sorgen, dass sein Interesse in diesen Monaten nicht nachlässt.

Die meisten Kleinkinder haben um ihren ersten Geburtstag noch viel Freude daran, wenn beim Stillen so viel Milch fließt, dass ihr Bäuchlein gut gefüllt wird. Wenn wir dagegen die Stillzeiten zu früh durch andere Nahrung oder durch Schnuller ersetzen, wird als direkte Folge davon weniger Muttermilch produziert. Wenn wir außerdem Fläschchen und Schnuller jederzeit für unsere Kinder parat haben, besteht leicht die Möglichkeit, dass wir sie dazu verwenden, um eine Stillzeit aufzuschieben, während wir dies oder jenes unbedingt noch schnell erledigen. Dieses Verhalten ist eine wirkungsvolle Methode, um das Abstillen zu begünstigen, ob wir dies nun wirklich vorhaben oder nicht. Viele Kinder geben sich zufrieden mit dieser von der Mutter ausgehenden Form des Abstillens. Es ist jedoch kein völlig natürliches Abstillen.

Wenn Sie ein natürliches Abstillen verfolgen wollen, dann ernähren Sie Ihr Kind ohne selbst allzu sehr einzugreifen. Stillen Sie von Geburt an nach Bedarf. Bieten Sie so lange keine anderen Nahrungsmittel an, bis Ihr Kind danach fragt. Dann geben Sie diese Ihrem Kind in geringen Mengen, denn alles, was das Kind in seinem ersten Jahr außer Ihrer Milch zu sich nimmt, isst es, weil es ihm Spaß macht, und nicht, weil es davon satt wird. Außer bei sehr heißem Wetter braucht ein Baby, das sich bereits für andere Nahrungsmittel zu interessieren beginnt, neben Ihrer Milch nicht mehr Flüssigkeit als die, die es mit Ihnen aus Ihrer Tasse oder Ihrem Glas trinkt. Wird nämlich der Durst des Kindes häufig durch andere Getränke gestillt, kann sich sein Interesse am Stillen rasch verringern. Eine ausgezeichnete Möglichkeit, um zu vermeiden, dass Ihr Kind zu viel zu essen oder zu trinken bekommt, besteht darin, es selbst auf seine eigene Weise und in seinem eigenen Tempo essen und trinken zu lassen.

Ein Schnuller ist normalerweise keine Hilfe, außer in Situationen, in denen es Ihnen gerade nicht möglich ist, Ihr Kind zu stillen. Er bringt meistens nur Ärger, da er im Gegensatz zu Ihrer Brust immer schmutzig wird und verloren geht. Man braucht auch keine Babyflasche. Sowohl Schnuller als auch Flasche werden leicht zu einer Art Mutterersatz und sind kein zufrieden stellender Ersatz für die echte Umarmung beim Stillen.

Ohne die Ablenkung und die Verwirrung durch Schnuller, Fläschchen und zu viel andere Nahrung, die zu früh gegeben wird, kann Ihr Kind so lange an der Brust trinken, wie es möchte. Es hat die Möglichkeit, seine frühkindlichen Bedürfnisse so vollständig zu befriedigen, dass es ihnen ganz entwächst – sei es in seinem zweiten oder vierten Lebensjahr oder wann auch immer.

Zwischen zwei und vier

Am weitaus häufigsten findet das natürliche Abstillen zwischen dem zweiten und vierten Lebensjahr statt, wobei es eine nicht unerhebliche Zahl von schnellen Annas und langsamen Michaels auf jeder Seite gibt. Das Abstillen kann so aufregend schnell passieren, dass Ihr Kind damit prahlt wie jenes kleine Mädchen, das seiner Großmutter erzählte: »Ich werde eine große Schwester sein, wenn ich fast vier bin – und jetzt bin ich abgestillt!« Oder es kann so allmählich verlaufen, dass niemand das tatsächliche Ende bemerkt.

Bei den meisten Kindern in dieser Altersgruppe ist das Abstillen eine allmähliche, unbestimmte Verhaltensänderung. Diese ist meist gänzlich unvorhersehbar und verläuft auch nicht immer geradlinig. Zeitweise, manchmal sogar für längere Zeitspannen, trinkt Ihr Kind häufig und intensiv. Wenn sich die Umstände ändern – entweder im Umfeld Ihres Kindes oder als Folge seiner eigenen Entwicklung –, wird es allmählich lieber andere Dinge tun, als an der Brust zu trinken, z.B. spielen, essen, schlafen oder manchmal sogar mit Ihnen schmusen. Dann können sich die Verhältnisse für Ihr Kind erneut ändern, so dass es das Bedürfnis hat, beinahe wieder so oft wie früher an Ihrer Brust zu sein.

Im Laufe der Wochen findet aber ein allmählicher Übergang von den vielen Zeiten des häufigen Stillens zu Phasen statt, in denen Ihr Kind weniger bei Ihnen trinkt. Möglicherweise bemerken Sie dies überhaupt nicht. Bei einigen Kindern verläuft dieser Prozess regelmäßig und schnell. Bei anderen ist er so sprunghaft und unberechenbar, dass man leicht versteht, warum etliche Leute den Eindruck gewinnen, manche Kinder würden sich nie ohne Druck abstillen. Es passiert auch recht häufig, dass sich Kinder von einer Brust lange vor der anderen entwöhnen.

So ist eben der unvorhersehbare Verlauf des natürlichen Abstillens. Irgendwann, sei es sehr früh oder »unerhört spät«, wird Ihr Kind herausfinden, dass das Stillen nicht mehr unbedingt notwendig für sein Wohlbefinden ist. Es hört vielleicht auf, oft danach zu fragen. Oder aber es lässt sich manchmal von allem und jedem vom Stillen ablenken. Obwohl es vielleicht noch einige Monate dauern wird, können Sie aus diesem Verhalten ablesen, dass die Zeit für Ihr Kind näher rückt, in der es Sie nicht mehr auf diese Weise braucht.

Mit der Zeit reagieren Sie natürlich auch darauf, dass sich Ihr Kind in seinem fortschreitenden Reifungsprozeß beim Stillen immer mehr ablenken lässt. Vielleicht zieht es Sie erst zu Ihrem Lieblingsstillplatz, drängt Sie, sich hinzusetzen, beginnt zu trinken – und springt sofort wieder hoch, um seiner Schwester hinterherzujagen oder um einen Werbespot im Fernsehen anzugucken. Wenn dies mehrmals passiert ist, werden Sie wahrscheinlich, ohne viel darüber nachzudenken, seinen Bitten nach dem Stillen ein wenig langsamer nachkommen, zumindest dann, wenn es nicht besonders dringlich danach fragt. Oft ist alles um Sie beide herum eben viel zu interessant. Selbst wenn Sie es nicht geplant haben, werden Sie doch allmählich Ihre Rolle in seinem Abstillprozess übernehmen.

Vermutlich gelangen Sie irgendwann an einen Punkt, wo Sie selbst keine Geduld zum Stillen haben. Wenn Sie es bislang genossen haben, Ihrem Kind auf diese Weise Ihre Liebe zu zeigen, sind Sie vielleicht bestürzt über den Umschwung Ihrer Empfindungen. Wahrscheinlich ist Ihre Ungeduld einmal stärker und dann wieder schwächer, je nachdem, was sonst noch in Ihrem Leben vor sich geht. Manche Ihrer Empfindungen gehören aber zum natürlichen Abstillen und sind ein Hinweis dafür, dass auch Sie sich allmählich von der Stillbeziehung lösen.

183

Irgendwann – wie lange Ihr Kind dafür braucht, kann niemand sagen – wird Ihr Kind alle seine Stillzeiten aufgeben, bis auf einige sehr wenige – gewöhnlich kurz vor dem Einschlafen oder beim ersten Erwachen am Morgen. Wenn Sie Ihr Kind nur noch zu diesen wenigen Zeiten stillen, wird Ihre Milchmenge vermutlich stark zurückgehen. Manche Kinder, die besonders die Milch geschätzt haben, geben dann das Stillen zugunsten des Frühstücks oder eines Imbisses vor dem Schlafengehen auf. Andere wiederum genießen eine oder mehrere dieser besonderen Stillzeiten noch längere Zeit und lassen sie so langsam ausklingen, bis ein paar Tage, dann ein paar Wochen verstreichen, ohne dass sie nach der Brust verlangen.

Gelegentlich bekommt man zu hören, dass die Milch »giftig« oder »verdorben« sein könnte, wenn das Kind nur sehr selten an der Brust trinkt. Dies ist ein Ammenmärchen; die Milch verdirbt in Ihren Brüsten ebenso wenig wie das Blut in Ihren Adern. Ihr Kind kann immer trinken, ganz gleich, wie lange die Unterbrechung gedauert hat.

Nicht alle Kinder hören allmählich mit dem Stillen auf, obwohl dies wohl bei den meisten der Fall ist. Einige Kinder scheinen ganz plötzlich eine neue Entwicklungsstufe zu erreichen und legen dann scheinbar über Nacht dieses oder jenes frühkindliche Verhalten ab. Eine Mutter schreibt z.B. über ihren Zweijährigen: »Ich hatte ihn immer vor dem Einschlafen gestillt, aber eines Nachmittags bekam er zwei neue Autos und hatte Angst, dass sein Bruder sie ihm wegnehmen könnte, während er schlief. Als ich mich hinsetzte, um ihn zu stillen, schubste er mich weg, nahm ein Auto in jede Hand und ließ sich aufs Bett fallen. Er trank nie mehr vor dem Einschlafen an der Brust, obwohl er die anderen Stillzeiten noch mehrere Monate lang beibehielt.«

Sehr häufig lernen kleine Kinder von einem auf den anderen Tag, selbst auf die Toilette zu gehen. Ein paar Kinder stillen sich genauso ab, besonders wenn sie ohnehin nicht sehr häufig an der Brust trinken. Erstaunlicherweise können die gleichen Ereignisse, die ein Kind jetzt zum Abstillen veranlassen, zu einem früheren Zeitpunkt die Stillhäufigkeit vergrößert haben. Ein neues Baby, ein Umzug in ein neues Haus oder viele Menschen, die häufig auf sehr kleine Kinder bedrohlich wirken, können manchmal so aufregend und erfreulich für Ihr älteres Kind sein, dass es das Stillen aufgibt, um sich mehr mit diesen interessanten neuen Umständen zu beschäftigen. Wenn sich Ihr Kind schnell abstillt, einfach weil dies so seine Art ist, und Ihre Brüste nicht übervoll werden, dann lassen Sie den Dingen ihren Lauf, und beschäftigen Sie sich auf andere Weise mit Ihrem Kind.

Vertrauen Sie Ihrem Kind! Es wird »sauber« und es stillt sich ab! Oft von einem Tag auf den anderen!

Das natürliche Abstillen ist bei jedem Kind einzigartig, so dass es unmöglich ist, irgendetwas mit Sicherheit darüber auszusagen, außer dass es stattfinden wird.

Erneutes Stillen nach dem Abstillen

Bei den meisten Kindern, die etwa drei Jahre alt sind, ist das natürliche oder von der Mutter begonnene Abstillen endgültig, wenn zwei oder drei Wochen vergangen sind, ohne dass Ihr Kind an Ihrer Bluse zerrt. Nach dieser Zeitspanne fragen die meisten dieser kleinen Kinder nicht mehr; und wenn sie fragen, stellen sie fest, dass sie vergessen haben, wie das Saugen funktioniert. »Ist sie kaputt?«, fragte ein kleiner Kerl, als er sich nach einem Jahr nicht mehr erinnern konnte, wie man an der Brust trinkt.

Gelegentlich möchte ein Kind gestillt werden, nachdem seine Mutter von ihm angenommen hatte, dass es völlig entwöhnt sei. Am wahrscheinlichsten kommt eine solche Bitte, wenn Sie ein neugeborenes Baby haben, aber zuweilen auch, wenn das Kind entdeckt, dass die Mama schwanger ist. Vielleicht ist Ihr Kind auch über irgendetwas unglücklich, oder Sie können keinen anderen Grund entdecken als die geheimnisvollen Gedankengänge in seinem wachsenden kleinen Gehirn.

Es gibt keinen Grund, Ihrem Kind zu verbieten, es erneut mit dem Stillen zu versuchen, selbst wenn Sie vermutlich allen Verwandten erzählt haben, es sei abgestillt. Die Wahrscheinlichkeit ist groß, dass dies auch der Fall ist. Wenn das Abstillen vom Kind selbst ausgegangen war, bedeutet die Bitte, gestillt zu werden gewöhnlich, dass das Kind beruhigt und angenommen werden, möchte. Es tut dem kleinen Kind gut zu wissen, dass Sie es jederzeit auch zum Stillen wieder mit offenen Armen empfangen würden. Eine Mutter sagte über ihre abgestillten Zwillinge, dass beide nach der Geburt des neuen Babys mehrmals versuchen mussten, wieder an der Brust zu trinken, es aber nach ein paar Versuchen wieder aufgaben. Es ist für einen kleinen Menschen viel einfacher, sich selbst abzustillen, wenn er weiß, dass seine Entscheidung nicht absolut und endgültig zu sein braucht.

Manchmal wollen ältere Kinder mit dem neuen Baby zusammen stillen

Eine Mutter empfand nur positive Gefühle, als ihre Tochter wieder gestillt werden wollte, nachdem sie über ein Jahr nicht mehr danach gefragt hatte. »Ich hatte mir nie klargemacht, von welch weit reichender Bedeutung die Stillzeit für sie war, und dass sie sich überhaupt daran erinnern würde. Dies war ihr ›Dankeschön‹ für die liebevolle Geduld und die Zeit, die ich für sie übrig hatte, als sie es brauchte.« Eine kurze Wiederaufnahme dieser schon fast abgeschlossenen Weise, ihre Liebe zu zeigen, kann Mutter und Kind die Möglichkeit geben, zusammen die Erinnerung an vergangene Zeiten zu genießen.

Hin und wieder beginnt ein Kind, das dem Anschein nach abgestillt ist, tatsächlich für eine Weile wieder an der Brust zu trinken; am wahrscheinlichsten zusammen mit einem neuen Geschwisterchen, aber manchmal auch, ohne dass wir einen Grund dafür erkennen können. Eine solche Verhaltensänderung mag Sie etwas in Panik versetzen, besonders wenn Sie sehr froh darüber waren, dass Sie die Nähe zu Ihrem

Kind auf andere Weise genießen konnten. Trotzdem ist es für Ihr Kind hilfreich, wenn Sie ihm das Trinken gestatten. Genau wie wir Erwachsenen manchmal den Fehler machen, unsere Kinder zu früh abzustillen, begehen auch gelegentlich sehr kleine Kinder beim Größerwerden den Fehler, sich selbst zu früh abzustillen. Zweifellos gibt es einen Grund dafür, dass Ihr Kind das Stillen wieder eine Zeit lang braucht, ganz gleich, ob wir diesen aus unserer Warte als Erwachsene erkennen oder nicht. Sie beide fangen mit dem Abstillen gewiss nicht wieder ganz von vorne an, obwohl dies vielleicht zunächst so aussieht. Nachdem Ihr Kind ein paar Tage gebraucht hat, um sich wieder an das Stillen zu gewöhnen, wird es wahrscheinlich nicht häufiger an der Brust trinken als andere Kinder in seinem Alter. Es wird nicht wieder zum Baby, sondern nimmt ein Verhalten an, das für sein Alter angemessen ist. Es wird seinem Alter entsprechend an der Brust trinken und sich auch so abstillen, vielleicht in den nächsten Tagen oder erst in einigen Monaten.

Gegen Ende unserer Stillbeziehung wird es uns eine große Hilfe sein, wenn wir begreifen, dass das Abstillen kaum dramatischer und endgültiger sein muss als die Sauberkeitserziehung. Es überrascht uns nicht, wenn ein Kind, das vermeintlich »sauber« ist, alles vergessen hat und eine Zeit lang wieder »rückfällig« wird. Es sollte uns auch kaum mehr aus der Fassung bringen, wenn sich ein entwöhntes Kind an das Stillen zurückerinnert und »rückfällig« wird, wenn es das Bedürfnis danach hat. Wenn ein Kind an die Brust der Mutter zurückkehren darf, kann das – gerade in einer Familie mit einem neuen Baby – dem Kind helfen, das Gefühl des Beiseite-geschoben-Seins zu überwinden. Es schadet nicht, eine Weile zu den Dingen aus dem Babyalter zurückzukehren – vermutlich ist es sogar auf lange Sicht äußerst wertvoll.

Natürliches Abstillen bei Kindern über vier Jahren

Wir bekommen gewöhnlich zu hören, dass die meisten jüngeren Kinder nach dem Abstillen den Wunsch, gestillt zu werden, nur deshalb nicht mehr äußern, weil sie das Stillen vergessen haben. Dies mag richtig sein, aber ich habe da meine Zweifel. Es stimmt jedenfalls, dass Kinder über vier (oder manchmal sogar über drei) Jahren das Stillen nicht vergessen. Wie ich schon gesagt habe, erinnern sie sich an das Stillen, solange sie leben. Deshalb ist es auch nicht verwunderlich, dass Kinder über vier dafür bekannt sind, das Abstillen unsystematisch anzugehen. Viele scheinen dem Abstillen viel Beachtung zu schenken. Als ein kleines Mädchen gefragt wurde, wann es sich abstillen würde, dachte es lange nach, bevor es antwortete: »Ach, ich werde es wahrscheinlich versuchen, wenn ich fünf bin, weil du ja nicht mit zur Schule gehen kannst, oder?«

Kinder stillen sich gewöhnlich zu einem Zeitpunkt ab, an dem es einfach für sie ist und ihr Leben in geregelten Bahnen verläuft. Aus ihrem Verhalten lässt sich leicht ablesen, dass sie eine für ihr Alter sehr vernünftige Entscheidung treffen. Einige Kinder erklären ihren Eltern, dass sie sich abstillen, weil sie sich selbst dazu entschlossen haben. Bei anderen Kindern ist der Entwicklungsprozess hin zum Abstillen nicht so leicht erkennbar; wahrscheinlich nicht, weil es für sie so viel anders wäre, sondern weil sie Kinder sind, die ihre Meinung für sich behalten.

In den Monaten, die der Entscheidung für das Abstillen folgen (oder zumindest, was wie eine solche Entscheidung aussieht), stoßen viele Kinder auf Schwierigkeiten, so dass sie ihre Entscheidung noch einmal überdenken. Eine solche Phase erfüllt Sie vielleicht mit Sorge, wenn Sie Ihr Kind als bereits entwöhnt ansahen. Sie brauchen mit dem Abstillen trotzdem nicht wieder ganz von vorne anzufangen. Ein Kind in diesem Alter, das Wochen oder Monate ohne das Stillen auskommt, macht eindeutig einen Entwicklungssprung durch. Wenn es nach einer so langen Zeit den Wunsch äußert, gestillt zu werden, können Sie sicher sein, dass dies eine Phase in seinem Leben ist, die es besser bewältigen kann, wenn es noch ein wenig an der Brust trinken kann. Sobald Ihr Kind diese Zeit hinter sich gebracht hat, wird es wieder daran gehen, dem Abstillen näher zu kommen. Viele Mütter mit Kindern in diesem Alter zögern eher mit der Mitteilung, dass sich ihre Kinder abgestillt haben, selbst wenn Monate vergangen sind, seit das Kind das letzte Mal an der Brust getrunken hat. Es scheint oft so, als ob in der Minute, in der die Mutter verkündet, dass sich ihr Kind abgestillt hat, es das Bedürfnis verspürt, wieder an der Brust zu trinken.

Das »spontane« Abstillen eines größeren Kindes kann also durchaus auch allmählich verlaufen!

Kapitel 16

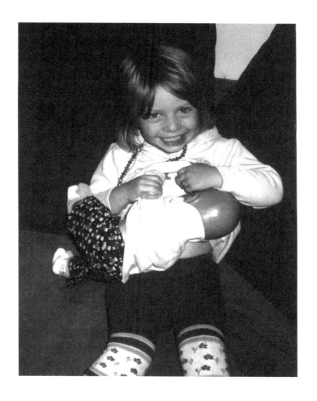

Gute alte (oder veraltete?) Abstillmethoden

Mit dem Abstillen anfangen

Die wichtigste Botschaft, die ich in diesem Buch vermitteln möchte, ist folgende: Machen Sie sich keinerlei Gedanken über das Abstillen – zu Ihrem eigenen Besten und dem Ihres Kindes. Es gibt keinen Zeitpunkt, an dem das Abstillen besonders empfehlenswert wäre, weil niemand einen absolut zuverlässigen Ersatz für das Stillen kennt – weder was seine Bedeutung für die Ernährung noch für das Gefühlsleben des Kindes betrifft. Auch ist keine Abstillmethode bekannt, die garantiert schmerzfrei ist oder in einer bestimmten Zeit zum Abstillen führt.

Es gibt viele Gründe, warum Mütter das Gefühl haben, sie müssten mit dem Abstillen anfangen; am häufigsten dann, wenn sie die Missachtung ihrer Umwelt spüren oder sie sich dafür schämen, wenn das Kind weiterhin darauf besteht, in der Öffentlichkeit gestillt zu werden. Andere Ursachen sind: Medikamente, die die Mutter einnehmen soll, ständiges Beißen, häufige Brustentzündungen, Unbehagen über das Langzeitstillen, die Sorge, dass das Kind keine anderen Nahrungsmittel isst, Schwangerschaft oder auch Krankheit der Mutter oder des Kindes. Keiner dieser Umstände erfordert zwangsläufig das Abstillen. Eine Ausnahme bildet höchstens eine äußerst schwer wiegende Erkrankung der Mutter, bei der die Einnahme eines der wenigen Medikamente erforderlich ist, das mit dem Stillen nicht vereinbar ist. Einige Ursachen werden vielmehr sogar als Hinweis gesehen, dass zumindest fürs Erste auf jeden Fall weitergestillt werden sollte.

Jedoch ist jede Familie unterschiedlich, wie auch jede Stillbeziehung anders ist. Was die eine Mutter dazu bewegt, sich für das Stillen zu entscheiden, kann für die andere so erdrückend sein, dass es für sie sehr wichtig ist abzustillen.

Auch bedeutet die Entscheidung für oder gegen das Weiterstillen nicht, dass die eine oder die andere Frau eine bessere Mutter ist. Jede Mutter bewältigt auf ihre Weise die Probleme in ihrer Familie und tut, was sie kann, damit es ihrer Familie gut geht.

Dennoch ist es schwierig, ein Kind abzustillen, bevor es dazu bereit ist, und voller Risiken für das Stillkind und die ganze Familie. Einige der Abstillmethoden, die uns von Zeit zu Zeit empfohlen werden, sind so brutal, dass sie bei dem Kind ein Trauma hinterlassen können und es derartig verletzen, dass es für den Rest seines Lebens nicht mehr ein herzliches Verhältnis zu anderen Menschen finden kann. Aus diesem Grund sollte jede »einfache und schnelle« Abstillmethode mit größtem Misstrauen betrachtet werden.

Die »Mutter-fährt-weg-Methode« oder das Abstillen durch Trennung

Wenn Sie jemanden um Rat fragen, wie man abstillt, werden Sie als Reaktion höchstwahrscheinlich Ungläubigkeit ernten, dass Sie ein so großes Kind stillen. Ihnen wird gesagt, dass Sie zum Abstillen lediglich eine Flasche und einige Abstillspritzen brauchen (was weder wünschenswert noch wirksam ist, aber als weit verbreitete Ansicht vertreten wird). Fragen Sie weiter, wird man Ihnen – vor allem aus der Generation Ihrer Eltern und Großeltern – mit größter Wahrscheinlichkeit raten, eine Woche ohne Ihr Kind in Urlaub zu fahren. Bei Ihrer Rückkehr werde es das Stillen ganz vergessen haben – so oder ähnlich wird argumentiert.

Auch heute ist der Brauch, sein Kind in der Pflege von jemand anderem zurückzulassen, eine verbreitete Methode, mit der Mütter ihre Kinder abstillen. Viele Familien planen Trennungszeiten – Ferien und ähnliches – in der Hoffnung, dass das Kind bei der Rückkehr der Mutter nicht mehr gestillt werden will. Manchmal sind die Mütter bei der Planung dieser Trennungszeiten beteiligt oder aber die anderen Familienmitglieder schmieden diesen Plan und nötigen die Mutter, dabei mitzumachen. Dieser Weg zum Abstillen hat allerdings schwer wiegende Nachteile und kann nur bedingt empfohlen werden. Zunächst einmal ist eine Trennung vom Kind so unberechenbar wie das Vorhaben, ein Kind ohne Kampf und Tränen abzustillen. Es ist zwar richtig, dass eine gewisse Zahl zurückgelassener Kinder bei der Rückkehr der Mutter nicht mehr nach der Brust verlangt, bei anderen trifft das jedoch nicht zu. Es gibt einfach keine Garantie dafür, dass diese außerordentlich riskante Methode zum Abstillen führt. Selbst im Erfolgsfalle kann der Preis dafür viel zu hoch sein.

Wir Erwachsenen können die Zeit, die wir absichtlich von unserem Kind weg sind, als »Trennung« bezeichnen, für das kleine Kind aber ist es ein Verlassen. Man kann einem Kind unter etwa drei Jahren (je nach Kind ein Jahr mehr oder weniger) die Abwesenheit der Mutter nicht wirklich erklären. Jedes Kind kann die Abwesenheit der Mutter für eine gewisse Zeit begreifen – für einige sind das vielleicht fünf Minuten, für andere ist es ein ganzer Tag, für einige ältere Kinder sogar ein Wochenende.

Falls Sie diese Verständnisgrenze bei Ihrem Kind überschritten haben, beginnt es möglicherweise, um Sie zu trauern, geradeso, als ob es Sie nicht mehr gäbe. Es hat Angst um sich selbst und fragt sich, wie es ohne Sie weiterleben kann. Vielleicht ist Ihr Kind auch wütend auf Sie, weil Sie es schutzlos zurückgelassen haben. Es fängt an, seine Welt neu zu ordnen, um ohne Sie zurechtzukommen. Dabei können seine neuen Regelungen ein wenig seltsam sein, da es weder reif genug dafür ist, noch in einer guten seelischen Verfassung angesichts seiner Angst und Wut, um so ein Vorhaben durchzuführen. Es wird sich vielleicht von nun an ungeschickt und unangemessen verhalten, um sich dafür zu entschädigen, dass es Sie verloren hat.

Angesichts dieser Folgen würde ich keiner Mutter raten, eine Trennung von einem gestillten Kind wegen des Abstillens oder aus einem sonstigen Grund zu planen. Eine Mutter eines 19 Monate alten Kindes konnte die Risiken einer zu langen Trennung schon vorher ermessen. Sie schreibt: »Ich hatte geplant, für eine Woche ohne meinen Sohn wegzufahren. Er sollte solange mit seinem Vater zu Hause bleiben. Ich versuchte, ihm Ersatz anzubieten, wenn er gestillt werden wollte: Spielzeug, Tanzen, ein Fläschchen, Bücher, Vorlesen oder einen kleinen Spaziergang in seiner Rückentrage. Manchmal ließ er sich ablenken, manchmal nicht. Ich fühlte mich schrecklich, und er war enttäuscht. Schließlich sagte ich die Reise ab und bin jetzt froh darüber.«

Diese Mutter hatte erkannt, dass es riskant ist, ein kleines Kind lange in der Obhut von anderen zurückzulassen, in der Hoffnung, dass es spurlos an ihm vorübergeht, wenn sich die Mutter plötzlich mit Gewalt von ihm trennt. Je mehr es an Ihnen hängt, umso größer ist die Gefahr, dass es unter Ihrer unerklärlichen Abwesenheit leiden wird.

Die Gefahr einer zu langen Trennung von einem kleinen Kind ist so ernst zu nehmen, dass Eltern selbst in Ausnahmesituationen neuerdings immer länger mit ihren Kindern zusammen sind. Selbsthilfegruppen wie beispielsweise »Kind im Krankenhaus« sind in den USA überall aus dem Boden geschossen. Diese Organisationen ermutigen auch Eltern im Krankenhaus, sich für Besuchsrechte für ihre Kinder stark zu machen.

Kinder sind immer öfter dabei, wenn es Krisen oder Konflikte in den Familien gibt – während sich die Verwandten über eine Erbschaft streiten, an Krankenbetten, auf Beerdigungen usw. Kinder leiden weniger darunter, wenn sie bei solchen Anlässen dabei sind, als wenn sie ausgeschlossen und von ihren Eltern zurückgelassen werden. Ja, Kinder lernen sogar, das Leben und Sterben besser zu verstehen und zu akzeptieren, wenn sie so viel wie möglich mit dabei sein können. Außerdem können kleine Kinder in schweren und traurigen Zeiten den Erwachsenen ein großer Trost und eine Freude sein.

Manchmal kommt es zu Trennungen, bei denen wir nicht wissen, wie wir sie verhindern können. Selbstverständlich wird man ein paar

Jahre später genau wissen, wie man alles hätte besser machen können – im Nachhinein ist man immer klüger –, das Einzige aber, was zählt, ist die Lösung, die wir zu dem jeweiligen Zeitpunkt finden. Falls es zu Trennungen kommt, sollten wir das Beste daraus machen und alles tun, was in unserer Macht steht, um sie für unser Kind leichter zu machen – beispielsweise, indem alles in seiner Umgebung möglichst vertraut bleibt. Sobald wir wieder beisammen sind, sollten wir uns bewusst sein, welcher Belastung unsere Beziehung ausgesetzt war. Es ist gewöhnlich möglich, den Trennungsschock relativ gut abzumildern, wenn wir uns Zeit lassen und lange für das Kind da sind. Hilfreich ist vermutlich auch die Fähigkeit Ihres Kindes, an Ihrem Verhalten zu spüren, dass Sie es genauso schmerzlich vermisst haben, wie es Sie vermisst hat. Unser Verstand sagt uns, dass das Nachhausekommen ein Zeitpunkt wäre, um mit Hilfe des Stillens Ängste abzubauen und verletzte Gefühle zu besänftigen. Es ist ein Zeitpunkt, um das Stillen zu fördern, und kein Zeitpunkt, um zu versuchen, es zu beenden.

Die »Tabascosaucen-Methode«

Eine weit verbreitete Methode, um einem Kind das Daumenlutschen abzugewöhnen, ist leider auch beim Abstillen verwendet worden. Es geht dabei um eine widerlich schmeckende Flüssigkeit, die dem Daumen oder der Brust einen ziemlich unangenehmen Geschmack verleiht. In einigen Teilen der Welt verwenden Mütter etwas, das sie in ihrer eigenen Küche schnell zur Hand haben – eine scharfe Soße wie z.B. Tabascosauce.

Wie alle »einfachen und schnellen« Abstillmethoden birgt diese eine erhebliche Gefahr. Das kleine Kind lernt gerade intensiv, wie man Menschen vertraut, die man von Herzen liebt. Obwohl Kinder rechtzeitig lernen müssen, wem sie ihr Vertrauen schenken, müssen sie zunächst einmal lernen, überhaupt zu jemandem Vertrauen zu entwickeln. Das Vertrauen ist ein leicht verletzbares Gefühl, das eigentlich nirgendwo sonst als in den Armen der Mutter gelernt wird. Deshalb erscheint mir das Risiko zu hoch, nur um des schnellen Abstillens willen möglicherweise das Vertrauen des Kindes zu erschüttern. Wir können nur erahnen, was dem Kind durch den Kopf geht, wenn der schönste und wärmste Teil seiner kindlichen Welt plötzlich bitter schmeckt oder sogar schmerzt.

Natürlich kann man einwenden, dass die Natur genau die gleiche Methode benutzt, um im Falle einer Schwangerschaft der Mutter das Kind zum Abstillen zu bringen – zumindest teilen uns das einige Kinder mit, wenn sie über die Milch einer schwangeren Mutter sagen, sie schmecke nicht gut. Ein Dreieinhalbjähriger äußerte lachend, die Milch habe sich in Apfelsaft verwandelt, und trank daraufhin nicht wieder an der Brust. Andere sagen weniger Liebenswürdiges über die Milch einer schwangeren Mutter.

Offensichtlich schmeckt die Milch jedoch nicht in jeder Schwangerschaft unangenehm, da ja so viele Kinder weiterhin an der Brust trinken. Außerdem erfolgt die Veränderung weder plötzlich, noch hat sie sich die Mutter ausgedacht. Eine schwangere Mutter kann nichts dafür, dass die Milch jetzt »schlecht« schmeckt. Es ist eine natürliche Veränderung und somit Teil eines echten und natürlichen Zustandes. Kinder kommen sehr gut mit echten Situationen zurecht – es ist die Täuschung hinter einer künstlich herbeigeführten Situation, die diese so bedrohlich macht.

Trotz allem gibt es Kinder, die sich wegen der Geschmacksveränderung der Milch in der Schwangerschaft plötzlich abstillen, so als ob sie mit der Tabascosaucen-Methode abgestillt worden wären, und brauchen deshalb eine Zeit lang zusätzliche Aufmerksamkeit und Zuwendung.

Die »Frankenstein-Methode«

Eine Variante der »Tabascosaucen-Methode«, die manchmal angewandt wird, ist die Vorgehensweise von Gussies Mutter in »Ein Baum wächst in Brooklyn« (s. Einleitung):

>*»Die Nachbarn entdeckten, was mit Gussie los war und tuschelten über seinen krankhaften Zustand hinter vorgehaltener Hand. Gussies Vater war so weit, dass er nicht mehr mit seiner Frau schlafen wollte; er sagte, sie hätte ein Ungeheuer als Kind. Die arme Frau überlegte hin und her, wie sie Gussie abstillen könnte. Er war zu groß, um noch gestillt zu werden, entschied sie. Er würde ja bald vier werden. Sie hatte Angst, dass seine zweiten Zähne nicht gerade wachsen würden.*
>
>*Eines Tages nahm sie eine Dose mit Ofenschwärze und eine Bürste und schloss sich im Badezimmer ein, wo sie ihre linke Brust dick mit der schwarzen Creme einschmierte. Mit einem Lippenstift zeichnete sie einen breiten hässlichen Mund mit Furcht erregenden Zähnen in die Nähe der Brust-*

warze. Sie knöpfte ihr Kleid zu, ging in die Küche und setzte
sich in den Schaukelstuhl beim Fenster. Als Gussie sie sah,
warf er die Würfel, mit denen er gespielt hatte, unter die
Waschschüsseln und trabte zum Stillen herüber. Er kreuzte
die Beine, stützte seine Ellbogen auf ihre Knie und wartete.
›Gussie will Mamimilch?‹, fragte seine Mutter einschmei-
chelnd.
›Jaaa.‹
›In Ordnung. Gussie kriegt gute Mamimilch.‹
Plötzlich riß sie ihr Kleid auf und stieß ihm die schrecklich
zurechtgemachte Brust ins Gesicht. Gussie war für einen
Augenblick vor Angst gelähmt, dann rannte er schreiend
davon und versteckte sich unter dem Bett, wo er 24 Stunden
blieb. Schließlich kam er zitternd wieder hervor. Er trank von
nun an wieder schwarzen Kaffee und erschauderte jedes
Mal, wenn seine Augen zu der Brust seiner Mutter wander-
ten. Gussie war abgestillt.
Die Mutter berichtete in der ganzen Nachbarschaft von
ihrem Erfolg. Sie hatte eine neue Abstillmethode ins Leben
gerufen, die ›dem Baby den Gussie geben‹ genannt wurde.«

Angesichts unserer (teilweise nicht vorhandenen) künstlerischen Fähigkeiten könnte es meiner Meinung nach ebenso möglich sein, dass
sich ein Kind beim Anblick eines auf der Brust aufgemalten Gesichtes
vor Lachen ausschüttet oder sich davor fürchtet. Aber wenn das Gesicht
seinen Zweck erfüllt und das Kind so wie in der Geschichte mit Entset-
zen erfüllt, was hätten wir dann getan? Alles was ich zuvor über das
Vertrauen gesagt habe, sollte noch einmal überdacht werden.

Es erscheint mir außerordentlich gefährlich zu sein, wenn die Mutter
selbst eine derartige Furcht in ihrem Kind erzeugt (nicht nur ein »Buu-
uh« hinter der Tür hervor, sondern eine derartige Angst, dass sie zum Abstillen führt). Eine gesunde Psyche und das Urvertrauen eines Kindes in
die Menschen, die es lieben und schützen sollen, sind viel zu kostbar, als
dass man sie durch solche Taktiken in Gefahr bringen sollte.

Das Kind schreien lassen

Sehr viele Eltern werden dazu gedrängt, das Schreien ihrer Kinder nicht
zu beachten, wenn »die Zeit« zum Abstillen gekommen ist. Die Leute
glauben, das Weinen nach der Brust sei ausschließlich ein Zeichen dafür,

dass das Kind das Verhalten der Eltern manipulieren wolle. Wenn Ihr Kind Sie mit seinem Schreien nur zu etwas zwingen will, werden Sie gewöhnlich diese Absicht in seinem Verhalten erkennen können. Sie sollten in diesem Fall seine Aufmerksamkeit auf ein anderes, interessanteres Objekt lenken wie z.B. Ihr Haustier oder ein Spielzeug. Selten aber handelt es sich bei dem, was eine aufmerksame Mutter bemerkt, um eine Manipulation.

Wenn Ihr Kind schreit, um gestillt zu werden, werden Sie stattdessen viel eher das Bedürfnis heraushören, das Ihnen Ihr Kind mit seinem Schreien mitteilt. Sie werden seinen Schmerz spüren, wenn Sie sich ihm absichtlich verweigern. Natürlich können wir unseren Kindern nicht jedes Mal das geben, wonach sie schreien, dennoch sollten wir ihr Schreien nicht überhören. Sie selbst werden sich vermutlich jedes Mal elend fühlen, wenn Sie Ihr Kind schreien lassen und sich zwingen, nicht zu reagieren. Das Schreien ist eine Sprache, um menschliche Bedürfnisse auszudrücken, die wir nicht anhören können, ohne davon tief berührt zu sein.

Mit dieser Beschreibung des »Schreienlassens« möchte ich Sie nicht dazu ermutigen, sich jedes Mal aufzuregen, wenn Ihr Kind schreit, weil Sie ihm nicht die Bonbons an der Tankstelle kaufen oder nicht zulassen, die Katze zu ärgern. Zu solchen Situationen kommt es fast täglich mit jedem unserer Kinder, ob wir gerade versuchen, sie abzustillen oder nicht. Unter dem »Schreienlassen« verstehe ich die Unsitte, das Kind einfach weinen zu lassen, anstatt etwas zu tun, um es zu trösten oder abzulenken.

Das Kind lernt natürlich etwas, wenn man es schreien lässt. Es lernt, dass ihm niemand helfen wird, obwohl es sich klein und elend fühlt und ihm außer Weinen nichts einfällt, diesen Zustand zu ändern. Das Kind kann ja nur durch Schreien seinen Gefühle ausdrücken. So unerfreulich diese Erfahrung auch am Tage ist – in der Nacht ist alles noch viel schlimmer, und gerade dann wird das Schreienlassen am meisten empfohlen. Denn die Ängste in der Nacht können sich mit dem Verlust des mütterlichen Trostes vereinigen und zu der Art von Albträumen entwickeln, die wir in Horrorfilmen sehen.

Das Herausschreien ist einfach zu schmerzlich sowohl für die Eltern wie auch für das Kind, und die Wahrscheinlichkeit ist zu groß, dass sich Misstrauen in die Beziehung zwischen Mutter und Kind einschleicht. Es kann zu viel zerstört werden, wenn eine Mutter die Hilferufe eines Kindes rundweg ablehnt, sei es, weil sie abstillen möchte oder aus irgendeinem anderen Grund.

Kapitel 17

Einige weniger dramatische Abstillmethoden

Ein wichtiger Entwicklungsschritt

Die bislang erörterten Abstillmethoden sollen das Abstillen sofort und plötzlich herbeiführen, was sowohl für die Mutter als auch für das Kind gefährlich werden kann. Darüber hinaus verbirgt sich hinter den Ratschlägen der Befürworter dieser Methoden eine leicht sadistische Einstellung gegenüber dem Kind oder vielleicht gegenüber der innigen Mutter-Kind-Beziehung. Diese Ratschläge gründen sich oft, wenn auch nicht immer, auf mangelnde Achtung vor der Intelligenz und den Fähigkeiten des heranwachsenden Kindes.

Abstillen ist nicht leicht zu nehmen, und Mutter und Kind können gleichermaßen Schaden nehmen, wenn stümperhaft vorgegangen wird. (Ich habe bewusst »Schaden nehmen« gesagt, da ich damit ausdrücken will, dass dadurch nicht gleich das ganze Leben von Mutter und Kind verpfuscht sein muss.) Das Abstillen ist jedoch nicht irgendein lustiges Spielchen für Mutter oder Kind. Wenn abgestillt werden soll, bevor die Mutter oder das Kind dazu bereit sind, sollten die Menschen, die dieser innigen Zweierbeziehung am nächsten stehen, nicht darüber spotten, sondern den beiden noch mehr Liebe und Unterstützung geben.

Die Eltern sollten da sein, um ihrem Kind zu helfen, wenn beim Abstillen Schwierigkeiten auftreten. Die Familie und die Freunde sollten bereit sein, die Mutter zu unterstützen, wenn sie die innige Nähe des Stillens aufgibt, bevor sie dazu bereit ist. Das Abstillen ist überdies eine schwere Arbeit. Mütter, die mit vollem Einsatz ihre kleinen, sehr häufig gestillten Kinder abgestillt haben, berichten, sie seien während dieser Zeit so sehr mit dem Abstillen beschäftigt, dass sie kaum Energie für etwas anderes übrig hatten. Eine häufige Bemerkung über die Zeit des Abstillens lautet: »Während dieser Zeit habe ich mich in der Gegenwart meines Kindes weder hinsetzen noch -legen können.«

»Nicht anbieten, nicht ablehnen«

Nach der Veröffentlichung des Handbuchs über das Stillen von La Leche Liga haben Familien immer häufiger die Abstillmethode bevorzugt, die den Leserinnen im »Handbuch für die stillende Mutter« vorgestellt wird.

Das Buch empfiehlt den Müttern, ihre Kinder nur zu stillen, wenn diese danach fragen, die Brust aber nicht anzubieten, wenn sie nicht danach verlangen. Allmählich beschäftigt sich das Kind immer stärker mit anderen Dingen, gleichzeitig nimmt die Zahl der Stillzeiten allmählich ab, bis das Stillen insgesamt aufhört.

»Nicht anbieten, nicht ablehnen« ist eine sichere und wirkungsvolle Abstillmethode, wie Familien in der ganzen Welt, die sie angewandt haben, bestätigen können. Es gibt zwar keine Garantie dafür, wie lange das Abstillen dauern wird; vielleicht vergehen bis dahin Monate oder Jahre. Wenn Sie konsequent diesen Weg des Nichtanbietens und Nichtablehnens eingeschlagen haben, können Sie jedem, der Sie danach fragt, ehrlich erzählen, dass Sie gerade dabei sind, Ihr Kind abzustillen.

Man sollte sich jedoch darüber klar sein, was es bedeutet, dem Kind die Brust nicht anzubieten, dass dies eine Methode zum Abstillen ist und keine Anweisung, wie man beim Stillen vorzugehen hat.

Der Gedanke hinter diesem Ansatz in dem ersten Handbuch wurde gelegentlich missverstanden, bzw. so ausgelegt, als ob eine Mutter ihrem Kind niemals die Brust anbieten dürfe, da es sich sonst nie abstillen würde. Deshalb ist der Wortlaut in der neuen Ausgabe des »Handbuchs für die stillende Mutter« geändert worden. Wenn Sie nämlich gar keine Abneigung gegen das Weiterstillen haben und mit dem Abstillen warten, bis die richtige Zeit dafür gekommen ist, wäre es schließlich eine Schande, wenn Sie jetzt plötzlich glauben, Ihrem Kind die Brust verweigern zu müssen, obwohl Sie eigentlich das Gefühl haben, es sei im Augenblick das Beste. Falls Sie keinen Zeitdruck mit dem Abstillen haben, gibt es ja durchaus Situationen, in denen es das Richtige ist, Ihrem Kind das Stillen anzubieten – beispielsweise, wenn Sie spüren, dass sich ein Wutanfall anbahnt.

Ab einem bestimmten Zeitpunkt in der Stillbeziehung jedoch, besonders wenn sie sich über eine lange Zeit erstreckt, werden Sie an sich feststellen, dass Sie – vermutlich sogar unbewusst – in den meisten Fällen darauf warten, bis Ihr Kind Sie darum bittet, gestillt zu werden. Wenn das Kind älter wird, scheinen die meisten Mütter automatisch zu der »Nicht-anbieten-nicht-ablehnen-Methode« überzuwechseln, selbst wenn sie nie das »Handbuch für die stillende Mutter« gelesen haben.

Es mag einige Leute überraschen, dass Kinder tatsächlich irgendwann mit dem Stillen aufhören, selbst wenn die Mutter dem Kind noch von Zeit zu Zeit die Brust anbietet. Trotzdem hören sie auf. Ja, Mütter sind sogar gelegentlich ziemlich enttäuscht, dass die Stillbeziehung zu Ende ist, bevor sie selbst eigentlich dazu bereit sind. Diese Mütter können davon berichten, wie rundweg ein jüngeres oder schon älteres Kleinkind das Angebot, gestillt zu werden, ausschlägt, sobald es sich zum Abstillen entschlossen hat. Eine Mutter drückte das so aus: »Ein Baby trinkt an der Brust, wenn es den Wunsch dazu hat. Aber niemand kann ein Baby dazu zwingen, an der Brust zu trinken. Wenn du dies mit

Gewalt versuchst, läufst du Gefahr, gebissen zu werden – nicht stark, aber doch so, dass du verstehst, worum es geht!« Ich kenne keine Möglichkeit, ein Baby oder Kind dazu zu bringen, an der Brust zu trinken, wenn es das nicht möchte.

Es ist also ganz in Ordnung, dem Kind die Brust anzubieten. Sie sollten sich durchaus Gedanken darüber machen, wann und warum Sie sie ihm anbieten, aber gleichzeitig sollten Sie sich nicht unter Druck setzen und ständig versuchen, jede Stillbegegnung unter die Lupe zu nehmen. Ihre Gefühle Ihrem Kind gegenüber und Ihre Beziehung sollten Sie mehr leiten als das, was Ihr Verstand Ihnen sagt oder wie Sie sich laut irgendwelcher Bücher verhalten »sollten«.

Ablenkung

Wir alle bedienen uns gern der Ablenkung, um unsere Kinder an Automaten mit Süßigkeiten vorbeizulotsen, eine Auseinandersetzung über ein Spielzeug zu beenden oder sogar, um einmal eine Stillmahlzeit zu vermeiden. Bei einigen Kindern kann man mit dieser Methode das Abstillen vorantreiben.

Durch Ablenkung abzustillen, bedeutet, Ihre Gewohnheiten von Tag zu Tag erheblich zu verändern. Es ist nötig, altvertraute Stillsituationen zu vermeiden und neue Betätigungsfelder zu schaffen, die Ihr Kind ansprechen. Für das eine Kind kann das bedeuten, dass Sie viel häufiger Ausflüge zu solchen Orten unternehmen, die Ihrem Kind gefallen und wo es viele Menschen und viel Trubel gibt. Für ein anderes Kind bedeutet dies vielleicht, das Leben erheblich ruhiger zu gestalten, um Situationen, die es als bedrohlich empfindet, zu verringern.

Mütter müssen sich wie ein Zauberer verhalten und ihre Trickkiste immer zur Hand haben, wenn sie ihr Kind nicht anlegen wollen. Man muss auf die Bitte nach dem Stillen gefasst sein und die Ablenkung anbieten, bevor das Kind ans Stillen denkt. Sollten Sie z. B. vor einem Kind, das Sie gerade abzustillen versuchen, unbekleidet erscheinen, dann haben Sie vermutlich dieses Mal Ihre Chance auf Ablenkung vertan. Sobald ein Kind nach dem Stillen fragt, wird das Ablenken schwierig – oft sogar unmöglich.

Ein Zaubertrick aus Mutters magischen Abstillkünsten besteht darin, die Kinder zu tragen und ihnen dabei etwas zu erzählen oder vorzusingen. Mütter, die ihre Kinder durch Ablenkung abgestillt haben, sehen ganz erschöpft aus, wenn sie erzählen, wie ihre Füße und ihr Rücken wehgetan haben, weil sie mit dem Kind im Arm auf- und abgegangen sind oder in der Nacht die Kleinen im Stehen von einer Seite zur anderen gewiegt haben. Sie haben aber die Gewissheit, daß sie etwas tun konnten, um den Kummer ihrer Kinder während eines beschleunigten Abstillprozesses zu lindern.

Eine Veränderung in einer gewohnheitsmäßigen Handlung kann auch ablenkend wirken, wie z. B. sitzen zu bleiben anstatt sich hinzulegen, wenn Sie Ihr Kind zum Einschlafen bringen, oder sich von den altgewohnten Stillecken fern zu halten. Andere Ablenkungsmöglichkeiten sind unter anderem das Vorlesen von Geschichten, Singen, neues Spielzeug (sogar ein spezielles »Ablenkungsspielzeug«) oder neue Arten der Beschäftigung mit altem Spielzeug, Ausflüge, Radtouren, Kuscheln oder Kitzeln, Besuch von anderen Kindern und andere Dinge, die Spaß machen. Väter sind für viele Kinder die beste Ablenkung.

Die weitaus wirkungsvollste Ablenkung ist es für viele kleine Kinder, viel Aufmerksamkeit von den Eltern zu bekommen. »Man muss mit dem Kind doppelt so viel Zeit mit anderen Aktivitäten verbringen als mit Stillen« schreibt eine Mutter eines Einjährigen. Solche Aufmerksamkeiten können sogar ziemlich ausgeklügelt sein, wie aus der Beschreibung einer anderen Mutter hervorgeht: »So ungefähr eine halbe Stunde, bevor mein Sohn mich gewöhnlich bat, gestillt zu werden, holte ich ein Tischchen von ihm heraus. Wir setzten uns auf den Boden in die Nähe des Tisches und aßen zusammen eine Kleinigkeit (kleine Stückchen Fleisch waren eine unserer Lieblingsspeisen) und tranken etwas dazu. Ich versprach, ihm für diese 15 bis 20 Minuten meine ganze Aufmerksamkeit zu schenken. Ich erlaubte mir noch nicht einmal, daran zu denken, was ich danach tun wollte. Es klappte: Einige Stunden lang fragte er nicht nach der Brust, bis die Zeit zum Schlafengehen gekommen war.«

Ablenkungen jeglicher Art, auch wenn sie noch so gut und mit viel zusätzlicher Liebe verbunden sind, bleiben in ihrer Wirksamkeit davon abhängig, ob das Kind auch reif genug ist, sich darauf einzulassen. Manchmal sind die Ablenkungen attraktiver als das Stillen, manchmal sind sie es nicht. Nur Ihr Kind kann Ihnen das sagen.

Ersatz

Viele Mütter, die mit dem Abstillen durch Ablenkung anfangen, ersetzen gleichzeitig einige Stillmahlzeiten durch feste Kost. Oft haben häufig trinkende Kinder ganz einfach Hunger. Eine Mutter, die abstillen möchte, kann versuchen, auf diese Stillzeiten besonders zu achten, und dem Kind stattdessen etwas Geeignetes zum Essen anbieten.

Wie jede Form des Ablenkens ist auch diese nicht sehr wirkungsvoll, sobald das Kind ausgesprochen hat, dass es gestillt werden möchte. Mütter schätzen diese Methode besonders dann, wenn sie damit ein Kind während des Essenkochens zufrieden stellen können. Am wenigsten schätzen sie sie, wenn sie dadurch das allgemein so beliebte Kuscheln und Stillen am frühen Morgen aufgeben und stattdessen aufstehen müssen, um das Frühstück am frühen Morgen vorzubereiten.

Eine Stillmahlzeit durch andere Nahrung zu ersetzen, ist eine Methode, die in Maßen und wohl überlegt verwendet werden sollte. Es ist nicht besonders gut für Ihr Kind, wenn Sie es ständig mit Essen »bestechen«, nur um das zu tun, was Sie wollen, besonders nicht mit Süßem. Es ist auch nicht zu seinem Besten, wenn Sie es – außer zu seltenen Gelegenheiten (wie wir das alle ab und zu tun) – mit ungeeigneten Nahrungsmitteln wie z. B. Plätzchen oder Bonbons bestechen. Wenn ich davon spreche, eine Stillzeit durch etwas Essbares zu ersetzen, dann denke ich dabei an vollwertige, natürliche Lebensmittel, bei denen Sie sich freuen, dass Ihr Kind sie isst. Ihr Ziel ist es, seinem Hunger vorzubeugen, so dass es nicht aus diesem Grunde gestillt werden möchte. Sie wollen jedoch sicher nicht, dass Ihr Kind Geschmack an ungesunden Nahrungsmitteln findet. Sie können Ihr Kind nicht wirksam vom Stillen ablenken, indem Sie ihm dafür etwas zu essen anbieten, wenn Hunger gar kein Grund für den Stillwunsch war.

Obwohl Sie vielleicht aus ganz persönlichen Gründen versuchen, das Abstillen voranzutreiben, lässt sich schwer voraussagen, wie lange Ihr Kind noch ein Saugbedürfnis haben könnte, das natürlich auf die eine oder andere Art und Weise befriedigt werden sollte. Viele Kinder, die abgestillt werden, bevor sie dieses Bedürfnis abgelegt haben, fangen an, an ihrem Daumen oder ihren Fingern zu lutschen. Selten einmal nimmt ein Kind dann den Schnuller. Diese Verhaltensweisen sind sicherlich nicht so gut wie das Stillen, aber sie können dem Kind eine gewisse Erleichterung verschaffen, wenn sein Saugbedürfnis aufgrund des Abstillens nicht genügend befriedigt wird. Es ist nicht ratsam, diese Art des Saugens direkt zu unterdrücken. Stattdessen ist es notwendig, dem Kind verstärkt liebevolle Zuwendung zu schenken, so dass die Benutzung des Schnullers oder das Lutschen am Daumen nur das Saugbedürfnis befriedigt, nicht jedoch die nötige mütterliche Zuwendung ersetzt.

Mütter, die ihre Babys gestillt haben, sind sich sehr bewusst, wie vielschichtig die Wechselwirkung zwischen Mutter und Kind beim Stillen ist. Das Stillen bewirkt so viel mehr, als nur die Bedürfnisse des Kindes nach der Milch oder dem Saugen zu befriedigen. Wenn die Mütter deshalb sehen, dass ihr Kind, das erst kurz abgestillt ist oder das gerade abgestillt wird, das Bedürfnis hat, am Daumen, Schnuller oder etwas anderem zu saugen, nehmen sie es möglichst rasch in den Arm, streicheln oder wiegen es oder singen ihm etwas vor. Andere wiederum hören mit dem Abstillen für eine Weile auf, wenn ihre Kinder dieses Verhalten an den Tag legen. Nach dem guten Anfang dieser Kinder an der Brust wäre es zu schade, wenn sie einen Teil dieses neu aufgebauten Vertrauens auf einen unbeseelten Schnuller oder eine Babyflasche übertragen oder das geschenkte Vertrauen wieder zurückziehen würden.

Verschieben

Eine der wirkungsvollsten langfristigen Methoden, um das Abstillen voranzutreiben, besteht darin, das Stillen immer dann für eine Weile zu verschieben, wenn Ihr Kind diesen Aufschub verkraften kann. Solch ein Ansatz kann flexibler sein als der Versuch, eine bestimmte Stillmahlzeit ausfallen zu lassen. Viele Kinder trinken so unregelmäßig an der Brust, dass es unmöglich wäre, eine Stillzeit ausfindig zu machen, die man überspringen könnte.

Jedes Mal, wenn wir unser Kind bitten, sich ein wenig zu gedulden, bis wir es anlegen, entwöhnen wir es ein wenig mehr von der Brust. Im Gegensatz aber zu den kleinen Aufschüben, um die wir sie fast jeden Tag bitten, würde ein aktives Abstillen bedeuten, dass wir das Stillen mehrmals am Tag oder in der Nacht konsequent verschieben.

Die Methoden, mit denen wir das Stillen aufschieben, sind gewöhnlich die gleichen, wie sie in diesem Kapitel beschrieben worden sind – Ablenkung oder das Anbieten eines Ersatzes. Manche verbal weit entwickelten Kinder werden mit der Abmachung einverstanden sein, eine Weile zu warten. Ihr Kind wird nur dann mit dem Aufschieben gut zurechtkommen, wenn es mit dem Aufschub einverstanden ist und wenn Sie ihm etwas vorschlagen, das attraktiv genug ist. Wenn Sie Ihr Kind zu oft vom Stillen abhalten wollen, ist es umso fester entschlossen, an der Brust zu trinken, wie wir alle wissen.

Wenn das Verschieben phantasievoll eingesetzt wird und Sie die Reaktionen des Kindes genau beobachten, kann es zum aktiven Abstillen beitragen. Es eignet sich natürlich nur für solche Stillzeiten, die verschoben werden können. Das Stillen vor dem Einschlafen oder nach dem Aufwachen ist wahrscheinlich so festgelegt, dass es durch dieses Vorgehen nur geringfügig abgeändert werden kann. Das Verschieben kann jedoch die Aufmerksamkeit eines Kindes, vor allem am Tage, sanft auf andere Dinge lenken. Diese Abstillmethode läßt sich leicht an unterschiedliche Tage anpassen – auf anstrengende Tage, wenn Ihr Kind ein größeres Bedürfnis nach dem Stillen hat, und auf leichtere, wenn es dieses Bedürfnis weniger verspürt.

Obwohl es sich nicht voraussagen lässt, wie lange es dauert, ein Kind mit der Aufschubmethode abzustillen, kann diese doch das Abstillen erheblich vorantreiben. Sobald das Stillen auf ein Mal pro Tag oder weniger zurückgegangen ist, erzählen Mütter, die schnell abstillen wollen, ihrem Kind oft, es sei keine Milch mehr da. Zu einem bestimmten Zeitpunkt werden viele Kinder dies akzeptieren, nicht aber alle. Für jene, die von solch einer Aussage ungerührt bleiben, wird auch einmal die Zeit fürs Abstillen kommen, aber eben noch nicht jetzt.

Die Stillzeiten verkürzen

Eine ganze Reihe von Müttern hat herausgefunden, dass es wirksam und relativ wenig belastend ist, ein Kind so oft anzulegen, wie es möchte, aber es nicht sehr lange zu stillen. Man kann das Kind eine kleine Weile anlegen und es dann ablenken oder ihm etwas zu essen anbieten. Wie alle Versuche, die Stillgewohnheiten abzuändern, kommen auch bei dieser Methode einige Kinder gut damit zurecht, andere wiederum nicht.

Manchmal scheint die Verkürzung der Stilldauer das Abstillen zu beschleunigen, vielleicht weil dem Kind das Stillen als Mittel, um unausgefüllte und langweilige Stunden zu überbrücken, nun nicht mehr zur Verfügung steht. Stattdessen fangen Mutter und Kind an, sich interessanterem Zeitvertreib zuzuwenden, bis das Stillen allmählich nicht mehr nötig ist.

Sobald einige Mütter feststellen, dass es möglich ist, das Stillen zu verkürzen, verschwindet plötzlich das unbehagliche Gefühl, das sie bisher beim Stillen empfanden. Bei manchen von uns entsteht nämlich oft durch die sehr lange Zeit, die wir mit dem Stillen beschäftigt sind, ein Gefühl der Unruhe und des Unmuts. Es gibt natürlich Möglichkeiten, um uns selbst während der ausgedehnten Stillzeiten abzulenken, aber es schadet nicht, den Versuch zu unternehmen, das Kind von einer Verkürzung der Stilldauer zu überzeugen, wenn es diese Veränderung verkraften kann.

Tatsächlich sind ältere Stillkinder letzten Endes damit einverstanden, »nur ein kleines bisschen« an der Brust zu trinken oder »schnell fertig zu werden«, einfach weil Sie darum bitten – und weil Sie daran denken, ihnen freundlich dafür zu danken, wenn sie auf Ihre Wünsche eingehen.

Abstillen mit Hilfe einer Vereinbarung

Manchmal sagen Mütter zu ihren Kindern: »Nach Weihnachten wollen wir mit dem Stillen aufhören. Du hast dann eine Menge neues Spielzeug, mit dem wir dann stattdessen spielen werden.« Oder: »Du wirst jetzt so groß. Ich denke, dass du nach deinem Geburtstag so weit bist, dass ich dir eine Geschichte vorlesen kann, anstatt dich zu stillen.« Viele Kinder trinken weniger häufig an der Brust oder hören ganz damit auf, wenn ihnen die Mutter – nicht ganz ehrlich – erzählt, dass sie die Milch für das neue Baby aufheben müssen. Einige Kinder werden sich an eine Vereinbarung in dieser oder jener Form halten. Tatsächlich aber werden die meisten der Mutter keine Beachtung schenken, wenn sie ihnen vorschlägt, mit dem Stillen aus irgendeinem Grund aufzuhören.

Andere wiederum sind mit der Abmachung einverstanden und haben ihren Spaß daran, Pläne zu schmieden, aber sie machen einen Rückzieher, wenn die vereinbarte Zeit tatsächlich gekommen ist. Obwohl Kinder rechtzeitig lernen müssen, sich an getroffene Vereinbarungen zu halten, gehören meiner Meinung nach Lektionen über das Einhalten von Abmachungen zu solchen Dingen wie das Aufheben von verstreuten Malblöcken oder das Teilen von Kaugummis. Wenn ein Kind noch nicht reif fürs Abstillen ist, können seine diesbezüglichen Empfindungen möglicherweise jedes Verständnis für die Bedeutung eines Versprechens völlig überlagern, einfach weil das Stillen noch viel zu wichtig ist.

Eine Methode für das Abstillen durch Vereinbarung ist die »Bestechung«. Hin und wieder ist ein Kind bereit, das Stillen gegen ein neues Spielzeug oder ein Haustier einzutauschen, vorausgesetzt, dass auch die Mutter dem neuen Gegenstand viel Aufmerksamkeit schenkt. Es muss eine beträchtliche Reife und eine Bereitschaft zum Abstillen vorliegen, bevor ein Kind tatsächlich das Stillen ohne Probleme für etwas aufgibt, das es sich sehr wünscht – wie im Falle des dreijährigen Mädchens, das in das Abstillen einwilligte, so dass seine Familie ein neues Baby bekommen konnte. (Seine Mutter war eine der wenigen Frauen, die keinen Eisprung haben, solange sie auch nur ganz wenig stillen.)

Das Abstillen durch Vereinbarung klappt gelegentlich, vorwiegend bei Kindern, die ohnehin schon von selbst kurz vor dem Abstillen stehen.

Väter und Abstillen

Alle unsere bisher beschriebenen Abstillmethoden sind tagsüber in Ordnung, wenn man wach und in bester Verfassung ist. Sie sind jedoch wahrscheinlich alle äußerst anstrengend, wenn sie eine Mutter konsequent alleine durchführt. Oft ist es fast unmöglich, sie in der Nacht anzuwenden. Jeder Vater, der seine Frau dazu drängt, ihr Kind abzustillen, besonders wenn es ein kleines Krabbelkind ist, sollte sich darüber im Klaren sein, welche schwierige Rolle er möglicherweise in diesem Prozess zu übernehmen hat. Es genügt, einfach nur zu verstehen, wie schwierig das Abstillen sein kann, um die meisten Väter umzustimmen.

Bei fast jedem mir bekannten Abstillen, das von der Mutter ausging, hat der Vater sehr viel Hilfestellung geleistet. Wenn die meisten Bedürfnisse eines Kindes noch durch das Stillen befriedigt werden müssen, wird sich das Abstillen schwer gestalten. Beim Stillen steht Mutter und Kind ein relativ einfacher Mechanismus zur Verfügung, um den meisten dieser Bedürfnisse gerecht zu werden.

Wenn eine Mutter jedoch die beste und einfachste Methode, die Bedürfnisse ihres Kindes zu erfüllen, durch das Abstillen aufgibt, ist es für sie häufig zu viel, ganz allein einen befriedigenden Ersatz zu finden. Manchmal ist es möglich, dass der Vater zum Teil diese Lücke füllt und dem Kind etwas von der körperlichen Nähe und Beweisen seiner Zuneigung gibt, die es so sehr braucht. Wenn das Abstillen ohne größere Schwierigkeiten verlaufen soll, sollte das Kind alt genug sein, um jetzt einen Teil der bislang der Mutter vorbehaltenen Zuneigung auf den Vater zu übertragen. Natürlich wäre es für alle Betroffenen besser, wenn dies in seinem eigenen Tempo ohne Eile erfolgen könnte.

Es ist besonders schwer für die Mutter, in der Nacht ohne Hilfe liebevoll abzustillen. Vor allem in der Nacht erwartet das kleine Kind, dass es gestillt wird, und kann nicht begreifen, warum sie es nicht tut. Wie ich schon vorher gesagt habe, ist es auch nicht wahrscheinlich, dass die Mutter oder das Kind in der Nacht besonders klar denken. Eine müde, verschlafene Mutter ist nicht in der Lage, mit ausgeklügelten Ideen ein Kind abzulenken oder einen Ersatz für das Stillen anzubieten. Genauso wenig sind schläfrige kleine Kinder besonders offen für irgendetwas anderes als ihre elementarsten Bedürfnisse. Der Vater ist es dann, der ein angenehmes, verständnisvolles Abstillen in der Nacht ermöglicht. Er wandert während der Zeit des Abstillens mit dem Kind im Arm hin und her, füttert es oder kümmert sich anderweitig um es. In der Regel sollte die Mutter außer Sichtweite bleiben, während sich der Vater mit dem kleinen Kind beschäftigt. Auf diese Weise wird er besser verhindern können, dass das nächtliche Abstillen ein grausamer Albtraum für alle wird.

Auch am Tage erwarten viele kleine Kinder weiter ein enges Verbundensein mit der Mutter, wobei das Stillen dazugehört. Obwohl eine

Mutter, die auf das Abstillen hinarbeitet, die Aufmerksamkeit des Kindes mit beträchtlichem Erfolg in eine andere Richtung lenken kann, so wird sie doch dankbar sein, wenn der Vater eine Weile für Ablenkung sorgen kann. Am häufigsten werden Kleinkinder von der Stillmahlzeit vor dem Zu-Bett-Gehen entwöhnt, wenn der Vater z. B. die Aufgabe übernimmt, die kleinen Kinder ins Bett zu bringen.

Wenn das Kind noch nicht reif fürs Abstillen ist, kann die zu große Verantwortung für das Abstillen, vor allem die nächtlichen Pflichten, für einen Vater ziemlich belastend sein, umso mehr, da die meisten Väter noch immer am nächsten Morgen aufstehen müssen und den Tag an der Arbeitsstelle verbringen. Daher würde ich niemandem, besonders keinem Vater, empfehlen, die Mutter zum Abstillen zu drängen, erst recht nicht bei einem Kind unter etwa zwei Jahren, außer wenn ganz zwingende Gründe vorliegen.

Eine weitere Aufgabe, die der Vater beim Abstillen übernehmen sollte, ist es, die Mutter in ihrer Mutterrolle zu bestärken. Dies kann bedeuten, dass er seine Ansichten bewusst ändern muss. Wenn die Mutter und/oder das Kind sichtlich unglücklich über das Abstillen sind, kann er derjenige sein, der sie dazu ermutigt, vorerst das Ganze zu vergessen. Oder er kann sehr einfühlsam darauf eingehen, dass viele Mütter ein Gefühl des Verlustes empfinden, wenn sich ihre innige körperliche Beziehung zu dem Kind verändert. Er wird sie vielleicht auch unterstützen müssen, wenn sie wegen ihrer Entscheidungen in Bezug auf das Stillen oder Abstillen kritisiert wird. Jede Frau ist dankbar für diese Form der Unterstützung. Ohne diese Liebe mag sie sonst vielleicht befürchten, ihrer Aufgabe nicht gewachsen zu sein.

Punktuelles Abstillen

Wenn wir den Eindruck haben, dass das Stillen einfach zu viel für uns ist, vergessen wir oft, daß es eine Alternative zum vollständigen Abstillen gibt. Gewöhnlich ist nicht die ganze Stillbeziehung für uns schwierig zu ertragen, sondern nur eine bestimmte Uhrzeit. Oder wir regen uns nicht wegen des Stillens an sich auf, sondern wegen der Länge der einzelnen Stillzeit. In diesen Fällen brauchen wir gar nicht das Stillen insgesamt zu beenden; stattdessen können wir das »punktuelle Abstillen« ausprobieren.

Das punktuelle Abstillen kann der Versuch sein, eine bestimmte Stillmahlzeit ausfallen zu lassen, so als ob wir mit dem vollständigen Abstillen beginnen wollten. Im Falle von langen Stillzeiten könnten wir versuchen, das Kind davon zu überzeugen, nach einer ausreichend langen Zeit an der Brust etwas anderes zu tun, als an der Brust zu trinken. Oder wir könnten ausprobieren, das Kind häufiger und kürzer anzulegen, um festzustellen, ob dies vielleicht die bessere Lösung ist.

Das Anpassen des Stillens an die jeweilige Situation oder punktuelles Stillen, wie ich es genannt habe, ist immer ein Experiment, das ständigen Veränderungen unterworfen ist. Das punktuelle Abstillen ist vielleicht auch nicht auf Dauer durchzuführen. Häufig kommen Kinder mit den Beschränkungen für eine Weile gut zurecht, dann müssen sie zu den alten Gewohnheiten zurückkehren. Dann kommt eine Zeit, in der das teilweise Abstillen wieder in Ordnung ist, usw. Ich habe hier nicht alle Möglichkeiten ausgeschöpft, sondern eher einem Verhalten einen Namen gegeben, das wir alle kennen, wenn unsere Kinder größer werden und wir ohne Druck weiterstillen wollen.

Abstillen durch Kapitulation

Es überrascht nicht, dass manch eine Familie das Abstillen dadurch beschleunigt hat, indem sie einfach den Druck lockerte. Kinder, die eigentlich innerlich zum Abstillen bereit sind, werden möglicherweise durch die Bemühungen, sie zum Abstillen zu bewegen, so verunsichert, dass sie nun erst recht nicht mit dem Stillen aufhören können.

Eine Mutter schreibt, dass sie die enormen Stillbedürfnisse ihres dreieinhalbjährigen Sohnes nicht mehr ertragen konnte, obwohl sie sich darüber im Klaren war, dass er das Stillen brauchte. Zuletzt entschied sie in ihrer Verzweiflung, alle Abstillbemühungen einzustellen, und erklärte ihm, dass er bei ihr trinken könne, wann immer er wolle, und sie hielt sich auch daran. Unverzüglich stellte er sie auf die Probe, indem er sie tatsächlich jedes Mal bat, gestillt zu werden, wenn er daran dachte.

Dann schreibt sie: »Ich hatte beschlossen, ihn in Ruhe zu lassen und mich nicht darüber aufzuregen, dass er jede Nacht ausgiebig gestillt werden wollte und am Tag scheinbar ständig an der Brust trank – zwei Monate danach stillte er sich ab! Ganz von allein.«

Die Kapitulation oder das Verringern des Druckes führt nicht immer zu einem derartig dramatischen Abstillen. Aber es ist oft eine der wirksamsten »Kuren«, wenn das Kind häufig oder fast ständig gestillt werden möchte, vor allem bei Kindern, die zwei Jahre oder älter sind. Durch das Kapitulieren wird sicherlich kein Kind abgestillt, das nicht auch bereit dazu ist, aber von allen anderen möglichen Abstillverfahren ist dieses für Ihr Kind sicher das weitaus sicherste und beglückendste.

Kapitel 18

Das Beste aus dem Stillen oder Abstillen machen

Die Entscheidung für das Abstillen

Oft hat eine Mutter das Gefühl, es sei eigentlich nötig, ihr Kind abzustillen. Sie ist jedoch gleichzeitig hin- und hergerissen zwischen der Hoffnung auf die Verbesserungen, die sie sich davon für ihr Leben erhofft, und der Angst, ihr Kind könne als Folge des Abstillens irgendeinen Schaden erleiden.

Zunächst einmal sollte sie das Stillbedürfnis ihres Kindes einer gründlichen Betrachtung unterziehen und dann entscheiden, ob sie im Leben ihres Kindes wirklich für angemessenen Ersatz sorgen kann. Wenn sie tatsächlich das Abstillen in Angriff nimmt, sollte sie die vor ihr liegende Aufgabe unvoreingenommen in Augenschein nehmen und die Fragen und Entscheidungen auch mit anderen Familienmitgliedern durchsprechen, da diese ihr helfen können, das Kind liebevoll zu umsorgen und sie während und nach dem Abstillen zu unterstützen. Wenn Sie das Abstillen gut durchdacht haben, ohne die Idee daraufhin zu verwerfen, dann gehen Sie sanft, aber entschlossen vor. Lassen Sie die Stillzeiten (durch die Methode, die Ihrem Gefühl nach Ihnen und Ihrem Baby am besten bekommt) so langsam wie möglich ausfallen, d. h. höchstens eine Stillzeit pro Woche.

Dabei sollten stets Sie die Entscheidung fällen. Versuchen Sie nicht, einen Teil der Verantwortung hierfür Ihrem Kind zu übertragen, indem Sie unentschlossen oder nervös werden, wenn Ihr Kind über Ihr Verhalten bestürzt ist. Wenn Sie nicht ganz fest entschlossen sind, das Abstillen zu versuchen, wird das Ganze vermutlich nur eine sinnlose und verworrene Zeit für Sie beide werden. Wenn Sie als erwachsener Mensch eine Entscheidung für Ihr Kind treffen wie im Falle des Abstillens, müssen Sie sich während des Abstillens auch wie ein Erwachsener verhalten. Das Kind ist noch nicht fähig, Sie zu trösten und Ihnen zu versichern, dass Ihre Entscheidung in Ordnung sei. Es muss genau andersherum sein. Sie sollten alles tun, was in Ihrer Macht steht, um Ihr Kind zu trösten.

Die Art der Beziehung, die Sie zu Ihrem Kind haben, mit all den unwägbaren Einflüssen aus seinem und Ihrem Wesen und natürlich auch das Tempo seiner emotionalen Reifung entscheiden darüber, wie das Stillen oder das Abstillen verläuft. Ob Sie sich selbst liebevoll Ihrem Kind zuwenden und voller warmherziger, freundlicher und fröhlicher Gefühle sind, ist ausschlaggebend für den Verlauf des Stillens oder Abstillens. Wenn Sie wegen des Abstillens oder wegen des zu rigorosen Vorgehens Schuldgefühle haben, werden Sie nicht mit sich selbst im Reinen sein und als Folge davon auch mit Ihrem Kind vermutlich nicht so liebevoll umgehen. Ihr Kind wiederum ist vielleicht sehr unruhig und will häufiger an der Brust trinken. Wenn Sie nicht selbstbewusst und gelöst zu Ihrer Abstillentscheidung stehen können und Ihr Kind in dieser Zeit weiterhin optimal umsorgen, wird Ihr Kind mit ziemlicher Wahrscheinlichkeit Schwierigkeiten beim Abstillen haben.

Falls Sie feststellen, dass Ihr Kind während des Abstillens zeitweilig unglücklich wirkt, können Sie selbstverständlich eine andere Entscheidung treffen, es sei denn, Ihre Gründe fürs Abstillen sind absolut zwingend. Sie können genauso entschieden das Ganze für eine Weile vergessen oder zumindest Ihr Tempo drosseln. Es schadet nichts, das Abstillen zu versuchen, sofern Sie dabei wachsam bleiben und die Bereitschaft haben, Ihr Vorhaben aufzugeben, wenn es nicht gut läuft.

Erkennen, wann man das Abstillen aufgeben sollte

Wenn Sie das Abstillen in Angriff nehmen, werden Sie sehr bald merken, ob Ihre Methode sich nicht für Ihr Kind eignet oder ob Sie zu rasch vorgehen. Falls sich Ihr Kind aufregt, schreit und so darauf besteht, gestillt zu werden, dass Sie es weder ablenken noch beruhigen können, dann ist es nicht schwierig, das Problem zu erkennen. Offensichtlich müssen Sie das Abstilltempo verlangsamen und Ihre Taktik ändern, damit Ihr Kind besser damit zurechtkommt, oder Sie müssen überhaupt eine Weile bis zum nächsten Abstillversuch warten. Vielleicht bekommen Sie ja auch nur solche Aufforderungen zu hören, wie im Falle des kleinen Kindes, das sich an die Mutter schmiegte und sagte: »Ich geb dir Zucker, und dann gibst du mir Mim-Mim!«

Andere subtilere Hinweise, die Ihnen Ihr Kind geben kann, besonders wenn Sie sehr geschickt im Ablenken und Ersatzanbieten sind, können sich in Verhaltensänderungen bemerkbar machen oder darin, dass Ihr Kind wieder Verhaltensweisen annimmt, die es schon längst abgelegt hatte. Ein gestörtes Sprechen (Stottern), was bei kleinen Kindern sehr häufig vorkommt, ist nicht immer ein Anzeichen für eine seelische Anspannung, aber es kann sicher gelegentlich die Ursache sein. Vielleicht stellen Sie fest, dass Ihr Kind häufiger in der Nacht aufwacht oder sich am Tag stärker an Sie klammert. Es entwickelt vielleicht eine Bindung an einen Gegenstand wie z.B. einen Bären oder eine Decke, die es vorher nicht hatte. Möglicherweise entsteht eine neue oder verstärkte Angst vor einer Trennung von Ihnen. Eine der häufigsten Reaktion auf ein zu schnelles Abstillen ist es, dass die Kinder nun auffallend oft Dinge in den Mund stecken oder am Daumen lutschen. Gelegentlich fangen Kinder, die zu schnell abgestillt werden, damit an, andere zu beißen, obwohl sie dies vorher nie getan haben.

Das Abstillen mag für die Verhaltensänderungen, die Sie an Ihrem Kind vielleicht feststellen, verantwortlich sein, muss es aber nicht. Kinder sind wie alle Menschen vielschichtige Persönlichkeiten, bei denen viel mehr als nur das Stillen und Abstillen vor sich geht. Geben Sie Ihrem Kind viel zusätzliche Aufmerksamkeit, Liebe und Ermutigung, wenn diese Verhaltensweisen, aus welchem Grund auch immer, auftreten, und Sie werden sie wieder verschwinden sehen, ohne jemals die Ursache dafür erkannt zu haben. Es ist allerdings nicht schwierig, dafür zu sorgen, dass Ihr Kind wegen des Abstillens nicht besonders unruhig oder anhänglich ist oder in der Nacht häufig aufwacht. Schieben Sie in diesem Fall das Abstillen eine Weile auf. Stillen Sie Ihr Kind wieder so viel, wie es möchte, und warten Sie ab, was passiert. Vielleicht sehen Sie die Wirkung nicht sofort; es kann durchaus einige Wochen dauern, bis sich die Ängste Ihres Kindes wieder gelegt haben, wenn es das Abstillen als sehr belastend empfunden hat.

Die Bemühungen in Grenzen halten

Ein weiterer Anhaltspunkt dafür, ob das Abstillen zu schnell verläuft, ist seine Wirkung auf Sie selbst. Ob das Abstillen zu schnell verläuft, erkennen Sie sofort daran, wenn Ihre Brüste übervoll werden, so dass Sie sich nicht wohl oder sogar krank fühlen.

Vielleicht stellen Sie auch fest, dass Sie sich viele Stunden am Tage oder sogar nachts verzweifelt darum bemühen, Ihr Kind ohne das Stillen zufrieden zu stellen. Möglicherweise sind Sie ganz erschöpft und voller Groll darüber, dass das Abstillen Ihnen so viel abverlangt. Darüber hinaus wird sich Ihre körperliche und emotionale Verfassung verschlechtern, je nachdem, wie viele Schwierigkeiten Ihr Kind beim Abstillen hat.

Wenn Sie das Abstillen mehr als ein oder zwei Stunden pro Tag oder Nacht beschäftigt, ist es sicher an der Zeit, Ihre Entscheidung für das Abstillen erneut zu überprüfen. Was erhoffen Sie sich vom Abstillen? Ist es das Abstillen wert, wenn Sie sich dermaßen dabei verausgaben müssen? Wie ist die Stimmung währenddessen bei Ihnen zu Hause?

Natürlich kann niemand diese Fragen für jemand anderen beantworten. Sie allein, zusammen mit Ihrem Mann, sollten abgrenzen, wie viel Sie um des Abstillens willen auf sich nehmen wollen. Wir müssen nicht unbedingt das Abstillen um jeden Preis durchziehen. Wir können und sollten uns regelmäßig darüber Gedanken machen, wie die gegenwärtige Situation aussieht, so dass wir entscheiden können, ob wir uns unserem Ziel in einem annehmbaren Tempo nähern oder ob das Abstillen derzeit einfach nicht zu schaffen ist.

Wie ich bereits gesagt habe, ist das Abstillen tatsächlich eine schwer wiegende Angelegenheit. Es sollte weder dem Kind noch den Eltern übermäßig viel abverlangen.

Wenn es mit dem Abstillen nicht klappt

Es kann natürlich sehr entmutigend sein festzustellen, wie sehr Ihr Kind das Stillen braucht, wenn Sie wirklich unbedingt abstillen möchten. Wenn Sie des Stillens überdrüssig sind, kann das so intensive Bedürfnis Ihres Kindes nach dem Stillen sehr beunruhigend für sie sein. Die meisten von uns werden Eltern, ohne dass sie darauf vorbereitet sind, wie viel und wie lange kleine Kinder unsere elterliche Zuwendung brauchen.

Wenn Ihr Kind nicht dazu bereit ist, zwingt Sie sein Verhalten dazu, sich nochmals Ihre Gründe für Ihren Abstillwunsch genau anzusehen. Mit Phantasie, vielleicht auch mit der Ermutigung durch andere Mütter und mit einem Erfahrungsaustausch, können Sie gewöhnlich herausfinden, wie Sie doch noch ein wenig länger stillen können. Die Tatsache, dass das Stillen, so wie Sie es jetzt erleben, nicht immer gleich bleiben wird, kann Sie zumindest ein bisschen trösten. Eine Mutter sagte über das Abstillen ihres Sohnes, nachdem sie es aufgegeben hatte, die Richtung anzugeben: »Ich bin mir nicht sicher, ob er sich letztendlich abstillte, weil ich aufhörte, ihn dazu anzutreiben, oder ob dies nur ein Zufall war. Ich hatte manchmal das Gefühl, dass nichts, was wir taten oder unterließen, seine innere Uhr beeinflussen konnte und dass er sich erst dann abstillte, als einfach seine Zeit gekommen war. Andererseits war er erst dann wirklich frei, sich zu entscheiden, nachdem ich den Druck von ihm genommen hatte.«

Wie dieser Junge wird Ihr Kind irgendwann mit dem Stillen aufhören, ganz gleich, ob Sie jemals irgendetwas für das Abstillen unternehmen oder nicht. Und sollten Sie noch immer das Bedürfnis verspüren, es abzustillen, können Sie es nach ein paar Wochen erneut versuchen. Es dauert nicht mehr lang, und die Bedürfnisse Ihres Kindes können durch altersgemäßere Formen der Zuwendung erfüllt werden.

Natürlich will ich keine Mutter dazu drängen, einfach mit dem Stillen weiterzumachen, obwohl sie es völlig ablehnt. Ich würde eher einer Mutter dringend raten, sich mit allen Kräften darum zu bemühen, ihr eigenes Leben glücklicher zu gestalten, wenn ihr Kind ihr unmissverständlich klargemacht hat, dass es das Stillen nicht aufgeben könne, ohne unglücklich zu sein, und auch sie selbst dabei unglücklich ist. Das Stillen an sich kann niemanden unglücklich machen. Über das Stillen unglücklich zu sein, ist gewöhnlich eine Folge der Enttäuschung darüber, bestimmte Erwartungen nicht zu erfüllen oder Ziele nicht zu erreichen – z.B. gesellschaftlich sehr beliebt und anerkannt zu sein oder sich nicht mehr so wie früher die Kleider selbst nähen zu können usw. – alles aufgrund der unerwarteten Anforderungen an die Zeit der Mutter durch das Stillkind.

Wenn ein Kind das Bedürfnis nach viel Aufmerksamkeit und/oder so viel Zeit an der Brust zu erkennen gibt, erscheint es viel klüger, diese so wichtigen Bedürfnisse als gegeben hinzunehmen und unsere Ziele dahingehend neu auszurichten, unseren Kinder so gut wir können bei ihrem Heranwachsen zu helfen. Wenn eine Mutter unglücklich ist, sollte sie die Dinge nicht einfach so weiterlaufen lassen. Wenn sie jedoch keine andere Möglichkeit sieht, um ihre Situation zu verbessern, als abzustillen, dann muss sie es wohl versuchen.

Das Stillen wird jedoch häufig gerade nicht der Faktor sein, der verändert werden kann. Oftmals wird ein anderer Teil der alltäglichen Anforderungen an die Mutter verändert werden müssen. Es ist überraschend, welche Verbesserungen eintreten, sobald wir uns dazu entschlossen haben, eine andere Wahl zu treffen, eine, die sich weniger traumatisch auf unser Leben und das unserer Kinder auswirkt – z.B. die Betten vielleicht einen oder zwei Monate nicht zu machen, um Zeit für eine zusätzliche Tasse Kaffee am Tag zu haben, oder einen Teil der Hausarbeit mit dem Vater zu tauschen, so dass er die kleinen Kinder ins Bett bringt, oder ... Die Liste der genialen elterlichen Anpassungen an bestimmte Situationen ist endlos. Tatsächlich lernen diese Familien fast immer, dass nicht das Stillen das eigentliche Problem ist und das Abstillen nicht die einzige Lösung.

Die Arme ausbreiten

Wir alle haben gelegentlich auch negative Empfindungen, was das Stillen betrifft. Und wir alle wenden uns manchmal von unseren Kindern ab, wenn sie gestillt werden möchten, weisen sie ab, sagen ihnen »Nein« oder schieben sie weg. Dies sind unerfreuliche Augenblicke, nach denen wir zwischen Schuld- und Abwehrgefühlen hin- und hergerissen sind. Es sind Augenblicke, in denen wir uns nicht besonders gut fühlen.

Unter normalen Umständen jedoch haben unsere Kinder die allerbesten Voraussetzungen, um mit diesen schlechten Launen, die wir alle einmal erleben, fertig zu werden. Wie die kleinen Affen in der Einleitung dieses Buches regen sie sich auf, klammern sich an uns und bemühen sich mit allen Kräften, bis sie uns zwingen, unsere mütterlichen Pflichten zu erfüllen und sich um sie zu kümmern. Es klappt also.

Ich möchte es aber nochmals betonen: Wenn eine Mutter anfängt, ihre Aufmerksamkeit ausschließlich auf das Stillen zu konzentrieren, ihre ganze mögliche Erschöpfung und Enttäuschung dort zu vermuten, und sie ihr Kind fast jedes Mal abweist, wenn es gestillt werden möchte, dann stimmt etwas nicht. Ihr Verhalten führt zu einem hässlichen Streit zwischen den beiden, wobei die Mutter immer mehr Wut in sich aufsteigen fühlt und das Kind immer stärker das Gefühl hat, abgelehnt zu sein.

Eine Mutter kann so starr auf das Stillen als die Ursache der Probleme zwischen ihr und dem Kind fixiert sein, dass sie sich nicht vorstellen kann, durch irgendeine andere Maßnahme als das Abstillen Erleichterung zu finden, insbesondere wenn sie sich insgeheim ohnehin darüber ärgert, ein »so großes« Kind wie das ihre noch zu stillen. Oder sie kann so gefangen in ihrem Groll auf das Stillen sein, dass sie als ersten und einzigen Schritt, um wieder mit ihren Gefühlen und Bedürfnissen klarzukommen, nur das Abstillen in Betracht zieht.

Jede Mutter sollte zwar alles tun, um eine wirklich unglückliche Beziehung zu ihrem Kind zu verbessern. Spannungen zwischen Mutter und Kind jedoch durch das Abstillen zu beseitigen, erscheint genauso unsinnig wie der Versuch, die Spannungen zwischen Mann und Frau dadurch abzubauen, dass sie nicht mehr miteinander schlafen. In beiden Fällen kann das Problem nicht in der gesunden körperlichen Verbindung zwischen zwei Menschen liegen, sondern in den Gefühlen und Einstellungen, die sie in ihre Beziehung mitbringen.

Das Stillen allein kann Sie nicht so unglücklich machen, dass Sie planen, wie Sie Ihr Kind am besten abschieben können. Das Stillen ist ein Verhalten, das die Natur sehr sorgfältig mit sehr angenehmen wechselseitigen Einflussmöglichkeiten und Empfindungen ausgestattet hat. Stillkinder sind darüber hinaus so niedlich und wonnig, dass wir sie in die Arme nehmen möchten.

Es sind andere Einflüsse auf unser Leben, die bewirken, dass wir mit unseren Stillkindern in Auseinandersetzungen geraten. Einige können wir nicht ändern wie z.B. eine Schwangerschaft. Aber viele der Belastungen in unserem Leben, die es uns schwer machen, uns an unseren Kindern zu erfreuen, können wir ändern, aufschieben oder vermeiden.

Ihr Kind hat in den meisten Fällen, in denen es zu Ihnen kommt, ein Bedürfnis danach, mit Freude und Begeisterung aufgenommen zu werden. Um Ihrer beider willen sollten Sie nichts aufkommen lassen, was dieses Gefühl des Angenommenseins zwischen Ihnen beiden stört. Wenn Sie glauben, vom Stillen abrücken und einen Erziehungsstil annehmen zu müssen, der vielleicht eher dem Ihrer eigenen Erziehung entspricht, dann versuchen Sie es damit.

Wenn Ihnen das Abstillen als die beste Lösung erscheint, dann versuchen Sie eine Methode zu finden, die erfolgreich ist, ohne Ihr Kleinkind zurückzustoßen. Es wäre optimal, wenn Sie und Ihr Mann sich so verhalten könnten wie jene Mutter, die über das Abstillen schrieb: »Während des Stillens haben wir uns mit allerhand anderen interessanten Dingen vergnügt, bis meine Tochter davon so gefesselt war, dass sie den Wegfall des Stillens gar nicht bemerkte.«

Der entscheidende Punkt ist es, wohl nötigenfalls Abstand vom Stillen zu nehmen, aber niemals weniger Liebe zu zeigen.

Wenn in der Mutter-Kind-Beziehung Schwierigkeiten auftauchen, ist es gewöhnlich gut, unsere Wertvorstellungen und Prioritäten wieder einmal zu überprüfen. Phantasievolle Elternschaft, ein lebendiges Familienleben, zu lernen, füreinander zu arbeiten anstatt nur für die Karriere oder das Haus oder was auch immer – diese Werte und Prioritäten werden in hohem Maße dafür sorgen, dass sich jedes Familienmitglied eingebettet fühlt.

Abstillen in einer Ausnahmesituation

In dem äußerst seltenen Fall, in dem das Abstillen so zwingend ist, dass die Eltern keine andere Wahl haben, müssen sie einem unglücklichen Kind helfen, sich an das Abstillen zu gewöhnen, bevor es dazu bereit ist. Es ist am besten, wenn eine Mutter in diesem Fall bei ihrem Kind bleiben und es trösten kann, seinen Ärger akzeptiert und es auf jeden Fall wissen lässt, dass es in Ordnung ist, wütend zu sein, und dass seine Mutter auch über diese Situation verärgert ist. Sinnvollerweise ziehen Sie sich in dieser Zeit so an, dass Ihre Brüste für Ihr Kind nicht erreichbar sind, da Sie es ohnehin nicht stillen können. Die Eltern sollten dann dem Kind einen Ersatz anbieten, es ablenken, mit ihm spazieren gehen oder irgendetwas tun, damit sich das Kind besser fühlt. Das Abstillen sollte so langsam vor sich gehen, wie es die Situation zulässt.

Diese Art abzustillen kann für alle Beteiligten sehr schwierig sein, aber zum Glück ist es äußerst selten, dass ein unflexibles Vorgehen beim Abstillen notwendig ist. Oft werden Kinder, die abgestillt werden müssen, auch die Notwendigkeit eines echten Notfalls spüren oder verstehen und mitmachen, soweit sie können, so dass das Ganze für alle viel einfacher wird. Aus diesem Grund ist es sicherlich klug, dem Kind so gut wie möglich zu erklären, dass das Abstillen notwendig ist, und warum.

Plötzliches Abstillen

Es ist zu hoffen, dass das Abstillen allmählich verläuft, so dass nicht mehr als etwa eine Stillzeit pro Woche übersprungen wird. Es gibt jedoch Fälle, in denen das plötzliche Abstillen unvermeidbar ist. Der tragischste Fall ist der Tod eines Babys oder kleinen Stillkindes. Wenn dies passiert, bleibt die Mutter voller Trauer zurück, umgeben von Menschen und von Dingen, die zu erledigen sind – und mit ihren schmerzlich vollen Brüsten. Die stillende Mutter, die ihr kleines Kind verliert, braucht sehr viel Fürsorge und Unterstützung, während sie sich mit ihrem Verlust auseinander setzt und ihn mit der Zeit sogar bewältigt.

Dr. med. Gregory White, Mitglied des medizinischen Beirates von La Leche Liga International, empfiehlt einer Mutter, die ihre Milch zum Versiegen bringen muss, kein Salz zu essen, die Flüssigkeitsmenge nicht zu verringern, ihre Brüste zu stützen, aber nicht zu stauen und nur gerade so viel Milch auszudrücken, um sich etwas Erleichterung zu verschaffen. Wenn diese Maßnahmen nicht ausreichen, um sich einigermaßen wohl zu fühlen, sollte sie einen Arzt aufsuchen, der sich mit dem Stillen auskennt.

Manchmal ist ein plötzliches Abstillen nicht so tragisch. Es sieht so aus, als ob einige kleinen Kinder nicht das gelesen haben, was wir Fachleute über das Abstillen zu sagen haben – dass es allmählich verlaufen solle usw. Manche Kinder trinken an einem Tag ziemlich viel an der Brust und beschließen dann am nächsten Tag, dass sie abgestillt sind.

Häufig kann man entdecken, dass z. B. eine schmerzhafte Stelle im Mund, Halsschmerzen oder ein neuer Zahn die Ursache für diese plötzliche Verhaltensänderung sind. Obwohl wir nicht immer den Grund sicher feststellen können, gibt es wahrscheinlich aus Sicht des Kindes irgendein Problem, das ausschlaggebend ist. Deshalb fände ich es am besten, ein Kind, das sich plötzlich abstillt, zu ermutigen, doch wieder an der Brust zu trinken, besonders wenn es zwei Jahre alt ist oder jünger. Es wäre sehr schade, das Stillen so bitter enden zu lassen, wenn Sie es vermeiden können. Ältere Kinder stillen sich jedoch manchmal ohne äußeren Anlass plötzlich ab und wollen nichts mehr mit dem Stillen zu tun haben. Wenn ein Kind diese Entscheidung getroffen hat, dann gibt es nicht viel, was man tun kann oder sollte, außer sicherzustellen, dass es reichlich Gelegenheit hat, seine Meinung zu ändern.

Kein schönes Ende?

Falls Sie Ihre Stillzeit durch eine Form des Abstillens beenden, die Sie alles andere als ideal ansehen, dann regen Sie sich nicht auf: Viele von uns haben es ähnlich erlebt. Ich kenne keine Mutter, die hundertprozentig glücklich darüber war, wie sie und ihre jeweiligen Kinder die Stillzeit beendeten. Wir versuchen ja, beim Stillen und Abstillen – und bei allem anderen auch, was wir mit unseren Kindern tun – so richtig wie möglich zu handeln. Wir erreichen oft dieses oder jenes Ideal nicht, und wir sollten uns von dem Zwang lösen, alles richtig machen zu können. Allenfalls können wir dadurch noch entschlossener werden, unserem Ziel das nächste Mal näher zu kommen.

Das Elternsein umfasst viele Jahre, wobei das Stillen und Abstillen nur ein Teil des Ganzen ist. Wenn es Ihnen gelingt, Ihre Ansprüche an sich selbst auf einem dieser Gebiete zu erfüllen, dann werden Sie irgendwo anders hinter Ihren Erwartungen zurückbleiben. Die Elternschaft ist eine Aufgabe, bei der wir jeden Tag unser Bestes geben müssen. Bücher wie dieses sind dafür da, um uns zu helfen, dies zu verwirklichen. Wir sollten uns jedoch nicht von der Sorge über jeden einzelnen Augenblick im Leben mit unseren Kindern niederdrücken lassen. Wir formen das Leben unserer Kinder nicht mittels irgendeiner unabänderlichen wissenschaftlichen Formel. Es ist eher so, dass wir zusammen mit unseren Kindern einen Teppich weben, der sich aus unseren Erfolgen, aber auch aus Augenblicken wie »Wenn ich es doch nur anders gemacht hätte« zusammensetzt. Wir haben gute Chancen, dass der Teppich in ein paar Jahren, wenn wir damit fertig sind, wunderschön sein wird und die Erinnerungen, die wir und unsere Kinder an ihre Kinderzeit haben, voller Freude sein werden.

Die Auswirkungen des Abstillens auf die Mutter

Das Abstillen kennzeichnet eine bedeutsame, aber hoffentlich nicht drastische Veränderung der Art und Weise, wie Sie mit Ihrem Kind umgehen und umgekehrt. Wie bei jeder anderen solchen Veränderung geht sie gewöhnlich mit einer Vielzahl von Empfindungen einher. Je allmählicher das Abstillen verläuft, desto weniger intensiv sind Ihre gefühlsmäßigen Reaktionen und umso einfacher lassen sie sich bewältigen.

Die meisten von uns empfinden irgendwann während des Abstillens ein Verlustgefühl – die Stillbeziehung ist vorbei, vielleicht auch das zärtliche Zusammensein am frühen Morgen im Bett, das lustige Zerren an Ihrer Bluse usw. Einige von uns fragen sich eine Zeit lang, ob wir dadurch nicht unsere einzigartige Stellung bei der Versorgung unserer Kinder verloren haben – was natürlich nicht der Fall ist. Viele von uns vermissen die größeren Brüste beim Stillen. (Wenn Sie Ihre Kinder die letzten zehn Jahre hintereinander gestillt haben, kann es eine ziemliche Überraschung sein, wie klein Ihre Brüste wieder sind, nachdem sich das letzte Kind abgestillt hat.)

Wir machen es uns selten klar, dass wir selbst ein emotionales Bedürfnis danach haben, unsere Babys zu stillen, oder wenn wir daran denken, haben wir allenfalls die Vermutung, solche Empfindungen seien ein wenig ungesund oder unnatürlich. Das Stillen ist jedoch eine symbiotische Beziehung, nicht nur in den ersten Monaten, sondern solange wir unsere Kinder stillen. Eine lange und glückliche Zeit an der Brust am Anfang ihres Lebens ist für das Wohlergehen unserer Kinder von unschätzbarem Wert; aber sie ist auch wichtig für unsere Entfaltung und unser Wohlergehen als Mütter. Wir können wie unsere Kinder durch ein vorzeitiges Abstillen enttäuscht sein. Beim Lesen der Briefe von Hunderten von Müttern über das Stillen fielen mir immer mehr Frauen auf, die traurig waren oder gemischte Gefühle hatten, wenn das Kind abgestillt war – jene Mütter, die »die leeren Nester besangen«. So viele Mütter, deren Kinder etwa vor dem zweiten Lebensjahr entwöhnt waren, schienen ein Verlustgefühl zu verspüren, so wie jene Mutter, die, nachdem sich ihr 18 Monate altes Kind abgestillt hatte, schrieb: »Damals war ich ziemlich niedergeschlagen ..., aber bald merkte ich, dass das Abstillen nicht das Ende aller Dinge war, sondern der Beginn einer neuen Entwicklung und einer weiteren ›wunderbaren‹ Zeit für uns.«

Wenn sich das Stillen über den zweiten oder dritten Geburtstag des Kindes hinaus erstreckt, kommen in den Beschreibungen der Mütter weitaus seltener diese gemischten Gefühle in Bezug auf das Abstillen vor. Anscheinend gibt es in der Entwicklung der Mutter-Kind-Beziehung einen Zeitpunkt, bei dem es für beide einfacher ist, vorwärts zu gehen und die Gewohnheiten aus der Babyzeit hinter sich zu lassen.

Je nachdem, welches Alter das Kind hat, sind die Empfindungen der Mutter dem Stillen oder Abstillen gegenüber recht unterschiedlich. Sie hängen davon ab, wie das Abstillen verlief und wie warm und eng die Mutter-Kind-Beziehung vor, während und nach dem Abstillen war.

Manche Mütter, die in der Zeit nach dem Abstillen traurig sind, haben dieses Gefühl vielleicht sogar deswegen, weil irgendetwas in der Mutter-Kind-Beziehung nicht ganz in Ordnung war und ursächlich zum Abstillen geführt haben könnte. Dies kann in jedem Alter passieren. Dennoch habe ich den Eindruck, dass die Traurigkeit nach dem Abstillen, von der mir die Mütter berichteten, größtenteils daher kommt, dass das Abstillen erfolgte, bevor der Stilltrieb der Mütter vollkommen befriedigt war. Der Grund für eine solche Enttäuschung ist dann gewöhnlich nicht ein Kind, das sich plötzlich selbst abstillt, sondern gesellschaftliche Gepflogenheiten und Zwänge, die den normalen Verlauf des Stillens und des Umsorgens stören.

Obwohl wir die traurigen Gefühle anerkennen, die mit dem Abstillen einhergehen können, sollten wir eher auch die positiven Gefühle betonen. Es tut gut, unseren Körper zurückzufordern und wieder unseren größeren persönlichen Freiraum zu genießen. Wenn sich Kinder spontan abstillen, dann auch deshalb, weil sie älter und reifer geworden sind. Wir haben dadurch zwar vielleicht nicht mehr diese Sonderstellung, unser Kind am besten versorgen und trösten zu können, aber die meisten von uns freuen sich über die Freiheit zu wissen, dass das Kind jetzt manchmal sehr gut in der Obhut von bestimmten lieben Menschen bleiben kann. (Dies ist der Fall, weil das Kind älter ist – und nicht weil es abgestillt ist – und gilt vermutlich nicht für solche Kinder, die entwöhnt sind, bevor sie dazu bereit sind.)

Eine Stillbeziehung beruht auf Gegenseitigkeit

Eine Mutter teilte ihre Freude am Stillen und Abstillen ausdrucksvoll mit folgenden Worten mit: »Die ganze Stillzeit war ein Segen. Ich kann nicht die richtigen Worte finden, um meine Gefühle dabei zu beschreiben. Das Stillen verlief so natürlich und beruhte auf Gegenseitigkeit. Verlust- oder Angstgefühle gab es nicht, auch nicht das Gefühl, es nicht gut genug gemacht zu haben. Für mich ist das vom Kind bestimmte Abstillen wie ein wunderschöner Abschluss eines Romans. Ich beendete diesen Lebensabschnitt mit dem Gefühl, etwas vollendet zu haben und ganz erfüllt zu sein. Das Wunderbare daran ist, dass das Abstillen nicht das Ende ist, sondern es leitet die Jahre der Kindheit ein, in der Mutter und Kind noch mehr zusammenwachsen.«

Es gibt für uns als Eltern immer erfreuliche wie auch schwere Zeiten. Die Stilljahre sind nicht die einzigen und auch nicht notwendigerweise die besten Zeiten mit unseren Kindern. Es ist ein Vergnügen, ein Baby zu haben. Das Gleiche gilt für Schulkinder, Teenager und erwachsene Kinder. Während unseres ganzen Lebens sollten wir körperlich in enger Verbindung bleiben und verhindern, dass das Abstillen das Ende jeglicher Zärtlichkeit bedeutet. (Sie sind nie zu alt, Ihrer Mutter – oder Ihrem Vater – einen Kuss zu geben.) Vor allem aber dürfen wir uns nicht das Genießen der Gegenwart dadurch entgehen lassen, indem wir einer Phase hinterhertrauern, der wir inzwischen entwachsen sind.

Der beste Weg, den ich kenne, um nicht die Lieder vom »Leeren Nest« zu singen, wenn Ihre Kinder größer werden, ist es, sich mit vollem Einsatz in jedes neue Stadium als Mutter zu stürzen. Folgen Sie Ihren mütterlichen Gefühlen bei Ihren Babys und Kleinkindern. Leben Sie Ihre mütterlichen Triebe bis zum Letzten aus. Diese Triebe werden natürlich nicht verschwinden, aber Sie können wie Ihr Kind Befriedigung und Erfüllung erlangen. Sie können mit Ihrem Kind wachsen, so dass Ihr Weg vom Schaukelstuhl, in dem Sie Ihr Kind gestillt haben, über die märchenhaften Kinderjahre bis hin zu Ihrer Stellung als Großmutter ebenso aufregend und voller Freude ist wie für Ihre Kinder.

Das Abstillen ist eine Zeit, in der wir alle wehmütig an die kostbaren Babyjahre zurückdenken. Und vermutlich haben wir alle in solchen Zeiten einen Kloß im Hals. Aber es gibt einfach viel zu viel Gutes im Leben, als dass wir allzu viel Zeit unseres Lebens mit dem Versuch verschwenden sollten, die Zeit aufzuhalten. Es ist besser, wenn es sein muss, eine oder zwei Tränen zu vergießen, die Arme um dieses geliebte Kind zu legen und uns in das vor uns liegende Leben zu stürzen.

Literatur

Becroft, T. C. Child-rearing practices in the Highlands of New Guinea: a longitudinal study of breastfeeding. *The Medical Journal of Australia.* 2:598-601, 1967

Berg, A. *The Nutrition Factor.* Washington, D.C.: The Brookings Institute, 1973.

Bowlby, J. *Attachment.* New York: Basic Books, 1969.

Brazelton, T. B. Parenting in another culture. *Redbook,* May 1979, p. 94.

Cardozo, A. R. *Woman at Home.* Garden City, New York: Doubleday & Co., Inc., 1976

Finch, C. A. Iron metabolism. *Nutrition Today,* Summer 1969.

Grief: a peril in infancy. New York University, 1947. Film.

Hymes, J. L. *The Child under Six.* Englewood Cliffs, New Jersey: Prentice-Hall, Inc., 1963

----------. Behavior and discipline. Speech presented at La Leche League International Conference, San Francisco, 1976

Kippley, S. *Breastfeeding and Natural Child Spacing.* New York: Penguin Books, 1975.

La Leche League International, Inc. *The Womanly Art of Breastfeeding.* Franklin Park, Illinois, 1963, 1981

La Leche League of New York State. Little nursing persons - an in-depth look. *New York State Blender,* Fall 1975.

McMillan, J. A. et al. Iron sufficiency in breast fed infants and the availability of iron from human milk. *Pediatrics* 58: 686-91, 1976.

Mead, M. and N. Newton. Cultural patterning of perinatal behavior. In *Childbearing: Its Social and Psychological Aspects.* S. A. Richardson an A. F. Guttmacher, eds. Baltimore: Williams and Wilkins, 1967.

Newton, N. *The Family Book of Child Care.* New York: Harper & Row, 1957.

----------. Nursing the toddler. Speech presented at La Leche League International Conference, Chicago, 1971.

----------. and N. Theotokatos. Breastfeeding during pregnancy in 503 women: does a psychobiological weaning mechanism in humans exist? *Proceedings of the Fifth International Congress of Psychosomatic Obstetrics and Gynecology.* L. Zichella, ed. London: Academic Press, 1980

Pediatric News. Day-care center role in diarrhea seen. August 1979

Robinson, C. H. *Normal and Therapeutic Nutrition.* New York: MacMillan Publishing, Inc., 1972

Ryerson, A. J. Medical advice on child-rearing, 1950-1900. *Harvard Educational Review* 13:302-323, 1961

Salk, L. and R. Kramer. *How to Raise a Human Being.* New York: Random House, 1969

Smith, B. *A Tree Grows in Brooklyn.* New York: Harper & Row, 1947.

Thevenin, T. *The Family Bed.* Minneapolis: Privately published, 1967.

van Lawick-Goodall, J. *In the Shadow of Man.* New York: Houghton Mifflin Co., 1971

Zilberg, B. How my four-year-old haunted our midnight feedings. *Redbook,* February 1972, p. 30-2.

Bücher der La Leche Liga Deutschland e.V.

Gwen Gotsch
**Stillen –
einfach nur stillen**
144 Seiten,
ISBN 3-932022-08-4
Das Buch stützt sich auf die Erfahrungen zahlreicher Frauen, die ihre Babys erfolgreich gestillt haben. Dieser Ratgeber gibt verlässliche Anleitung und vermittelt die notwendige Sicherheit im Umgang mit Ihrem Kind.

Dr. med. William Sears
Schlafen und Wachen
Ein Elternbuch für Kindernächte. 217 Seiten,
ISBN 3-906675-03-3
Dieses Buch lässt Eltern verstehen, wie und warum Babys anders schlafen als Erwachsene. Es bestärkt sie in ihren Fähigkeiten, für sich und ihre Kinder auch in der Nacht zu sorgen und Lösungen zu finden, die das gegenseitige Vertrauen stärken.

Dr. med. William Sears
Das »24-Stunden-Baby«
Kinder mit starken Bedürfnissen verstehen
203 Seiten,
ISBN 3-906675-04-1
Wie können wir mit einem Baby mit starken Bedürfnissen umgehen? Das Buch hilft Eltern, auf ihre eigene Intuition zu hören, ihre fürsorglichen Fähigkeiten zu entwickeln und zu stärken.

Edith Seitz
Busi sagte Henriette
Eine Bilderbuchgeschichte vom Stillen
36 Seiten,
ISBN 3-934941-03-6

Cordelia Koppitz: **Guten Abend, gute Nacht!**
Babys schlafen anders, 16 Seiten
Diese Broschüre will Eltern helfen, die individuellen Schlafbedürfnisse ihres Kindes zu erkennen und zu befriedigen.

Dr. Carlos Gonzáles
In Liebe wachsen
Liebevolle Erziehung für glückliche Familien
ca. 200 Seiten,
ISBN 3-932022-14-9
Angesichts der Theorien, die für Gewaltanwendung, Strafe und übertriebene Zucht eintreten, verteidigt der Autor, ein bekannter und renommierter spanischer Kinderarzt, eine Erziehung, die auf Liebe, Achtung und Freiheit beruht.

Dr. Carlos Gonzáles
Mein Kind will nicht essen
Ein Löffelchen für Mama ...
208 Seiten,
ISBN 3-932022-12-2
Der Autor beantwortet Fragen besorgter Eltern, stellt klare Verhaltensregeln auf und beruhigt so Eltern, die unter Ängsten und Schuldgefühlen leiden, weil ihr Kind nicht isst und nimmt dem Thema so die Brisanz.

La Leche Liga International
Das Handbuch für die stillende Mutter
Das umfassende Nachschlagewerk für den Stillalltag. 416 Seiten,
ISBN 3-906675-02-5
Erweiterte und vollständig überarbeitete Neuauflage. Fragen aus dem Familien-, Still- und Erziehungsalltag werden in diesem Handbuch umfassend beantwortet.

Elizabeth Hormann
Stillen eines Adoptivkindes und Relaktation
48 Seiten, DIN A4,
ISBN 3-932022-02-5
Die Broschüre enthält konkrete Anleitungen, wie sich Adoptivmütter auf das Stillen vorbereiten können.

Bücher, Broschüren und Infoblätter zum Stillen und Elternsein:

La Leche Liga Deutschland Versand
Dannenkamp 25 · 32479 Hille
Telefon 05 71/4 89 46
Fax 05 71/4 04 94 80
versand@lalecheliga.de

Infoline für Stillberatung:
Telefon 0 68 51/25 24
www.lalecheliga.de

La Leche Liga Österreich
Postfach · A-6240 Rattenberg

La Leche Liga Schweiz
Postfach 197 · CH-8053 Zürich